Lizenzausgabe des Verlages Anton Hiersemann, Stuttgart

Unveränderter Nachdruck der 1926 bei Karl W. Hiersemann
in Leipzig erschienenen Ausgabe

Photomechanischer Nachdruck

Printed in Austria

ISBN 3-201-00411-1

CHRISTLICHE SYMBOLIK DER MITTELALTERLICHEN KUNST

VON

WILHELM MOLSDORF

ZWEITE, WESENTLICH VERÄNDERTE UND ERWEITERTE AUFLAGE DES „FÜHRERS DURCH DEN SYMBOLISCHEN UND TYPOLOGISCHEN BILDERKREIS DER CHRISTLICHEN KUNST DES MITTELALTERS“

MIT 11 TAFELN

VORWORT.

Der im Jahre 1920 erschienene „Führer durch den symbolischen und typologischen Bilderkreis der christlichen Kunst des Mittelalters" war der erste Versuch einer systematischen Zusammenfassung dieses aus meist recht entlegenen Beziehungen zwischen Altem und Neuem Testament, Mythologie, Sage, Geschichts- und Naturbetrachtung hergeleiteten Darstellungsmaterials. Daß das Buch einem Bedürfnis entsprach, beweist wohl seine durchweg freundliche Aufnahme nicht nur bei Laien, für die es bestimmt war, sondern auch in solchen Kreisen, denen der Verfasser eigentlich nichts bieten zu können glaubte.

Von letzterer Seite ist nun der Wunsch geäußert worden, es möchte im Falle einer Neuauflage bei den einzelnen Symbolen und Typen nach Möglichkeit festgestellt werden, wann und wo die früheste bekannte künstlerische Darstellung erscheint, und ebenso bei den weiteren Quellenbelegen durchweg Ort und Zeit der Entstehung der Denkmäler angegeben werden. Ich habe mich nach Kräften bemüht, diesem Verlangen nachzukommen. Das hat allerdings zu einer erheblichen Umarbeitung und Erweiterung des Buches geführt, durch die auch wohl der Wechsel des Titels gerechtfertigt wird, dem aus praktischen Gründen so wie so eine kürzere Fassung zu wünschen war. Am wenigsten sind von der Änderung naturgemäß die auf das Leben Christi und Marias bezugnehmenden typologischen Reihen betroffen, im übrigen ist jedoch kaum ein Stein auf dem anderen geblieben. Aber auch jene beiden Kapitel haben insofern eine nicht unwesentliche Bereicherung erfahren, als der bei den Darstellungen aus dem Leben Christi und Marias selbst sich findende symbolische Einschlag nunmehr mit in die Betrachtung einbezogen wurde. Zugleich empfahl es sich auch, einen Unterschied zwischen den üblicheren und weniger gebräuchlichen Typen zu machen.

Die systematische Gliederung des Stoffes ist im wesentlichen beibehalten worden, wenn ich mir auch bewußt bin, daß sich über Einzelheiten streiten läßt, wie z. B. darüber, ob die Dreieinigkeit vielleicht nicht eher bei den Dogmen unterzubringen sei. Doch kam es mir im Interesse einer schnellen Orientierung vor allem auf eine möglichst einfache Teilung an; wo dennoch Zweifel entstehen können, leitet das ausführliche Register weiter.

Wie in der ersten Auflage habe ich auch bei der Neubearbeitung bezüglich der Hinweise auf Abbildungen vornehmlich solche Werke berücksichtigt, die im allgemeinen leicht zugänglich sein dürften.

Breslau, im November 1924.

Prof. Dr. Molsdorf.

INHALTSVERZEICHNIS.

ABKÜRZUNGEN VON LITERATURANGABEN.

Beissel / Stephan Beissel: Geschichte der Verehrung Marias in Deutschland während des Mittelalters. Freiburg i. B. 1909.

Bergner / Heinrich Bergner: Handbuch der kirchl. Kunstaltertümer in Deutschland. Leipzig 1905.

Burger / Fritz Burger, Herm. Schmitz, Ignaz Beth: Die deutsche Malerei vom ausgehenden Mittelalter bis zum Ende der Renaissance. I—II. Berlin-Neubabelsberg. (Handbuch der Kunstwissenschaft.)

Cahier / Ch. Cahier: Nouveaux mélanges d'archéologie. I—IV. Paris 1874—77.

Clemen / Paul Clemen: Die romanische Monumentalmalerei in den Rheinlanden. Düsseldorf 1916.

Detzel / Heinrich Detzel: Christliche Ikonographie. I—II. Freib. i. B. 1894—96.

Didron / Didron: Iconographie chrétienne. Paris 1843.

Falke u. Frauberger / Otto v. Falke u. Heinrich Frauberger: Deutsche Schmelzarbeiten des Mittelalters. Frankf. a. M. 1904.

v. d. Gabelentz / Hans von der Gabelentz: Die kirchliche Kunst im italienischen Mittelalter. Straßburg 1907.

Goldschmidt / Adolph Goldschmidt: Die Elfenbeinskulpturen aus der Zeit der karolingischen und sächsischen Kaiser. I—II. Berlin 1914—18. Bd. III unter dem Titel: Die Elfenbeinskulpturen aus der romanischen Zeit. 11.—13. Jh. Berlin 1923.

Haseloff / Arthur Haseloff: Eine thüring.-sächsische Malerschule des 13. Jh. Straßburg 1897.

Herrad von Landsberg / Herrade de Landsberg: Hortus deliciarum p. p. A. Straub et G. Keller. Strasbourg 1879—89. (Die Handschrift ist zwischen 1165 und 1175 im Kloster Hohenburg i. Els. entstanden.)

Jahrbuch / Jahrbuch der preußischen Kunstsammlungen. Berlin.

Kaufmann / Carl Maria Kaufmann: Handbuch der christlichen Archäologie. 3. Aufl. Paderborn 1922.

Kraus / Franz Xaver Kraus: Geschichte der christlichen Kunst. I—II. Freiburg i. B. 1896—1908.

Kuhn / Albert Kuhn: Allgemeine Kunstgeschichte. I: Baukunst 1. 2.; II: Malerei 1. 2.; III: Plastik 1. 2. Einsiedeln 1909—11.

Legenda aurea / Jacobus de Voragine: Legenda aurea. Deutsch von Rich. Benz. I—II. Jena 1917—21.

Mâle I / Emile Mâle: L'art religieux du XIIIe siècle en France. Paris 1902 u. öfter. Deutsche Ausgabe von L. Zuckermandel: Die kirchl. Kunst des 13. Jh. in Frankreich. Straßburg 1907. Die Zitate folgen der deutschen Ausgabe.

Mâle II / Emile Mâle: L'art religieux de la fin du moyen âge en France. Paris 1908.

Mitteilungen / Mitteilungen der k. k. Zentralkommission zur Erforschung u. Erhaltung der Baudenkmale. Wien.

Neuß / Wilhelm Neuß: Das Buch Ezechiel in Theologie und Kunst. Münster i. W. 1912.

Neuwirth / Josef Neuwirth: Die Wandgemälde im Kreuzgange des Emausklosters zu Prag. Prag 1898.

Otte / Heinrich Otte: Handbuch der kirchl. Kunst-Archäologie des deutschen Mittelalters. I—II. 5. Aufl. von Ernst Wernicke. Leipzig 1883—84.

Piper / Ferdinand Piper: Mythologie und Symbolik der christl. Kunst. I, 1. 2. Weimar 1847—51.

Quellenbuch / Quellenbuch zur Kunstgeschichte des abendländ. Mittelalters. Ausgewählte Texte des 4. bis 15. Jh., gesammelt von Julius v. Schlosser. Wien 1896.

Sauer / Joseph Sauer: Symbolik des Kirchengebäudes. Freib. i. B. 1902 und 1924.

v. Schlosser / Julius v. Schlosser: Zur Kenntnis der künstlerischen Überlieferung im späten Mittelalter. Im Jahrbuch der kunsthist. Sammlungen des Allerhöchsten Kaiserhauses 23. Wien 1903.

Strzygowski / Josef Strzygowski: Iconographie der Taufe Christi. München 1885.

Venturi / Adolfo Venturi: Storia dell'arte Italiana. I f. Milano 1901 f.

Weber / Paul Weber: Geistliches Schauspiel und kirchliche Kunst in ihrem Verhältnis erläutert an einer Ikonographie der Kirche und Synagoge. Stuttgart 1894.

Wilpert / Josef Wilpert: Die römischen Mosaiken und Malereien der kirchl. Bauten vom 4.—13. Jh. I—IV. Freib. i. B. 1916.

Woermann / Karl Woermann: Geschichte der Kunst. 2. Aufl. I—VI. Leipz. u. Wien 1915—22.

Wulff / Oskar Wulff: Altchristl. und byzantinische Kunst. I. Berlin-Neubabelsberg. (Handbuch der Kunstwissenschaft.)

Zeitschrift / Zeitschrift für christliche Kunst. Düsseldorf.

Zimmermann / Max Gg. Zimmermann: Oberitalische Plastik im frühen und hohen Mittelalter. Leipzig 1897.

Für häufig wiederkehrende Quellenangaben sind folgende Sigel gewählt:

Bp. Biblia pauperum. Der leichteren Zugänglichkeit wegen ist auf die Tafeln der von der Gesellschaft der Bibliophilen, Weimar 1906 herausgegebenen deutschen Blockbuchausgabe von 1471 verwiesen, doch kommen die Typen — soweit nichts anderes vermerkt — bereits in der ältesten Bilderhandschrift vom Anfang des 14. Jh. im Regulierten Chorherrenstift zu St. Florian in Oberösterreich vor, die von Camesina und Heider 1862 veröffentlicht wurde.

Bp. 50 Biblia pauperum. Ausgabe in 50 Darstellungen, jetzt auf der Bibl. nationale zu Paris, hrsg. v. Heitz u. Schreiber. Straßb. 1902. (Tafeldruck aus dem letzten Viertel des 15. Jh.)

Bp. W. Biblia pauperum der ehem. Weigelschen Sammlung. Bilderhandschrift aus der Mitte des 15. Jh., jetzt verschollen. Übersicht der Tafeln in Zeitschrift f. christl. Kunst XVIII (1905) S. 267 f., Abdruck aus Weigel u. Zestermann: Anfänge der Druckerkunst II (1866) S. 129 f.

B. pict. Biblia picturata. Nach den von G. Heider in seinen „Beiträgen zur christl. Typologie" (Jahrbuch der k. k. Zentralkommission V. Wien 1861) mitgeteilten Beispielen einer Wiener Bilderbibel aus der zweiten Hälfte des 14. Jh.

Cc. Tietze Die typologischen Gruppen der von Ulrich von Lilienfeld bald nach 1351 verfaßten Concordantia caritatis in der Zusammenstellung von H. Tietze im Jahrbuch der k. k. Zentralkommission für Kunstdenkmale N. F. II, 2. Wien

1904. S. 79—88 (einige offenkundige Irrtümer sind stillschweigend berichtigt). — Die Übersichten sind unter Beigabe von Abbildungen der neutestamentlichen Szenen wieder abgedruckt bei J. E. Weis-Liebersdorf: Das Kirchenjahr in 156 gotischen Federzeichnungen. Straßb. 1913; hier finden sich auch die naturgeschichtlichen Beispiele mit veröffentlicht.

Cc. Heider Typen der nämlichen Concordantia caritatis soweit sie von G. Heider in seinen „Beiträgen zur christl. Typologie" (Jahrbuch der k. k. Zentralkommission V. Wien 1861) berücksichtigt sind.

Ct. Heider Concordantia veteris et novi testamenti, von Heider ebenda nach bilderlosen Handschriften des 14. Jh. zusammengestellt.

Kn. Klosterneuburger Altaraufsatz von 1181. (Die Zitate beziehen sich auf das Tafelwerk von Karl Drexler und Thomas Strommer: Der Verduner Altar. Wien 1903.)

Sp. Speculum humanae salvationis hrsg. v. J. Lutz u. P. Perdrizet. Leipz. 1907. (Die Abfassung des Speculum wird in das Jahr 1324 verlegt; die hier wiedergegebene Bilderhandschrift aus Schlettstadt in der Münchener Staatsbibliothek gehört der Mitte des 14. Jh. an.)

*

VERZEICHNIS DER TAFELN.

I. Dreieinigkeit. Kupferstich des Meisters der Berliner Passion. Nach M. Geisberg: Die Anfänge des Deutschen Kupferstiches und der Meister E. S. Leipzig: Klinkhardt u. Biermann 1909. Taf. 64.

II. Abendmahl mit vier alttestamentlichen Vorbildern. Altaraufsatz für die St. Peterskirche zu Löwen von Dirk Bouts. Nach Speculum humanae salvationis hrsg. von Lutz und Perdrizet. Leipzig: K. W. Hiersemann 1907. Taf. 124.

III. Medaillons eines Glasgemäldes d. Kathedr. zu Lyon m. symbol. Darstellungen der Auferstehung u. Himmelf. Christi. Nach E. Mâle: Die kirchl. Kunst des 13. Jh. in Frankr. deutsch von L. Zuckermandel. Straßb.: Heitz 1907. Abb. 11—12.

IV. Holzschnitte mit Sinnbildern der unbefleckten Empfängnis Mariä. Der linke nach St. Beissel: Geschichte der Verehrung Marias. Freiburg i. B.: Herdersche Verlagshandlung 1909. S. 343; der rechte nach M. J. Friedländer: Der Holzschnitt. 2. Aufl. Berlin u. Leipzig: Vereinigung wissenschaftl. Verleger, Walter de Gruyter u. Co. 1921. S. 92.

V. Geburt Christi mit Beispielen der Marianischen Typologie. Tafelbild der Galerie Schleissheim. Nach Jahrbuch der kunsthistor. Sammlungen des Allerh. Kaiserhauses Bd. 23. Wien: Tempsky 1903. Taf. 17.

VI. Evangelistenbild. Miniatur im Evangeliar (Cod. 13, früher 3) der Bibliothek zu Aschaffenburg. Nach Photographie.

VII. Christus am Kreuz mit Kirche und Synagoge. Elfenbein vom Deckel des Codex 9383 der Bibl. nat. zu Paris. Nach P. Weber: Geistliches Schauspiel und kirchl. Kunst. Stuttgart: Ebner u. Seubert 1894. Taf. 3.

VIII. Die zehn Gebote. Holzschnitt. Nach W. L. Schreiber: Holzschnitte des 15. Jh. in den Fürstl. Fürstenbergischen Sammlungen zu Donaueschingen. Straßburg: Heitz 1907. Nr. 17.

IX. a) Lebensbaum vom Bogenfeld aus Elstertrebnitz, jetzt im Museum des Sächs. Altertumsvereins zu Dresden. Nach H. Bergner: Handbuch der kirchl. Kunstaltertümer in Deutschland. Leipzig: Ch. H. Tauchnitz 1905. Fig. 462.

b) Der Monat Januar aus einem Holzkalender. Nach A. Riegl in Mitteilungen des Instituts für österr. Geschichtsforschung IX. Innsbruck: Wagner 1888. Taf. 1.

X. Hostienmühle vom Hochaltar der Kirche zu Tribsees. Nach J. v. Falke: Geschichte des Deutschen Kunstgewerbes. Berlin: G. Grote 1888.

XI. Luftfahrt Alexanders d. Gr. Relief an S. Marco in Venedig. Nach Zeitschrift für christl. Kunst XXIV. Düsseldorf: L. Schwann 1911. Sp. 309—10.

I.

DREIEINIGKEIT.

In der altchristlichen Kunst findet sich die Vorstellung der Trinität nur ein einziges Mal in einer abgeschlossenen Darstellung zum Ausdruck gebracht, nämlich auf einem Sarkophag im Lateran-Museum zu Rom vom Ende des 4. Jh. (Abb. bei Wulff S. 123). In der hier neben anderen Szenen vorgeführten Erschaffung Evas werden die beiden Gott Vater assistierenden männlichen Figuren, die mit ihm nach ein und demselben Schema behandelt sind, fast widerspruchslos als Christus und h. Geist aufgefaßt. Allerdings tritt in diesem vereinzelt gebliebenen Falle der Charakter eines Dreifaltigkeitsbildes bei weitem nicht mit solcher Deutlichkeit hervor, wie in den seit dem 10. Jh. aufkommenden Gruppierungen der drei göttlichen Personen in menschlicher Gestalt. Gemeinhin läßt sich sagen, daß die ma. Versuche, das Geheimnis der dreifachen Offenbarung Gottes in Bildern wiederzugeben, bei denen bald mehr die Dreiheit in der Einheit, bald mehr die Einheit in der Dreiheit betont wird, zu wenig erfreulichen Leistungen geführt haben.

Im wesentlichen zeigt die Versinnbildlichung der Trinität in a n t h r o p o m o r p h i s c h e r Form folgende Typen:

1. Für die vom Gedanken absoluter Konformität der drei Personen geleitete Auffassung bietet die Miniatur der Herrad von Landsberg im Hortus deliciarum zwischen 1165 und 1175 (Taf. 3 bis) das treffendste Beispiel. Drei männliche Gestalten in gleichem Alter, gleicher Haltung und gleichem Gesichtsausdruck, von denen nur die mittlere durch die Wundmale an den Füßen als Sohn gekennzeichnet ist, sitzen nebeneinander und werden in der Weise zur Einheit verbunden, daß alle drei ein gemeinsames Spruchband halten.

2. Ebenfalls von einer völlig gleichen Erscheinungsform der drei Personen, doch in Verbindung mit einer gewissen Charakterisierung derselben durch Attribute geht das Trinitätsbild einer französischen Handschrift des 14. Jh. (Abb. bei Didron S. 446) aus, wo Gott Vater die Weltkugel, der Sohn das Kreuz und der h. Geist ein Buch hält. Im Hinblick auf die Unität sind die Gestalten in ein und denselben Mantel gehüllt.

Der Gruppe dieser Bilder, die die Vorstellung der Wesenseinheit durch Übertragung der nämlichen Züge auf alle drei Personen vermitteln will, darf vielleicht auch der einzigartige Holzschnitt vom Ende des 15. Jh. angereiht werden, auf dem drei gleichaltrige, mit Kreuznimben versehene Knaben der Maria Blütenzweige von einem Baum brechen (Abb. im Katalog der im Germanischen Museum zu Nürnberg vorhandenen Holzstöcke I [1892] Nr. 5b; vergl. auch Nr. 808, Anm.).

3. Andererseits fehlt es nicht an Denkmälern, auf denen die drei Personen durch ein den Altersunterschied hervorhebendes Aussehen näher gekennzeichnet sind. So erscheint auf einer französischen Miniatur des 14. Jh. Gott Vater als Greis, der Sohn im mittleren Lebensalter und der h. Geist als bartloser Jüngling (Abb. bei Didron S. 223).

4. Zu recht absurden Erscheinungen hat die anthropomorphische Vorstellung der Dreifaltigkeit in den Fällen geführt, wo um der stärkeren Betonung der Einheit willen e i n Körper bald drei Köpfe, bald nur e i n e n Kopf aber mit drei Gesichtern trägt, oder auch bloß e i n Kopf für sich allein ein dreifaches Antlitz zeigt. Man wird wohl nicht fehl gehen, wenn man bei solchen Kombinationen die Einwirkung des dreiköpfigen Janusbildes (vgl. Nr. 1116) voraussetzt. Versuche derart gehen bis ins 13. Jh. zurück. Aus dieser Zeit stammt eine spanische Miniatur mit der Vereinigung dreier Köpfe an e i n e m Körper (Abb. bei Didron S. 567). Drei Oberkörper an e i n e m Leibe zeigt ein zwar etwas spätes aber dafür um so eigenartigeres Gemälde der ehem. Spitalkirche zu Bozen von 1514, auf dem Gott Vater die Weltkugel hält, während Sohn und h. Geist mit Patene und Kelch den Aposteln das Abendmahl spenden (Abb. in Mitteilungen N. F. 2

[1876] S. LIV). Unter den Denkmälern, die die Versinnbildlichung auf die Wiedergabe lediglich eines Kopfes mit einem dreifachen Gesicht reduzieren, sei das Gemälde an der Pfarrkirche zu Wormditt in Ostpreußen aus dem 14. Jh. hervorgehoben (Abb. in Zeitschrift XIV [1901] S. 343) sowie das Lesebrett der alten Kanzel der Kirche zu Plau (Abb. in den Kunst- und Geschichtsdenkmälern des Großh. Mecklenburg-Schwerin IV [1901] S. 592).

5. Sehr häufig wird auch die eine oder andere der drei göttlichen Personen durch ihr Symbol ersetzt. Beim h. Geist ist — entsprechend dem kirchlichen Verbot seiner Wiedergabe in menschlicher Gestalt — die Vertretung durch die Taube sogar das weitaus üblichere, aber auch an Stelle Gott Vaters tritt mehrfach das Sinnbild der Hand und für den Sohn zuweilen das des Lammes. In äußerst geschlossener Form findet sich eine Verbindung der Personifikation des Sohnes mit der symbolischen Charakterisierung Gott Vaters und des h. Geistes auf einer Elfenbeinskulptur des 10. Jh., vielleicht belgischen Ursprungs im Museum Meermanno-Westreenianum im Haag, wo Christus als Halbfigur in einem Medaillon erscheint, in der Linken die in einem ovalen Nimbus stehende Taube haltend, während die Hand Gott Vaters aus den Wolken heraus den Nimbus des Sohnes umfaßt (Abb. bei Goldschmidt I. Nr. 154). Ganz eigentümlich ist die Auffassung einer englischen Miniatur aus der Zeit zwischen 1012 und 1020 (Abb. bei Detzel I. S. 60, vollständig in: Palaeographical Society. Facsimiles of Manuscripts and Inscriptions. Ser. I. Vol. 3. Pl. 60). Hier ruht der h. Geist in Gestalt der Taube auf dem gekrönten Haupte der Maria, die neben dem mit dem Vater im Gespräch vertieften Sohne sitzt, außerdem aber noch das Christkind auf dem Schoße hält. Erweitert wird die Darstellung noch durch ein anderes Moment, indem Vater und Sohn mit ihren Füßen den gebundenen Satan in den flammenden Höllenrachen stoßen, neben dem die gleichfalls gefesselten Gestalten des Judas und Arius kauern. Für die auf Dreifaltigkeitsbildern allerdings nur seltener vorkom-

mende Ersetzung der Person des Sohnes durch das Lamm sei auf einen Augsburger Holzschnitt um 1485 aufmerksam gemacht (Abb. bei Schreiber: Holzschnitte der Graphischen Sammlung in München II [1912] Nr. 137).

6. Fruchtbarer im künstlerischen Sinne erwies sich das Streben nach einer bildlichen Ausdrucksform für das Geheimnis der Trinität bei denjenigen Darstellungen, die unter dem Namen Gnadenstuhl laufen und ihren Ausgang wahrscheinlich von Frankreich genommen haben. Das Schema ist gewöhnlich folgendes: Der greise Gott Vater, auf dem Throne oder Regenbogen sitzend, hält vor sich im Schoße das Kreuz mit dem daranhängenden Sohne; die Stelle des h. Geistes als Taube wechselt, obschon sie am häufigsten zwischen den Häuptern der beiden Personen schwebt. Als eines der ältesten Beispiele einer derartigen Wiedergabe gilt eine französische Miniatur aus dem 12. Jh. (Abb. bei Didron S. 593), und aus derselben Zeit stammt auch ein Tragaltar mit gravierter Metallbekleidung aus Hildesheim, jetzt im South-Kensington-Museum zu London (Abb. s. The S.-K.-Mus. Examples of the works of arts I [1881] Pl. 70). Daneben läßt man im Laufe des 15. Jh. unter Wegfall des Kreuzes den Sohn nach Art der Pietadarstellungen im Schoße des Vaters ruhen oder vom Vater aufrecht gehalten werden, der dann oft gleichfalls eine stehende Haltung einnimmt (Bilder des Meisters von Flémalle um 1438 im Städelschen Institut zu Frankfurt a. M. und in der Ermitage zu St. Petersburg; Abb. im Jahrbuch XIX [1898] S. 16 und 98).

Eine höchst merkwürdige Verquickung von Gnadenstuhl und Pieta findet sich auf einem Alabasterrelief deutscher Herkunft aus dem zweiten Viertel des 15. Jh. im Museum zu Detroit (U. S. A.), wo der zusammengebrochene Leichnam Christi von einem Engel — der in der Mehrzahl sonst für beide Bildarten nur eine beliebte Begleitfigur abgibt — gehalten wird. Der Hinweis auf die Trinität tritt dabei mehr in den Hintergrund, indem die Anwesenheit Gott Vaters und des h. Geistes nur durch die symbolischen Zeichen der Hand und der Taube über dem gesenkten Haupte des Sohnes zum Ausdruck kommt (Abb. in der Festschrift für Adolph Goldschmidt [1923] Taf. 13. 1).

Am ehesten wird man hier auch den einzigartigen Kupferstich vom niederländischen „Meister der Berliner Passion" aus der Mitte des 15. Jh. einreihen dürfen, auf dem der thronende Vater und h. Geist den in Gestalt des Schmerzensmannes (s. Nr. 30) auf der Weltkugel stehenden Sohn vor sich halten, wobei auffallenderweise die Person des h. Geistes wohl im Hinblick auf das übliche Symbol der Taube geflügelt wiedergegeben ist (vgl. unsere Taf. 1).

7. Im Anschluß an den Gnadenstuhl sind der gleichfalls vertikalen Gruppierung wegen auch jene Darstellungen zu erwähnen, auf denen der thronende Gott Vater den Sohn auf dem Schoß hat, aber nicht als gekreuzigten sondern als präexistenten Christus, der nun seinerseits wieder den h. Geist in Gestalt der Taube an der Brust trägt, so daß die abendländische Vorstellung des Ausgangs des h. Geistes vom Vater und Sohn (filioque) nach letzterer Richtung hin noch eine Unterstreichung erfährt (vergl. das Gemälde der Abteikirche zu Grottaferrata aus der zweiten Hälfte des 13. Jh.; Abb. bei Wilpert IV. Taf. 300).

Einer wesentlich anderen Anschauungswelt gehören die Versuche der Versinnbildlichung der Trinität durch figürliche Zeichen an. Die einfachsten dieser Symbole sind geometrischer Art:

8. Das gleichseitige Dreieck. Für die altchristliche Zeit kommt seine Beziehung auf die Dreifaltigkeit nicht in Frage; wenn es sich hier gelegentlich auf Epitaphien findet, soll es als Winkel oder Lot auf den Beruf des Verstorbenen hinweisen, und wo es eine Verbindung mit dem Monogramm Christi und den apokalyptischen Buchstaben A und O eingeht, kann es auch nur als christologisches Zeichen und nicht als Merkmal der Dreieinigkeit aufgefaßt werden.

Daß dem gleichseitigen Dreieck in der christlichen Kunst des Ma. neben der dekorativen Bedeutung auch eine symbolische zukommt, steht außer Zweifel, doch braucht die

Auslegung sich nicht ausschließlich im trinitarischen Sinne zu bewegen, da es an entsprechenden literarischen Belegen zu fehlen scheint. So kann beispielsweise das Dreieck mit der Hand Gottes im Uta-Evangeliar (s. Nr. 13) mit gleichem Rechte auf die Ewigkeit Gottes wie auf die Trinität bezogen werden (vergl. Swarzenski: Regensburger Buchmalerei [1901] S. 92). Andererseits fehlt es auch nicht an Fällen, wo durch Verbindung mit Elementen der persönlichen Auffassung der Dreifaltigkeit sowie durch Beischriften die Bedeutung des Dreiecks als trinitarisches Zeichen noch besonders hervorgehoben wird, am nachdrücklichsten wohl auf einem französischen Holzschnitt von 1524, dessen geometrische Bestandteile aber bereits mehrfach auf Denkmälern des 15. Jh. in Frankreich und England vorkommen (vergl. die Abb. bei Didron S. 575).

Erst der nachreformatorischen Zeit gehört das aus einem gleichseitigen Dreieck mit dem Auge Gottes gebildete Symbol an.

9. Drei sich gegenseitig schneidende Kreise (Französische Miniatur vom Ausgang des 13. Jh. mit Verteilung der Worte Trinitas und Unitas auf die einzelnen Segmente; Abb. bei Didron S. 569). Auch das unter dem Namen Triquetra bekannte Zeichen dreier in einen Kreis und unter sich verschlungenen Kreisbogen (Abb. bei Müller und Mothes: Archäolog. Wörterbuch I [1877] S. 341, Fig. 384) ist als Symbol der Dreieinigkeit angesprochen worden ebenso wie der als Regenbogenschüsselchen bezeichnete Kreis mit drei in seinem Mittelpunkte zusammenstoßenden Halbmonden (Abb. bei Bergner S. 558).

10. Zu recht bizarren Erscheinungen hat die schematische Zusammenstellung von drei animalischen Gebilden gleicher Art unter Hervorhebung eines gemeinschaftlichen Berührungspunktes geführt. Man könnte versucht sein, darin lediglich eine Spielerei zu erblicken, wenn nicht die Häufigkeit der Fälle den Gedanken an eine Anspielung auf die Trinität näher legte. Eines der ältesten Beispiele dieser Art bieten die drei in einen Kreis gefaßten Männerköpfe mit zusammengewachsenen Ohren auf einem Wandgemälde

im Nonnenchor zu Gurk aus der zweiten Hälfte des 13. Jh. (Abb. bei Borrmann: Aufnahmen ma. Wand- und Deckenmalereien. [1897 f.]). Mehrfach begegnet man drei gleichfalls auf diese Weise untereinander verbundenen Hasen; ferner zeigen sich drei Fische, Vögel oder Löwen mit gemeinsamem Kopf sowie eine Trias sich gegenseitig an den Füßen haltender Personen (Abb. bei Detzel I. S. 38 — Bau- und Kunstdenkmäler im Regbz. Cassel II [1909] Taf. 83).

Über Anspielungen auf die Trinität bei Darstellungen der Verkündigung der Geburt, der Taufe und der Kreuzigung Christi sowie der Krönung Marias s. Nr. 36, 147, 407 und 973.

Als alttestamentliche Vorbilder der Dreieinigkeit gelten:

11. Der Besuch der drei Männer bei Abraham. 1. Mos. 18, 1 f. (Cc. Tietze Nr. 127.)

12. Der Traum des Mundschenken Pharaos von den drei Reben am Weinstock. 1. Mos. 40, 9 f. (Ebenda.)

II.

GOTT VATER.

13. Das älteste zugleich aber auch noch weit über das Ma. hinaus verbreitete Symbol Gott Vaters ist der aus den Wolken ragende Arm oder gewöhnlich nur die Hand. Anlaß zu dieser Versinnbildlichung gab die im A. T. häufig wiederkehrende Redewendung von der „Hand" oder dem „Arm des Herrn". Bereits auf Katakombengemälden und altchristlichen Sarkophagen findet sich das Zeichen in Szenen, die wie die Opferung Isaaks oder die Berufung des Moses von einer Manifestation des Höchsten begleitet sind (vergl. beispielsweise die Abb. bei Wulff S. 85 und 114). Aus dem neutestamentlichen Bilderkreis ist vor allem die Taufe Christi heranzuziehen (Miniatur des syrischen Rabulasevangeliar von 586; Abb. bei Strzygowski Taf. II, 9) sowie die Himmelfahrt (Elfenbeintafel aus dem 5. Jh. wohl palästinensischen Ursprungs im Münchener Nationalmuseum; Abb. bei Kuhn: Plastik I. S. 293, Fig. 414), weiterhin auch die Verklärung, Kreuzigung und Ausgießung des h. Geistes. Dabei ist die Ausführung der Hand eine schlichte; sie zeigt in der Regel den Rede- oder Segensgestus und als einzige Auszeichnung den einfachen oder Kreuznimbus.

Neben der Rolle, die der Hand Gottes vornehmlich als Faktor derartiger Darstellungen auch weiterhin im Ma. zukommt, ist jedoch noch ihre Bedeutung als selbständiger Bildtypus zu würdigen. In diesem Falle greift man gern zu einer kunstvolleren Ausstattung. In reicher ornamentierter Umgebung erscheint das Symbol in dem wahrscheinlich in Corbie entstandenen Codex aureus der Münchener Staatsbibliothek aus dem Jahre 870 (Abb. bei Swarzenski: Regensburger Buchmalerei [1901] Nr. 13), und noch weiter geht die Ausschmückung im Evangeliar der Uta aus Regensburg vom Anfang des 11. Jh. (Abb. ebenda Nr. 28). Hier ist die Hand über ein in konzentrischen Kreisen stehendes gleichseitiges Dreieck gelegt, und als Fassung des Ganzen dient eine Umrahmung mit den Personifikationen von Tugenden. In monumentaler Auffassung begegnet man der Hand Gottes nicht selten in Absiden, an Gewölbefeldern, Kapitälen und Fassaden ma. Kirchen (vergl. u. a. die Portalskulptur von S. Zeno zu Verona aus dem 12. Jh.; Abb. bei Zimmermann S. 87). Ausnahmsweise ist die Hand vom erhöhten Christus entnommen und zeigt dann das Wundmal (Holzschnitte des 15. Jh.; Abb. bei Rosenthal: Incunabula xylogr. et chalcogr. [1892] Nr. 62 und bei Dodgson: Woodcuts of the 15 th century in the John Rylands library [1915] Pl. 6).

14. Mit der Einkleidung Gott Vaters in menschliche Gestalt ist es in der altchristlichen Kunst bei Versuchen geblieben, von denen die nachkonstantinische Plastik einige Beispiele aufzuweisen hat. So erscheint auf einem Baumsarkophag des Lateran-Museum zu Rom Gott als bärtiger alter Mann auf einem Felsen sitzend und vor ihm Kain und Abel mit ihren Opfergaben in den Händen (Abb. bei Wulff S. 120). Erst seit dem 9. Jh. wird die persönliche Darstellung üblicher und zwar in der Weise, daß mit Beziehung auf das Wort Christi: „Wer mich siehet, der siehet den Vater“ (Joh. 14, 9) die jugendliche Gestalt des auf Erden wandelnden Jesus einfach auch auf den Vater übergeht. Indes macht sich während der karolingischen Epoche gleichfalls noch eine gewisse Zurückhaltung bemerkbar, indem die anthropomorphische Auffassung des Allmächtigen auf seine Wiedergabe auf dem Throne sowie auf sein Eingreifen bei einigen Szenen der Genesis beschränkt bleibt. Um so bemerkenswerter ist in dieser Hinsicht die Ausnahmestellung des in der Schreibstube von Hautvillers entstandenen Utrechter Psalters aus dem Anfang des 9. Jh. Hier wirkt sich die menschliche Vorstellung des Höchsten weit stärker aus, wenn er

in den Händen eine Wage, Rolle und Fackel hält oder sein Haupt zu David neigt, um dessen Worte besser vernehmen zu können; ja selbst als Krieger tritt er auf und nimmt an der Spitze der himmlischen Heerscharen an dem Kampfe teil (vergl. Springer: Die Psalter-Illustrationen im frühen Ma. [1880] Taf. 1 ff.).

Etwa um 1200 setzt jedoch ein anderer Typus ein, nämlich der eines würdigen Greises, des „Alten der Tage" (antiquus dierum Dan. 7, 9 f.) mit langem Haupt- und Barthaar (vergl. die bei Haseloff S. 269 angeführten Miniaturen vom Ende des 12. Jh. — Soester Tafelgemälde mit der Dreifaltigkeit aus der Mitte des 13. Jh. im Kaiser-Friedrich-Museum zu Berlin; Abb. bei Woermann III. S. 287). An dieser Auffassung hält auch das späte Ma. fest, verbindet damit aber zugleich Vorstellungen von den Trägern der höchsten weltlichen wie geistlichen Macht, indem Gott Vater das Kostüm des Kaisers oder Papstes beigelegt wird mit Krone oder Tiara, Zepter und Reichsapfel (Genter Altar der Brüder van Eyck). In der Renaissance macht sich dann ein neues Moment geltend, nämlich die Betonung gewaltiger Körper- und Willenskräfte (Gemälde Raffaels in den Loggien des Vatikan und Michelangelos Deckenbilder in der Sixtinischen Kapelle).

III.

CHRISTUS.

SINNBILDER SEINER PERSON.

15. Das *Kreuz*. Die Verwendung des Kreuzes in offener, unverhüllter Gestalt als Zeichen Christi ist zwar bereits in den Katakomben gegen die Mitte des 2. Jh. nachweisbar (vergl. Kaufmann S. 269), doch pflegte man es aus Gründen der Arkandisziplin bis in die konstantinische Zeit im allgemeinen verhüllt darzustellen. In erster Linie ist hierbei an die verschleierte Wiedergabe im Monogramm Christi (s. Nr. 16) zu denken, daneben kommt aber auch die Übernahme vorchristlicher Formen in Betracht wie der vornehmlich in Indien heimischen Swastica oder crux gammata 卐 (vier griechische Gamma), ferner des in Kleinasien üblichen Sonnenrads ⊕ sowie der crux ansata ☥, des ägyptischen Silbenwerts für anχ (= Leben), auch Henkelkreuz oder fälschlich Nilschlüssel genannt. Seit Ende des 4. Jh. findet sich das offene Kreuz häufiger und nimmt im Laufe der Zeit mannigfache Bildungen an, die, soweit sie für die ma. Kunst in Frage kommen, nachfolgend zusammengestellt sind:

Die Form der *crux immissa* mit dem in den Langbalken hineingelassenen Querarm vertritt:

das griechische Kreuz + mit gleichen Quer- und Langstücken (auch als crux quadrata bezeichnet) sowie das lateinische oder Passionskreuz † mit ungleicher Teilung des Langholzes.

Dem Typus der *crux commissa* mit auf dem Langbalken aufliegenden Querarm begegnet man beim ägyptischen oder sog. Antoniuskreuz T (griechischer Buchstabe Tau).

Zusammengesetzte Kreuzformen sind: das erzbischöfliche oder Patriarchalkreuz ☨ (auch lothringisches genannt) und

das päpstliche Kreuz ☨.

Beliebt ist bei allen Abarten die Hinzufügung des apokalyptischen A und Ω (A und O, s. Off. 1, 8), des ersten und letzten Buchstabens des griechischen Alphabets.

(Vergl. Sauer im Kirchlichen Handlexikon hrsg. von Buchberger II [1912] S. 499 f. und 1013 f.)

16. Das Monogramm Christi. Seine Bildung beruht auf der Vereinigung der Initialen von 'Ιησοῦς Χριστὸς zu ✳ oder der beiden ersten Buchstaben von ΧΡΙΣΤΟΣ zu ☧. Ursprünglich kommen die Zeichen nur als Wortkürzungen in Betracht, das letztere auch in nicht auf Christus bezüglichem Kontext. Seit Anfang des 4. Jh. steht jedoch die monogrammatische Bedeutung fest, und besonders die letztgenannte Zusammenstellung von X und P gewinnt infolge der konstantinischen Vision stark an Popularität (daher auch konstantinisches Monogramm genannt). Die darin versteckte Anspielung auf das Kreuz erfährt zumeist noch eine Verdeutlichung durch Einführung eines Querstrichs, so daß das Zeichen die nachstehende Gestalt ☧ annimmt oder auch in verkürzter Abwandlung als ⳨ (crux monogrammatica) erscheint. In diesen Varianten ging das Monogramm in die ma. Kunst über, meist unter Beifügung des A und Ω (A und O). Dabei bleibt seine Anwendung nicht bloß auf das kirchliche Gebiet beschränkt, sondern greift gelegentlich auch auf profane Gegenstände über. Nebenbei kommt aber etwa seit Anfang des 12. Jh. auch noch eine andere Verbindung vor, nämlich die Zusammenstellung der beiden ersten mit dem letzten Buchstaben des griechischen Namens Christi zu XPC (in Minuskeln xps).

17. Im späteren Ma. wird das Monogramm Christi ersetzt durch das Monogramm Jesu IHS, eine auf Mißverständnis beruhende Umbildung älterer Verbindungen von Buchstaben des Namens ΙΗΣΟΥΣ, nämlich entweder des ersten und letz-

ten zu IC oder der beiden ersten und des letzten zu IHC. Infolge der Unkenntnis der griechischen Buchstaben sowie der Annahme, daß Ihesus die richtige Schreibweise sei (wie man auch Iherusalem und Iheronimus schrieb), wurde aus dem griechischen IHC das lateinische IHS (in Minuskeln ihs oder auch yhs), das der Volksmund als „Jesus Heiland Seligmacher" zu interpretieren pflegt. Wie das Monogramm Christi ist auch dasjenige Jesu aus einer ursprünglichen Schriftabbreviatur ein selbständiges Sinnbild geworden in mehr oder minder reicher Ausführung. Letzteres ist namentlich bei Erzeugnissen der graphischen Künste der Fall (vergl. die Holzschnitte aus der zweiten Hälfte des 15. Jh. Schreiber: Manuel II. Nr. 1816, wo das flammende Monogramm von den vier Evangelistensymbolen und Engeln umgeben ist; Abb. bei Fäh: Kolorierte Frühdrucke aus der Stiftsbibliothek in St. Gallen [1906] Nr. 1 — Ferner Schreiber II. Nr. 1823 mit der in die Buchstabenkörper eingezeichneten Kreuzigung; Abb. bei Schreiber: Holzschnitte des 15. Jh. in der Graphischen Sammlung zu München II [1912] Nr. 134 und das von Schreiber in der Veröffentlichung von Holzschnitten aus der Univ.-Bibliothek in Tübingen [1906] als Nr. 11 wiedergegebene Monogramm, über dem zwei Engel eine Krone halten).

18. Der W e i n s t o c k oder die W e i n t r a u b e (auf Grund von Joh. 15,1.) Bereits in der altchristlichen Kunst geht die Verwendung der Rebe und ihrer Frucht über rein dekorative Zwecke hinaus. Ihre mehrfach sich findende Verbindung mit dem guten Hirten (z. B. auf dem bei Wulff S. 106 abgebildeten Sarkophag des Lateran-Museum zu Rom) legt die symbolische Beziehung auf Christus ebenso nahe wie das gelegentliche Vorkommen des Sujets der Kundschafter mit der Traube (4. Mos. 13, 23; vergl. das syrische Kalksteinrelief bei Wulff S. 130, Fig. 119) oder das Behängen der Reben abwechselnd mit Trauben und Christusmonogrammen (Fresko zu El-Kargeh; Abb. bei Kaufmann S. 293, Fig. 143). Im Ma. steigert sich die Vorliebe für den Gegenstand dermaßen, daß Weinstock und Traube unter allen

symbolischen Pflanzenmotiven an erster Stelle stehen. Zu den beachtenswerteren Darstellungen dieser Zeit gehört ein Reliquienkästchen aus Elfenbein um die Wende des 10. zum 11. Jh. im Museum zu Schwerin (vergl. Zeitschrift V [1892] S. 373 f. mit Abb.). Hier steigt aus einem Kelche der Weinstock hervor, an dessen Früchten Vögel picken, während andere Tiere in seinen Ranken verweilen, offenbar eine Anspielung auf die Sehnsucht der Kreatur nach dem erlösenden Blute Christi. Ein besonders schönes Beispiel des im Kirchenportalschmuck beliebten Hinweises auf den wahren Weinstock bietet der Türarchitrav von S. Bartolommeo in Pantano zu Pistoja (1167), wo Christus inmitten der Apostel in einem weitverzweigten Rebengewinde erscheint (Abb. bei Venturi III. S. 939). Ganz gang und gäbe ist im Ma. die Heranziehung der Kundschafter mit der Traube als Typus der Kreuztragung und Kreuzigung Christi (vergl. Nr. 382 und 420). In einzigartiger Weise findet sich die Verwendung des Symbols einmal auf einem Fresko im Dom zu Aquileja, das dem 12. Jh. zugeschrieben wird, wo der am Kreuze hängende Körper Christi von einer Weinrebe umschlungen wird (Abb. bei Cahier et Martin: Mélanges d'archéologie IV [1856] S. 196).

19. Das Einhorn. Näheres hierüber s. unter Nr. 45, doch begegnet man dem Sinnbild zuweilen auch außerhalb des dort behandelten Jagdmotivs, z. B. auf dem eigenartigen Sandsteinrelief an der ehem. Klosterkirche zu Holzkirchen wohl noch aus dem Ende des 11. Jh. (Abb. in den Kunstdenkmälern Bayerns Bd. III, Heft 7 [1913] S. 40). Hier ist in dem oberen Felde der auf der Eselin reitende segnende Christus dargestellt, und darunter das von einem bärtigen Manne gehaltene Einhorn. Die Umschrift ist zu lesen: Aedibus in nostris sit tua dextera Christe equester.

In der Wiedergabe des fabelhaften Tieres auf Bischofs- oder Abtstäben wird man wohl weniger einen Hinweis auf Christus als eine Anspielung auf die Einsamkeit und Beschaulichkeit des klösterlichen Lebens zu erblicken haben.

Seltener vorkommende Sinnbilder aus dem Tierreich sind:

20. Der L ö w e (Chorstuhlwange aus der Stiftskirche zu Berchtesgaden vom Anfang des 14. Jh. im Nationalmuseum zu München, wo der Löwe ebenso wie die beiden folgenden Tiergestalten in symbolischer Weise von Weinreben umrahmt wird; vergl. Zeitschrift XVII [1904] S. 208 f. mit Abb.)

21. Der G r e i f. (Ebenda.)

22. Der S t e i n b o c k. (Ebenda.)

23. Der A d l e r, eine Schlange besiegend oder ihr die Augen aushackend. (Miniatur in dem vielleicht aus Italien stammenden Valerianus-Evangeliar vom 7. Jh. in der Münchener Staatsbibliothek, öfter in spanischen Handschriften; vergl. Beissel: Geschichte der Evangelienbücher [1906] S. 94, 128 und 145).

24. Als z w e i t e r A d a m wird Christus bereits von den Vätern der alten Kirche aufgefaßt (vergl. besonders Augustinus bei Migne P. lat. XXXV, 1463), doch ist die Parallele erst im Ma. bis ins einzelne durchgeführt worden. In der bildenden Kunst findet sich der Vergleich am eingehendsten behandelt in sechs Motiven der Fensterrosette des südlichen Querschiffarms der Kathedrale zu Lyon aus dem 13. Jh. (vergl. auch Nr. 1002).

25. Einzigartig ist das Symbol eines K i n d e s, aus dessen Beinen drei von einem Strahlenkranze umgebene Kindergestalten hervorwachsen als Hinweis auf die körperliche, seelische und göttliche Natur Christi (Holzschnitt der Verkündigung der Geburt Christi in Nitzschewitz: Mariae psalterium. Tzenna Cisterciensis ordinis [c. 1494]; vergl. Zeitschrift XXV [1912] S. 216, Anm. 4).

26. Bis ins 2. Jh. geht die theologische Spekulation zurück, die vier als E v a n g e l i s t e n s y m b o l e (vergl. Nr. 979) bekannten mysteriösen Gestalten auch auf Christus zu beziehen, der bei der Geburt ein Mensch, im Sterben ein Opferstier, im Auferstehen ein Löwe und bei der Himmelfahrt ein Adler war. Diese Auffassung spiegelt sich in der Kunst auf Darstellungen wieder, bei denen sich neben dem Men-

schen- (oder Engel-) Symbol des Matthäus die Geburt des Herrn (oder die gekrönte Gestalt des in die Welt eintretenden Christus) findet, neben dem Stier des Lukas die Kreuzigung (oder das Lamm am Kreuze), neben dem Löwen des Markus die Auferstehung, neben dem Adler des Johannes die Himmelfahrt (Miniaturen im Münchener Evangeliar Cod. lat. 4454 vom Anfang des 11. Jh.; Abb. bei Leidinger: Miniaturen aus Handschriften der Staatsbibliothek zu München VI. Taf. 14, 16, 18 und 20 — Gewölbemalereien in der Kirche zu Terlan von 1407; Abb. bei Atz: Kunstgeschichte von Tirol und Voralberg [1909] S. 724). Nur zu einer geschlosseneren Bildform greift die nämliche Symbolik, wenn sie den Evangelistentypus des hesekielischen Tetramorph-Cherub (vergl. Nr. 980) gleichfalls auf Christus überträgt (Miniaturen zum Buche Hesekiel in der Bibel aus Lobbes im Priesterseminar zu Tournai 1084 und in derjenigen der Kathedrale von Winchester aus der Mitte des 12. Jh.; Abb. bei Neuß Fig. 43 und 44).

Im besonderen auf das *Leiden* Christi ist der Nachdruck bei folgenden Sinnbildern gelegt:

27. Das Lamm. Die Wahl des Symbols war gegeben durch Schriftstellen wie Joh. 1, 29 und Off. 5, 6. Indes scheint erst die Kunst des 4. Jh. die frühesten Belege zu liefern für die später so weit verbreitete Übertragung des Lammes auf Christus in Ansehung seines Selbstopfers (ältestes Beispiel die im Liber pontificalis unter Silvester I [314—35] erwähnte goldene Statuette im Lateranbaptisterium zu Rom). In altchristlicher Zeit ersetzt das Zeichen gelegentlich geradezu die Person des Erlösers in der vollen Kreuzigungsgruppe mit den beiden Schächern, Maria und Johannes sowie Sonne und Mond (Relief einer der vorderen Ciboriumsäulen in S. Marco zu Venedig, wohl syrisch-palästinensische Kleinkunst des 5.—6. Jh.; Abb. bei Venturi I. S. 274), und auf Kruzifixen erhält sich die Anbringung des Sinnbildes im Schnittpunkte nach Art des der Peterskirche zu Rom von Justin II (565—78) geschenkten Vortragskreuzes (Abb. ebenda S. 529) wenigstens im Abendlande bis ins Ma. hinein, allerdings vor-

zugsweise unter Benutzung der Rückseite (Velletrikreuz aus dem 8. Jh.; Abb. bei Kraus II, 1. S. 313). Gewöhnlich ist die Stellung des Lammes so, daß der Kopf nach rückwärts schaut, während ein Fuß das Kreuz oder die Kreuzfahne hält, und daneben steht oft noch ein Kelch, der das aus der Brust fließende Blut auffängt. Beliebt ist auch die Verbindung mit den Evangelistensymbolen. Ins Monumentale übersetzt findet sie sich vielfach an romanischen Kirchenportalen als kürzeste Fassung des Begriffs der Kirche, wobei das Lamm auf die Gründung, die Evangelistensymbole auf die Ausbreitung durch die Heilsbotschaft hindeuten (Hauptportal von S. Ambrogio in Mailand aus dem 12. Jh.).

28. Im Zusammenhang mit dem Hinweis auf die Bedeutung des Lammes im Portalschmuck sei das Vorkommen des Ochsen im Verein mit dem Löwen gleichfalls am Eingang ma. Gotteshäuser gestreift. Die befriedigendste Erklärung dafür bleibt immer noch die Annahme, daß wie der Löwe im Einklang mit einem oft in Predigten und Hymnen ausgesprochenen Gedanken ein Symbol der Auferstehung Christi sein wird, so der Ochse wohl an das Leiden Christi erinnern soll (vergl. Sauer S. 222, Anm. 1).

29. Der gute Hirte. Von allen Typen des altchristlichen Bilderkreises ist der Pastor bonus der populärste und kommt bereits mehrfach gegen Ende des 1. Jh. auf Katakombengemälden vor. Nach der formalen Seite wird dabei an Schöpfungen der Antike angeknüpft, die symbolische Tendenz aber läuft in der Frühzeit im Einklang mit Luk. 15, 4 f. mehr auf eine Verkörperung der christlichen Heilsidee im allgemeinen hinaus als auf Andeutungen des Leidens Christi, und demgemäß zeigen die Darstellungen häufig noch den idyllischen Zug der klassischen Vorbilder. Das Ma. fand an dem Vorwurf zunächst kein Interesse, und erst gegen Ausgang desselben nimmt man das Thema wieder auf. Indes wird nunmehr im Gegensatz zu der frühchristlichen Auffassung der Nachdruck auf die Beziehung zur Passion gelegt anknüpfend an Joh. 10, 12. Infolgedessen

erscheint jetzt der gute Hirte statt in idealer, jugendlicher Gestalt als bärtiger Mann in langem Gewande meist mit den Wundmalen und in etwas gebeugter Haltung mit dem Lamm auf der Schulter (so z. B. auf dem prächtigen niederländischen Holzschnitt aus der Mitte des 15. Jh. in der Breslauer Stadtbibliothek; Abb. bei Schreiber: Manuel VI. Pl. 20, wo der symbolische Gehalt des Bildes durch einen in deutscher und französischer Sprache abgefaßten Reim dahin ausgelegt wird:

Durch dat liden mynre dieffer wonden
Hain ich dit verloren schaiff vonden).

30. Der Schmerzensmann (auch Erbärmdebild oder Misericordia domini benannt). Das Charakteristische dieser im 14. Jh. ohne Anlehnung an eine Schriftstelle, lediglich auf Grund individueller Gefühlsregung frei erfundenen Andachtsbilder besteht darin, daß der verstorbene Christus wieder lebendig mit den Merkmalen des Kreuzestodes an dem nur mit Lendenschurz, seltener auch noch mit offenem Mantel bekleideten Körper vorgeführt wird. Unterstrichen ist die Beziehung zur Passion noch durch Beigabe mehr oder weniger zahlreicher Leidenswerkzeuge, der sog. Waffen Christi (arma Christi), deren Fülle namentlich bei der Aufnahme des Motivs in die Darstellung der Messe Gregors fast unübersehbar wird (vergl. Nr. 1047). Die Vorliebe für diese Dinge, die sich bis in die minutiöse Aufzählung der dreißig Silberlinge verliert, hängt jedenfalls zusammen mit der seit dem 14. Jh. nachweisbaren Einführung von Festen zu Ehren bestimmter Leidensinstrumente.

Im einzelnen zeigt die Figur des Schmerzensmannes zahlreiche Varianten. Ein weit verbreiteter Typus hält sich an die Wiedergabe der ganzen Gestalt des Erlösers, die vor dem Kreuze steht mit Dornenkrone auf dem Haupte und Rute nebst Geißel in den auf der Brust gekreuzten Armen (Gravierung in Stein um 1350—70 am Chor der Peterskirche in Erfurt; Abb. bei Overmann: Älteste Kunstdenkmäler der Stadt Erfurt [1911] Nr. 31). Nicht selten erfährt die aufrechte Haltung des Schmerzensmannes noch eine

Unterstützung durch Maria, meist im Verein mit dem Jünger Johannes (Fränkisches Tafelgemälde um 1430 in Kissingen; Abb. bei Burger II. S. 279). Auch die Aufnahme der Maria Magdalena in eine solche Gruppe ist nachweisbar, allerdings erst erheblich später (Bildwerk aus Stein in der Fuggerkapelle von St. Ulrich zu Augsburg aus dem Anfang des 16. Jh.; Abb. im Klass. Skulpturenschatz Nr. 353). An Stelle der genannten Personen sieht man auch Engel als Träger der Passionswerkzeuge den Schmerzensmann umgeben, der dann die freien Hände zur Betrachtung der Wundmale präsentiert (Kupferstich vom Meister E S aus der Mitte des 15. Jh. s. Lehrs: Kupferstich II [1910] Abb. 129), während es zu den Ausnahmen gehört, wenn ein Engel den Schmerzensmann selbst in den Armen hält (Silberreliquiar im Kirchenschatz zu Montalto aus der ersten Hälfte des 15. Jh.; Abb. in der Festschrift für Adolph Goldschmidt [1923] Taf. 13, 2). Indes ist die Wiedergabe der ganzen Person in stehender Haltung nur eine der vielen Erscheinungsformen des Schmerzensmannes, auf anderen Bildern läßt man ihn auf einem Stein, einer Bank, dem Kreuz und Sarkophagdeckel sitzen oder knien oder auch nur in halber Figur in der Grabkiste oder über einem Wolkenausschnitt sichtbar werden. Gelegentlich ist auch noch auf die Dreieinigkeit Bezug genommen, indem Gott Vater und die Taube des hl. Geistes über dem Sohne sich zeigen (Miniatur eines Psalters aus England vom Anfang des 15. Jh.; Abb. in Reproductions from illum. Manuskripts. British Museum. I. London 1907. Pl. 17).

31. Im Anschluß an den Schmerzensmann seien hier eine Anzahl von Darstellungen des Jesusknaben angeführt, bei denen gleichfalls in mystischer Weise auf die Passion angespielt ist. Allerdings handelt es sich dabei fast ausschließlich um Erzeugnisse des Holzschnitts aus dem 15. Jh., die aber doch Beachtung verdienen, da sich gerade in der vervielfältigenden Kunst des Bilddrucks die Beliebtheit solcher freien und recht subjektiv gefärbten Erfindungen am stärksten widerspiegelt. In der Hauptsache kehren folgende Motive wie-

der: Der nackte Jesusknabe trägt inmitten anderer Leidenswerkzeuge das Kreuz. — Auf einem Kissen sitzend, hält er bald Kreuz und Lanze in den Händen, bald streichelt er das die Kreuzfahne tragende Lamm oder segnet den Kelch mit der darüberschwebenden Hostie. — Mit Geißel und Rute im Arm stellt oder setzt man ihn in die am Kreuz hängende Dornenkrone, noch öfter aber in das von der Lanze durchbohrte h. Herz. — Selbst im Schlafe ist er mit dem Kreuz verbunden, das ihm als Lager dient.

(Vergl. Schreiber: Manuel I. Nr. 796 ff. und die Abb. bei Kristeller: Holzschnitte im Kupferstichkab. zu Berlin. 2. Reihe [1915] Nr. 79—82 sowie bei Schreiber: Holzschnitte in der Graphischen Sammlung zu München I [1912] Nr. 46, 47, 56, 57 und II. Nr. 90—92 und bei Fäh: Kolorierte Frühdrucke aus der Stiftsbibliothek in St. Gallen [1906] Nr. 7 — Pappkasten des Diözesanmuseums zu Köln.)

Über Christus als Keltertreter s. Nr. 1046.

Für die an sich schon sinnbildlichen Darstellungen der *Mittlerschaft* Christi, wie sie auf Pestbildern und Schilderungen des Jüngsten Gerichtes durch Vorzeigen seiner Wundmale Gott Vater gegenüber zum Ausdruck kommt (vergl. Nr. 932), finden sich als Vorbilder:

32. Antipater zeigt dem Julius Cäsar seine Wunden. Petrus Comestor: Hist. schol. bei Migne Patrologia lat. CIIC, 1531. (Sp. Taf. 77.)

33. Maria zeigt ihrem Sohne ihre Brüste. Nach Arnold von Bonneval: Lib. de laudibus Mariae bei Migne P. lat. CLXXXIX, 1726. (Sp. Taf. 78.)

34. Esther bittet bei Ahasverus für das Volk Israel. Esth. 5. (Ebenda.)

SYMBOL UND TYPUS IN DEN DARSTELLUNGEN DES LEBENS CHRISTI VON DER GEBURTSVERKÜNDIGUNG BIS ZUR AUSGIESSUNG DES HL. GEISTES MIT AUSSCHLUSS DER WUNDER- UND LEHRTÄTIGKEIT.

Verkündigung der Geburt.

Die Wiedergabe der Verkündigung selbst ist in der ma. Kunst zumeist mit symbolischen Elementen durchsetzt:

35. Geradezu Tradition ist es, mittelst Strahlen oder der Taube auf die Empfängnis durch den h. Geist hinzuweisen. In eigenartig realistischer Weise kommt das zum Ausdruck auf einem Elfenbein, vermutlich belgisch-rheinischen Ursprungs um 1100 im Kaiser-Friedrich-Museum zu Berlin, wo sich Christus als kleine Halbfigur in einem Halbmond von der schwebenden Taube herabsenkt (Abb. bei Goldschmidt II. Nr. 160). Wenn sich gelegentlich die Strahlen oder die Taube direkt dem Ohre Marias zukehren, so entspricht das einer Vorstellung, zufolge deren die Jungfrau den Logos durch das Ohr empfing (Deutsche Miniatur vom Ende des 12. Jh. im Britischen Museum zu London; Abb. in Reproductions from illum. Manuscripts III [1908] Pl. 12).

36. Im 14. und 15. Jh. bietet die Szene einen willkommenen Anlaß zur Darstellung der Dreieinigkeit, indem außer der Taube des h. Geistes auch Gott Vater in Wolken erscheint und den Sohn in Kindesgestalt aus seinen Armen zur Maria gehen oder herniederschweben läßt, meist mit einem Kreuz auf der Schulter als Hinweis auf das zu vollbringende Erlösungswerk (Miniatur im Liber viaticus des Johann von Neumarkt um 1360 in Prag; Abb. bei Burger I. S. 148, Fig. 165 — Gemälde des Grabower Altars vom Meister Bertram aus dem Jahre 1379; Abb. ebenda II. S. 423).

37. Schließlich findet sich auch noch die Jungfräulichkeit Marias in symbolischer Weise gestreift, insofern der zwischen der Magd des Herrn und Gabriel in einer Vase stehende oder von letzterem in der Hand gehaltene Zweig

im 13. Jh. die bestimmte Form einer Lilie annimmt, die man seit altersher als Sinnbild der jungfräulichen Reinheit für Maria in Anspruch nahm (Kandelaber der Kathedrale zu Gaeta; Abb. bei Venturi III. S. 648). Die nämliche Bedeutung hat es, wenn statt des Lilienstengels der göttliche Bote einen Olivenzweig (vergl. Nr. 873) in der Hand und im Haar trägt wie auf dem Gemälde des Simone Martini und Lippo Memmi von 1333 (Abb. im Klass. Bilderschatz Nr. 349). Die Häufung dieses symbolischen Pflanzenschmuckes auf dem zuletzt genannten Denkmal ist ein recht interessanter Beleg dafür, wie der erhöhten Weltfreudigkeit des ausgehenden Ma. auch die vegetabilische Natur im Kunstwerk wieder willkommener erschien (vergl. Landsberger: Die künstlerischen Probleme der Renaissance [1922] S. 102). Späterhin sieht man auch den Fußboden mit Blüten und Blättern solcher symbolischer Pflanzen belegt (Gemälde des Meisters des Sterzinger Altars von 1458; Abb. bei Heidrich: Die altdeutsche Malerei [1909] Nr. 40).

Gebräuchlichere Vorbilder der Verkündigung sind:

38. Verfluchung der Schlange und erste Verheißung. 1. Mos. 3, 14 f. (Bp. Taf. 1.)

39. Verkündigung der Geburt Isaaks. 1. Mos 17, 19. (Kn. Taf. 1.)

40. Rebekka gibt dem Elieser zu trinken. 1. Mos. 24, 15 f. (Sp. Taf. 14.)

41. Gott erscheint dem Moses im feurigen Busch. 2. Mos. 3, 2. (Sp. Taf. 13.)

42. Gideons Vließ. Richt. 6, 36 f. (Bp. Taf. 1.)

43. Verkündigung der Geburt Simsons. Richt. 13, 3. (Kn. Taf. 3. — Auf das bei dieser Gelegenheit von Manoah dargebrachte Opfer bezieht sich vermutlich der Typus Bp. W. Taf. 1.)

44. Jesaja weissagt von der Jungfrau, die einen Sohn gebären wird. Jes. 7, 14. (Glasgemälde der Lyoner Kathedrale aus dem 13. Jh.; Abb. bei Mâle I. S. 51.)

45. Die Jagd nach dem Einhorn. Nach dem Physiologus ist das Einhorn ein so wildes Tier, daß es der Jäger nur fangen kann, wenn eine reine Jungfrau in der Nähe ist, in deren Schoß es zahm seinen Kopf legt. Die Beziehung auf den von der Jungfrau geborenen Christus ist bereits im Physiologus gegeben. Gefördert wurde der allegorische Gedanke offenbar auch durch den Anklang des Namens μονόκερως (unicornus) an μονογενής (unigenitus). Als älteste Darstellung gilt die Miniatur eines Antiphonars des 12. Jh. im Kloster Einsiedeln. Das Bild ist eine Verkündigung in der Form, daß vor Maria, in deren Schoß sich das Einhorn geflüchtet hat, der Engel Gabriel kniet, wobei lediglich das Hifthorn, aus dem der himmlische Bote den Gruß ertönen läßt, an eine Jagd erinnert. Später tritt das Jagdmotiv stärker hervor durch Einführung von Hunden, deren Anzahl sich zwischen eins und vier bewegt. Für die Entwicklung nach dieser Richtung hin ist eine Stickerei aus dem 13. Jh. bedeutsam, die bei Kraus: Die christliche Kunst in ihren Anfängen (1872) Fig. 51 wiedergegeben ist. An Hunden finden sich hier drei, die die Namen der Tugenden Caritas, Veritas und Humilitas führen. Da die Trias der Hunde mehrfach vorkommt, insbesondere als Repräsentation der Fides, Spes und Caritas, so vertreten diese Bilder wohl einen besonderen und zwar vielleicht den älteren Typus (vergl. Kuntze im Archiv für Kulturgeschichte V [1907] S. 307). Weit häufiger ist jedoch die Beigabe von vier Hunden, worin sich die Einwirkung von Vorstellungen des Streites und der Versöhnung der Tugenden Misericordia und Veritas, Justitia und Pax zu erkennen gibt (vergl. Nr. 46). Dieser Auffassung begegnet man auf einem Tafelbilde im Weimarer Museum, das unter dem Einfluß der altkölnischen Malerschule spätestens um 1400 entstanden ist (Abb. im Jahrbuch XXXIV [1913] S. 209). Das Gemälde ist auch deshalb beachtenswert, weil hier der Vorgang zum ersten Male — was später das übliche wird — in den „verschlossenen Garten", eins der beliebtesten marianischen Symbole, verlegt wird (vergl. Nr. 864).

Neben den mehr oder weniger ausführlich auf das Jagdmotiv eingehenden Bildern, die überwiegend dem deutschen Boden entwachsen sind, ist aber stets auch eine äußerst knappe Ausdrucksform dieser Symbolik verbreitet geblieben, die sich auf die Darstellung der Jungfrau mit dem Einhorn in ihrem Schoß beschränkt. Von den zahlreichen Beispielen dieser Art hebe ich als eines der charakteristischsten das Glasgemälde der Lyoner Kathedrale aus dem 13. Jh. hervor (Abb. bei Mâle I. S. 52, Fig. 10).

46. Die personifizierten Tugenden der Barmherzigkeit und Wahrheit gehen einander entgegen, während sich Gerechtigkeit und Friede küssen (nach Ps. 84, 11 in der Vulgata). Die Benutzung des Motivs für die Darstellung eines Vorbildes der Verkündigung der Geburt Christi war nahegelegt durch eine Parabel des h. Bernhard von Clairvaux (s. Migne P. lat. CLXXXIII, 383 f.), wonach diese vier Tugenden, die das erste Menschenpaar nach seinem Sündenfalle verlassen, darüber im Streit waren, ob Adam mit seinen Nachkommen infolge der Sünde dem Tod verfallen sei — so die Ansicht der Veritas und Justitia — oder ob ihm nach Meinung der Misericordia und Pax Begnadigung zustehe. Die Sache wird Gott Vater vorgetragen, die Entscheidung aber fällt als wahrer Salomo Gott der Sohn dahin, daß beide Teile zu ihrem Rechte kommen werden, wenn ein guter Tod geschieht, d. h., wenn aus Liebe Einer stirbt, der dem Tode nichts schuldig ist und daher von diesem nicht behalten werden kann. Nachdem die Tugenden lange vergebens nach einem solchen gesucht, beschließt Gott der Sohn das Opfer selbst zu vollbringen. Daraufhin erfolgt die Versöhnung der Parteien in der oben angeführten Weise, während der Engel Gabriel die Kunde von dem göttlichen Heilsplane der Jungfrau Maria übermittelt.

Vor dem 13. Jh. scheint man der bildlichen Darstellung des Stoffes nicht näher getreten zu sein. In der Regel ist die Versöhnung der Tugenden mit der Verkündigung an Maria verbunden (vergl. die detaillierte Illustration einer französischen Ausgabe der Legenda aurea in der Pariser

Nationalbibliothek vom Ende des 15. Jh.; Abb. bei Mâle II. S. 21), doch findet sich das Motiv auch mit der Kreuzigung in Zusammenhang gebracht (Miniatur der lateinischen Handschrift 18 026 der nämlichen Bibliothek vom Anfang des 15. Jh.) sowie beim Throne Salomos (Wandgemälde in der Johannes-Taufkirche zu Brixen aus der Mitte des 13. Jh.; Abb. in Zeitschrift XXI [1908] S. 149, vergl. auch Nr. 854) und ausnahmsweise auch als Typus der Heimsuchung Marias (s. Nr. 959).

Als seltenere Vorbilder sind zu nennen:

47. Pflanzung des Lebensbaumes im Paradiese. 1. Mos. 2, 9. (Cc. Heider S. 38.)

48. Aufbewahrung des Manna in der goldenen Urne. 2. Mos. 16, 32. (Ct. Heider S. 113.)

49. Der elfenbeinerne Thron Salomos. 1. Kön. 10, 18 f. (Ebenda.)

50. Das auf dem Jordan schwimmende Beil. 2. Kön. 6, 4 f. (Cc. Heider S. 39.)

51. Esther berührt das Zepter des Ahasverus. Esth. 5, 2. (Ct. Heider S. 114.)

52. Die verschlossene Pforte des Tempels. Hesek. 44, 2. (Ct. Heider S. 113.)

Über die Beziehung der erythräischen Sibylle zur Verkündigung s. Nr. 993.

Der Engel erscheint Josef im Traum vor der Geburt Christi.

53. David verbirgt sich vor Saul. 1. Sam. 20, 24. (Cc. Tietze Nr. 10.)

54. Johannes schaut das mit der Sonne bekleidete Weib. Off. 12, 1 f. (Ebenda.)

Geburt.

55. Hinsichtlich der strittigen Frage nach dem Anlaß zur Einführung von Ochs und Esel bei der Krippe des Herrn, denen wir zum ersten Male an einem römischen Sarkophag-Fragment

von 343 begegnen (Abb. bei Kraus I. S. 171, Fig. 132; vergl. Neue Kirchliche Zeitschrift XXXII [1921] S. 669 f), ist zu bemerken, daß die gelegentlich sich findende symbolische Auslegung, wonach der Ochse das Judentum, der Esel das Heidentum repräsentiere, jedenfalls nicht die Anregung hierzu gegeben hat, da gerade die ältesten christlichen Schriftsteller, die der beiden Tiere gedenken, eine allegorische Interpretation nicht kennen, und auch da, wo wir einer solchen begegnen, die sinnbildliche Auffassung durchaus keine einheitliche ist. Die wahrscheinlichste Erklärung für die Heranziehung von Ochs und Esel bleibt die Berufung auf Jes. 1, 3: „Ein Ochse kennet seinen Herrn, und ein Esel die Krippe seines Herrn" in Verbindung mit Hab. 3, 2: „In medio duorum animalium innotesceris" (nach der Itala).

56. Dagegen beruhen die vereinzelt nachweisbaren Anklänge an Altar und Kirche bei Behandlung der Krippe und des Stalles von Bethlehem offenbar auf einer Symbolik, die bereits bei der Geburt des Heilandes den Blick auf sein späteres Selbstopfer lenkt (Miniaturen in lateinischen Handschriften des 9.—12. Jh. in der Pariser Nationalbibliothek; vergl. Wilpert II. S. 757 — Elfenbeinbuchdeckel der Metzer Schule um 850 in der Stadtbibliothek zu Frankfurt a. M.; Abb. bei Goldschmidt I. Nr. 75 — Altarvorsatz der Kathedrale zu Salerno aus dem Ende des 11. Jh.; Abb. bei Wilpert II. S. 757).

57. Erst dem Ausgang des Ma. gehören jene Darstellungen an, die das Selbstzeugnis Jesu von dem Licht, das in die Welt gekommen (Joh. 3, 19), in der Weise ins Bild umsetzen, daß von dem Körper des eben geborenen Christkindes ein Strahlenkreis ausgeht (Ortenberger Altar im Darmstädter Museum um 1420—1430; Abb. bei Burger II. Taf. 25 — Thomas-Altar der Englandfahrer vom Meister Francke von 1424 in der Hamburger Kunsthalle; Abb. ebenda S. 431).

Üblichere Vorbilder der Geburt Christi sind:

58. Isaaks Geburt. 1. Mos. 21, 1 f. (Kn. Taf. 4.)

59. Pharaos Mundschenk sieht im Traum den Weinstock. 1. Mos. 40, 9 f. (Sp. Taf. 15.)

60. Gott erscheint dem Moses im feurigen Busch. 2. Mos. 3, 2. (Miniatur eines Missale aus Hildesheim aus der zweiten Hälfte des 12. Jh.; Abb. in Zeitschrift XV [1902] S. 309, Fig. 7. — Bp. Taf. 2.)

61. Der blühende Stab Aarons. 4. Mos. 17, 23. (Bp. Taf. 2.)

62. Gideons Vließ. Richt. 6, 36. (Miniatur des bei Nr. 60 angeführten Missale.)

63. Geburt Simsons. Richt. 13, 24. (Kn. Taf. 6.)

64. Die verschlossene Pforte des Tempels. Hesek. 44, 2. (Miniatur des bei Nr. 60 angeführten Missale.)

65. Das Einhorn im Schoß der Jungfrau. Vergl. Nr. 45. (Ebenda.)

66. Die tiburtinische Sibylle zeigt dem Octavianus Augustus die Erscheinung der Mutter Gottes mit dem Kinde. Nach der Legenda aurea I. S. 67 f. (Sp. Taf. 16.)

Seltener finden sich:

67. Jakob schenkt seinem Sohne Josef einen bunten Rock. 1. Mos. 37, 3. (Cc. Tietze Nr. 11.)

68. Geburt Samuels. 1. Sam. 1, 20. (Zerstörtes Glasgemälde im englischen Kloster St. Alban vom Ende des 14. Jh.; vergl. Quellenbuch S. 317, 1.)

69. Esther erhält von Ahasverus einen mit seinem Ringe versiegelten Brief. Esth. 8, 7 f. (Ct. Heider S. 114.)

70. Wurzel Jesse. Jes. 11, 1 f. (Wandgemälde des Emausklosters zu Prag aus dem dritten Viertel des 14. Jh.; zerstört, nur durch die Inschrift „Virga Jesse floruit“ gesichert.)

71. Nebukadnezar sieht im Traum ein Götzenbild. Dan. 2, 31 f. (Glasgemälde der Kathedrale zu Canterbury aus dem 14. Jh.; vergl. Sp. S. 277.)

72. Der sich selbst vom Berge lösende Stein. Dan. 2, 34. (Cc. Tietze Nr. 11.)

73. Die h. drei Könige erblicken den Stern. Matth. 2, 9 f. (Middelburger Altarbild von Rogier van der Weyden im Kaiser-Friedrich-Museum zu Berlin.)

Über die Beziehung der cumanischen Sibylle zur Geburt Christi s. Nr. 993.

Verkündigung an die Hirten.

74. Gott erscheint dem Moses im feurigen Busch. 2. Mos. 3, 2. (Ct. Heider S. 114.)

75. Der blühende Stab Aarons. 4. Mos. 17, 23. (Glasgemälde der Kathedrale zu Canterbury aus dem 14. Jh.; vergl. Sp. S. 277.)

Diese beiden Typen werden jedoch gewöhnlich auf die Jungfrauengeburt bezogen (vergl. Nr. 60 und 61).

76. Der Engel Gabriel verkündet dem Daniel die Ankunft Christi. Dan. 9, 20 f. (Ct. Heider S. 114.)

77. Der Engel Raphael begrüßt den alten Tobias. Tob. 5, 12. (Ebenda.)

Wunder, die sich bei der Geburt Christi ereigneten.

Die Legende weiß von einer Reihe wunderbarer Begebenheiten zu berichten, die den Eintritt des Messias in die Welt begleiteten; eine typologische Behandlung scheinen jedoch nur zwei Ereignisse erfahren zu haben, nämlich der Einsturz des Friedenstempels zu Rom und der Ausbruch einer Ölquelle an demselben Orte (Legenda aurea I. S. 64 und 66.)

Vorbilder für das erste Wunder sind:

78. Fall der Mauern von Jericho. Jos. 6, 20.

79. Sturz der Götzenbilder in Ägypten. Evangelium infantiae Salvatoris c. 10 (s. Evang. apocr. ed. Tischendorf. Ed. 2 [1876] p. 185).

Als Vorbilder für das letztere Wunder finden sich:

80. Moses schlägt eine Quelle aus dem Felsen. 2. Mos. 17, 6.

81. Die Witwe von Zarpath gibt Elias zu trinken. 1. Kön. 17, 10 f. (Vier zerstörte Glasgemälde im englischen Kloster St. Alban vom Ende des 14. Jh.; vergl. Quellenbuch S. 317, 2.3.)

Beschneidung.

82. Abraham wird beschnitten. 1. Mos. 17, 10 f. (Wandgemälde im Emauskloster zu Prag aus dem dritten Viertel des 14. Jh.; Neuwirth Taf. 11.)

83. Isaaks Beschneidung. 1. Mos. 21, 4. (Kn. Taf. 7.)

84. Zippora beschneidet ihren Sohn. 2. Mos. 4, 25. (Wandgemälde im Emauskloster zu Prag aus dem dritten Viertel des 14. Jh.; Neuwirth Taf. 12, 1.)

85. Josua beschneidet die in der Wüste geborenen Kinder Israels. Jos. 5, 2 f. (Cc. Tietze Nr. 13.)

86. Simsons Beschneidung (Namengebung). Richt 13, 24. (Kn. Taf. 9.)

Anbetung der Könige.

Die Darstellung der Anbetung der Könige selbst greift häufig in einigen Stücken auf das Gebiet des Symbolischen über:

87. Das gilt zunächst von dem Sternengel. Die der Vorstellungswelt des Orientalen so recht entgegenkommende Anschauung, daß ein Engel in Gestalt eines Sterns die Magier geleitet habe, findet sich in bestimmter Weise bereits im Evangelium infantiae Salvatoris c. 7 (Evang. apocr. ed. Tischendorf. Ed. 2 [1876] p. 183) ausgesprochen. Auf Bildwerken begegnet man dieser persönlichen Auffassung des Gestirns erstmalig an einem Sarkophag in S. Ambrogio zu Mailand aus dem 4. Jh. Hier ist der Stern bereits an seinem Ziele angelangt und vermittelt als bartloser Jüngling mit sprechender Gebärde die Einführung der drei Magier bei Maria und dem göttlichen Kinde (Abb. bei Kaufmann S. 495). Die weitere Entwicklung geht nun dahin, daß

neben dem Engel auch noch der Stern erscheint, und der göttliche Bote weniger als Führer der Weisen wie als repräsentative Figur, gewissermaßen als Leibwächter der Maria, in Betracht kommt (vergl. Stuhlfauth: Die Engel in der altchristl. Kunst [1897] S. 131 f.). Von ma. Denkmälern der Anbetung mit dem Sternengel nenne ich die Miniatur im griechischen Menologium des Kaisers Basilius II. (976—1025) in der Vatikanischen Bibliothek (Abb. bei Kehrer: Die h. drei Könige II [1909] S. 67) ferner die Kanzelskulpturen der Pisani aus den Jahren 1260—1301 (Abb. ebenda S. 72—74), von denen die zu Pistoja besondere Beachtung verdient, da hier in dem außer dem Engel noch angebrachten Stern der Kopf des Christkindes sichtbar ist, sowie das Steinrelief an der Nordseite der Chorschranken in Notre-Dame zu Paris um 1320, wo der Engel den Stern in den Händen trägt (Abb. ebenda S. 77).

88. Auch bei der Gestaltung der Magier oder Könige macht sich ein symbolischer Einschlag bemerkbar, wenigstens in den Fällen — und das trifft für das Ma. allgemein zu — wo die Zahl der Personen aus der Dreiheit der Gaben abgeleitet ist. Altchristlicher Tradition entspricht es, wenn insbesondere Beda (Migne P. lat. XCII, 12 f. und XCIV, 541) in den drei Magiern einmal die Repräsentanten der drei menschlichen Lebensalter und zum anderen die Vertreter der drei damals bekannten Erdteile, Europas, Asiens und Afrikas erblickt. In der Kunst äußern sich diese Anschauungen zunächst darin, daß durch bärtige oder bartlose Behandlung der Gesichter eine Altersdifferenzierung versucht wird (Architravrelief des Nordportals der Westfassade von S. Marco in Venedig aus dem Anfang des 6. Jh. — Palästinensische Ampulle aus der Zeit Gregors I. im Monzeser Domschatz; Abb. bei Kehrer II. S. 49, Fig. 33). Recht gut ist der Unterschied in den Lebensjahren auf der entsprechenden Tafel des Verduner Altars wiedergegeben (Kn. Taf. 11). Von späten Denkmälern verdient das Gemälde Stephan Lochners im Kölner Dom auch nach dieser Richtung hin besondere Be-

achtung. Nicht so häufig wie der Altersdifferenzierung begegnet man der Rassenunterscheidung. Im Bereiche der Plastik war eine derartige Charakterisierung nur mittels der Formensprache zu erreichen. Als Neger hat Niccolo Pisano an der Kanzel zu Siena (1266) das Gefolge des einen der drei Könige in treffender Weise gekennzeichnet (Abb. bei Kehrer II. S. 73), und auf dem Tympanon des Westportals vom Münster zu Thann i. Els. um 1355 zeigt der letzte der Könige deutlich den afrikanischen Volkstypus (Abb. ebenda S. 180). Leichter gestaltete sich die Sache für die Malerei durch entsprechende Nüancierung des Teints. Am stärksten tritt das im 15. Jh. zutage, indem unter Einwirkung des geistlichen Schauspiels die ästhetischen Bedenken gegen Wiedergabe der schwarzen Hautfarbe zurückstehen, und nunmehr auch auf Gemälden Kaspar in der Rolle des Mohrenkönigs erscheint.

89. Auf das spätere Geschick der h. drei Könige, wovon die Legende zu berichten weiß, daß sie, vom Apostel Thomas getauft, in Indien als Erzbischöfe wirkten, ist bereits bei Anbetung des Christkindes auf dem Klarenaltar im Kölner Dom (um 1400) in symbolischer Weise Bezug genommen, indem über den Königen drei Engel schweben mit Bischofsmützen in den Händen (Abb. bei Kehrer II. S. 70).

Als Vorbilder der Anbetung der Könige finden sich mehrfach:

90. Melchisedek bringt dem Abraham Brot und Wein. 1. Mos. 14, 18 f. (Kn. Taf. 10.)

91. Abner geht zu David über. 2. Sam. 3, 21. (Bp. Taf. 3.)

92. David erhält von den drei Helden Abisai, Benaja, Sibbechai (Sobochai) Wasser aus Bethlehem. 2. Sam. 23, 15 f. (Sp. Taf. 18.)

93. Die Königin von Saba beschenkt den König Salomo. 1. Kön. 10, 10. (Kn. Taf. 12 — Bp. Taf. 3.)

94. Die h. drei Könige erblicken den Stern. Matth. 2, 9 f. (Sp. Taf. 17.)

Seltener:

95. Josef von seinen Brüdern verehrt. 1. Mos. 43, 26. (Wandgemälde im Emauskloster zu Prag aus dem dritten Viertel des 14. Jh.; Neuwirth Taf. 13.)

96. Pharao von den Ägyptern verehrt. (Ebenda.)

97. Salomo empfängt Gold und Edelsteine aus Ophir. 1. Kön. 10, 11. (Cc. Tietze Nr. 18.)

98. Hiskia erhält Geschenke vom Könige Babylons. 2. Kön. 20, 12. (Ct. Heider S. 114.)

Darstellung im Tempel.

Die Wiedergabe der Darstellung Christi im Tempel hat gelegentlich selbst eine symbolische Färbung angenommen:

99. So wird man auf dem Relief des silbernen Behälters zum Emailkreuz in der römischen Kapelle Sancta Sanctorum (um 800) in der Anbringung je eines Sterns über dem Kinde wie neben der den Tempel repräsentierenden Säule wohl nicht mit Unrecht einen Hinweis auf das gepriesene Licht zur Erleuchtung der Heiden (Luk. 2, 32) erblicken dürfen (Abb. bei Grisar: Die römische Kapelle Sancta Sanctorum [1908] S. 83; vergl. dazu Wilpert II. S. 763).

100. Der Gedanke der Aufopferung Christi erfährt dadurch eine stärkere Betonung, daß einerseits in Anspielung auf die Messe ein Altar, sogar mit Kelch und Hostie in die Komposition hineingebracht wird (Initiale des Drogosakramentars um 850 in der Pariser Nationalbibliothek; Abb. bei Kuhn: Malerei I. S 170, Fig. 183 — Miniatur des Lambacher Rituale aus dem 12. Jh.; Abb. bei Swarzenski: Salzburger Malerei [1913] Fig. 423), und zum anderen weder Maria noch Simeon, sondern der auf dem Altar stehende oder auf ihm mit zum Segen erhobener Rechten sitzende Jesusknabe selbst die Präsentation vollzieht (Wandgemälde in St. Cunibert zu

Köln aus der Mitte des 13. Jh.; Abb. bei Clemen S. 598 — Vergl. auch Speculum h. s. Taf. 19).

101. Eine Andeutung auf Mariä Lichtmeß mag vielleicht schon in der nicht selten von der Decke herabhängenden Ampel gegeben sein, unverkennbar aber liegt sie vor in den auf Leuchter gesteckten oder von den am Vorgange beteiligten Personen in den Händen gehaltenen Kerzen (bereits auf einer Miniatur des von Kaiser Lothar I. der Abtei Prüm hinterlassenen Evangelienbuchs; vergl. Beissel: Geschichte der Evangelienbücher [1906] S. 194).

Typen der Darstellung im Tempel sind:

102. Abraham feiert die Entwöhnung Isaaks. 1. Mos. 21,8. (Cc. Heider S. 46.)

103. Die Bundeslade. 2. Mos. 25, 10 f. (Sp. Taf. 19.)

104. Der siebenarmige Leuchter. 2. Mos. 25, 31 f. (Sp. Taf. 20.)

Bundeslade wie siebenarmiger Leuchter werden bei dieser Gelegenheit vom Verfasser des Speculum h. s. unter Heranziehung weit ausholender Vergleiche in Parallele zu Maria gesetzt. Maria ist die wahre Bundeslade, denn in dieser lagen die Gesetzestafeln, deren Gebote sie treu erfüllte, ferner der Aaronsstab, der wunderbar erblühte, wie auch Maria durch ein Wunder Mutter ward, sowie das Manna, statt dessen uns Maria die wahre Himmelsspeise darbietet, usw. Die Beziehungen zum siebenarmigen Leuchter wurden u. a. darin gesucht, daß die sieben Lampen auf die von Maria geübten Werke der Barmherzigkeit hinweisen, und daß sie selbst leuchtet wie das Morgenrot, die Sonne und heller als die Sterne; auch an Mariä Lichtmeß wird dabei gedacht.

105. Speisopfer der Juden. 3. Mos. 6, 13 f. (B. pict. Heider S. 46.)

106. Darstellung eines Knaben im Tempel nach dem jüdischen Gesetz. 3. Mos. 12, 6. (Bp. Taf. 4.)

107. Hanna weiht ihren Sohn Samuel zum Dienst am Heiligtum. 1. Sam. 1, 24 f. (Ebenda.)

Flucht nach Ägypten und Sturz der Götzenbilder.

Die Evangelien erwähnen die Flucht nach Ägypten nur ganz kurz (Matth. 2, 13 f.) und die Zerstörung der

Götzenbilder daselbst überhaupt nicht. Um so ausführlicher wissen hingegen die Apokryphen davon zu berichten, insbesondere das Evangelium infantiae Salvatoris (c. 9 f. s. Evang. apocr. ed. Tischendorf. Ed. 2. [1876] p. 184 f.), und aus ihrer Überlieferung hat zumeist die bildende Kunst geschöpft. In der Regel werden allerdings die legendaren Begebenheiten im Sinne historischer Ereignisse dargestellt, doch ist auch manches nur in symbolischer Kurzschrift angedeutet, worüber hier ein Wort zu sagen ist:

108. Auf die Rückwirkung, die nach den Apokryphen die Reise Jesu durch die fernen Länder auf das Tierreich insofern ausübt, als Drachen, Löwen und Panther den Knaben anbeten, wird beispielsweise in einer Skulptur an der Fassade des Doms zu Orvieto vom Anfang des 14. Jh. in unauffälliger Weise angespielt, indem der sienesische Meister einen aus der Höhle hervorkommenden Drachen sich beim Anblick des göttlichen Kindes ducken läßt (Abb. im Klass. Skulpturenschatz Nr. 545).

109. Die Unterwürfigkeit Ägyptens erfährt mehrfach eine sinnbildliche Einkleidung in der Form, daß als Stadtpersonifikation eine mit Mauerkrone gezierte weibliche Gestalt dem Jesusknaben in devoter Haltung aus dem Tore entgegenkommt wie auf der Miniatur im griechischen Menologium des Basilius II (976—1025) in der Vatikana (Abb. bei Detzel I. S. 223) und auf einer Emailtafel des in der Maasgegend entstandenen Markusschreins zu Huy aus dem Ende des 12. Jh. (Abb. bei Cahier II. S. 158). Letzteres Denkmal ist noch dadurch von besonderem Interesse, daß hier durch einen sich verneigenden Baum — offenbar den wunderkräftigen Persidis (vergl. die auch in die Legenda aurea übergegangene Sage I. S. 97) — die Huldigung der vegetabilischen Natur dem Gottessohne gegenüber zum Ausdruck gelangt ist.

Als Typen der Flucht nach Ägypten kommen in Betracht:

110. Abrahams Auszug nach Ägypten. 1. Mos. 12, 10 f. (Ct. Heider S. 114.)

111. Rebekka läßt Jakob vor dem Zorne Esaus zu Laban flüchten. 1. Mos. 27, 41 f. (Bp. Taf. 5.)

112. Jakob zieht nach Ägypten. 1. Mos. 46, 5 f. (Ct. Heider S. 114.)

113. Moses flieht vor Pharao nach Midian. 2. Mos. 2, 15. (Cc. Tietze Nr. 15.)

114. Michal läßt David vor Sauls Boten durch das Fenster entfliehen. 1. Sam. 19, 11 f. (Bp. Taf. 5.)

115. Elias, von Isebel mit dem Tode bedroht, flieht. 1. Kön. 19, 1 f. (Ct. Heider S. 114.)

Als Sinnbilder des Sturzes der Götzen sind herangezogen:

116. Moses zerstört das goldene Kalb. 2. Mos. 32, 19 f. (Bp. Taf. 6.)

117. Sturz des Götzen Dagon vor der Bundeslade. 1. Sam. 5, 1 f. (Ebenda.)

118. Nebukadnezar träumt von der Zerstörung eines Götzenbildes. Dan. 2, 31 f. (Sp. Taf. 22.)

119. Der junge Moses zerbricht Pharaos Krone. Petrus Comestor: Hist. schol. bei Migne P. lat. CIIC, 1142 f. (Ebenda.)

120. Die Ägypter beten ein Götzenbild an, das eine Jungfrau mit einem Kinde darstellt. Petrus Comestor ebenda 1440. (Sp. Taf. 21.)

Über die Beziehung der europäischen Sibylle zur Reise nach Ägypten s. Nr. 993.

Bethlehemitischer Kindermord.

121. Pharao läßt die Söhne der Juden umbringen. 2. Mos. 1, 15 f. (Bruchstücke eines Wandgemäldes im Emauskloster zu Prag aus dem dritten Viertel des 14. Jh.—Cc. Heider S. 51.)

122. Saul läßt den Ahimelech und vierundachtzig andere Priester zu Nobe von Doeg erschlagen. 1. Sam. 22, 18 f. (Bp. Taf. 7.)

123. Athalja läßt die Königssöhne umbringen. 2. Kön. 11, 1. (Ebenda.)

124. Joram tötet seine Brüder. 2. Chron. 21, 4. (Bp. W. Taf. 7.)

125. Tobias entflieht mit Weib und Kind anläßlich des von Sanherib unter den Kindern Israels angerichteten Blutbades. Tob. 1, 21 f. (B. pict. Heider S. 51.)

126. Antiochus Epiphanes läßt zwei jüdische Frauen mit ihren Kindern an der Brust umbringen. 2. Makk. 6, 10. (Ct. Heider S. 114.)

Rückkehr aus Ägypten.

127. Abrahams Rückkehr aus Ägypten. 1. Mos. 13, 1 f. (Cc. Tietze Nr. 17.)

128. Jakobs Rückkehr von der Flucht vor Esau. 1. Mos. 32. (Bp. Taf. 8.)

129. Davids Rückkehr nach Sauls Tode. 2. Sam. 2, 1 f. (Ebenda.)

130. David holt die Bundeslade aus dem Hause Abinadabs. 2. Sam. 6, 3. (Bp. W. Taf. 8.)

Der Zwölfjährige im Tempel.

131. Josef deutet die Träume Pharaos. 1. Mos. 41. (Ct. Heider S. 114.)

132. Samuel eröffnet dem Eli sein Gesicht. 1. Sam. 3. (Ebenda.)

133. Könige kommen zu Salomo, um seine Weisheit zu hören. 1. Kön. 5, 14. (Biblia pauperum der Markusbibliothek zu Venedig. Vergl. v. d. Gabelentz S. 275.)

134. Daniel legt den Traum Nebukadnezars aus. Dan 2. (Ct. Heider S. 114.)

Christus nimmt zu an Weisheit, Alter und Gnade.

135. Simson wächst heran. Richt. 13, 24. (Cc. Tietze Nr. 14.)

136. Samuel wächst heran. 1. Sam. 2, 21. (Ebenda.)

Taufe.

Nächst der Kreuzigung ist keine andere Darstellung aus dem Leben Christi so stark mit symbolischen Elementen versetzt wie die Taufe. Es handelt sich dabei im wesentlichen um folgende Punkte:

137. In der den Katakombengemälden und der Sarkophagplastik eigenen Vorführung Christi im Kindes- oder Jünglingsalter (zuerst in der Lucinagruft zu Rom aus der ersten Hälfte des 2. Jh.; Abb. bei Wilpert: Malereien der Katakomben Roms [1903] Taf. 29, 1) beginnen sich mit der historischen Auffassung des Vorgangs am Jordan zum ersten Male Vorstellungen von der Taufe als Sakrament zu vermengen, mögen letztere nun ganz allgemeiner Art sein oder in engerer Beziehung stehen zu dem Brauch der Kirche, die Neophyten im Hinblick auf die durch die Taufe erfolgte Wiedergeburt als pueri oder infantes im geistigen Sinne zu bezeichnen.

138. Das Kreuz im Jordan, eine Schöpfung der byzantinischen Kunst, die sich zuerst und überhaupt vorwiegend auf Denkmälern des 11. Jh. findet (vergl. Strzygowski Taf. III), enthält eine Anspielung auf den Tod Jesu (Luk. 12, 50), an dessen sündentilgender Wirkung der Christ durch das Sakrament der Taufe Anteil hat (Röm. 6, 3. 4). Daneben ist aber bei Einführung des Symbols sicherlich auch die große Bedeutung des Kreuzzeichens gerade im kirchlichen Taufritus mit wirksam gewesen. Wohl nur einer Laune entspringt es, wenn sich das Kreuz einmal nicht im Jordan sondern im Schnabel der Taube findet (Miniatur eines Evangeliars des 11. Jh. aus Limburg a. d. H. in der Kölner Dombibliothek). In der nämlichen Absicht ist auch dem Johannes bei dieser Gelegenheit das Stabkreuz in die Hand gelegt, aber doch wohl gleichfalls erst im 11. Jh. (vergl. Strzygowski S. 23), da die Beigabe desselben bereits auf dem Kuppelmosaik des Baptisteriums der Orthodoxen zu Ravenna vermutlich als Zutat des Restaurators zu gelten hat.

139. Steht auf dem Relief der Taufe Christi an der Holztür von St. Maria im Kapitol zu Köln aus dem 12. Jh. (Abb. bei Clemen: Kunstdenkmäler der Stadt Köln II, 1 [1911] S.

234) der Heiland nicht im Jordan sondern als Überwinder des Bösen auf dem Teufel in Gestalt eines Drachen (vergl. Nr. 842), so soll durch diese Symbolik jedenfalls an die durch das Sakrament der Taufe vermittelte Gnadenwirkung der Vergebung der Sünden erinnert werden; nebenher mag dabei freilich auch die Vorstellung von dem liturgischen Akt der Abschwörung des Teufels seitens des Täuflings mit wirksam gewesen sein.

140. Der Ölzweig im Schnabel der Taube, der in einwandfreier Weise auf der Miniatur eines griechischen Evangeliars der Pariser Nationalbibliothek aus dem 11. Jh. (Abb. bei Strzygowski Taf. III, 9) nachweisbar ist, dürfte als Zeichen der Versöhnung mit Gott gedacht sein, die das Sakrament der Taufe durch die Reinigung von aller Sünde verbürgt, wenn auch die Beigabe jenes Symbols auf einer Darstellung der Taufe Christi, der dieser Versöhnung nicht bedurfte, sie vielmehr erst erwirkte, wenig angebracht erscheint.

141. Als Hinweis auf die mit dem kirchlichen Taufakte verbundene Salbung hat die gelegentlich in der Hand des Täufers, eines Engels oder im Schnabel der Taube sich findende Büchse oder Flasche zu gelten. Bei dem von Johannes gehaltenen Gegenstand ist es zuweilen zweifelhaft, ob es sich um eine Rolle oder eine Büchse handelt. In einwandfreier Weise steht jedoch die Form des Gefäßes u. a. auf der von Strzygowski Taf. XVII, 6 wiedergegebenen französischen Miniatur des 13. Jh. fest und ebenso bei dem Objekt in der Hand des Engels auf der von Bruck (Malereien in den Handschriften des Kgr. Sachsen [1906] S. 68) veröffentlichten deutschen Illustration aus derselben Zeit. Gleichfalls nur als Salbgefäße können auch die zwei an einer Stange aufgereihten Fläschchen im Schnabel der Taube angesprochen werden, die man auf einem Elfenbeinkasten der Metzer Schule aus der Zeit um 900 im Museum zu Braunschweig antrifft (Abb. bei Goldschmidt I. Nr. 96e). Anders sind jedoch die Fälle zu beurteilen, wo sich aus einem von der Taube getragenen größeren Behälter ein reichlicherer Inhalt ergießt. Hier liegt jedenfalls der Ge-

danke einer Ausübung der eigentlichen Tauffunktion durch die Taube anstatt durch Johannes näher, und geradezu zwingende Gründe sprechen für eine solche Annahme, wenn man sich das Relief des Tympanon vom Dom zu Monza aus dem 13. Jh. vergegenwärtigt, wo Johannes den Ölbehälter in der Rechten hält, während die Taube ihren Krug über dem Haupte Christi entleert (Abb. bei Zimmermann S. 173.)

142. Häufig ist der Jordan nach antiker Weise als Flußgott aufgefaßt mit Urne, Schilfrohr und Krebsscheren am Kopfe (bereits auf den Mosaiken der beiden Baptisterien zu Ravenna aus der Mitte des 5. bezw. Anfang des 6. Jh.). Gelegentlich erscheinen auch gemäß der auf alter Tradition beruhenden Ableitung des Stromes aus den beiden Quellflüssen Jor und Dan etwa seit dem Jahre 1000 zwei derartige Personifikationen (früheste Beispiele die Miniaturen eines aus Prüm stammenden Antiphonars der Pariser Nationalbibliothek und des Bernwardsevangeliars zu Hildesheim; Abb. bei Strzygowski Taf. XI, 3 und IX, 5). In eigenartiger Richtung bewegt sich diese Symbolik bei der byzantinischen Psalterillustration, die die Darstellung der Taufe Christi an jenen Stellen einschaltet, die von der Macht Gottes den Wassern gegenüber handeln (Ps. 29, 3; 74, 13; 77, 17; 114, 3. 5). So sehen wir den Jordan als Flußgott erschrokken die Flucht ergreifen auch zusammen mit der Personifikation des Meeres, oder man erblickt einen in zwei Teile gespaltenen Drachen zugleich mit der ebenfalls zertrennten Meeresgottheit. Abgesehen von der Staunen und Furcht ausdrückenden Gebärde des Jordan, die bereits im 6. Jh. auf den von Syrien beeinflußten ravennatischen Denkmälern des Mosaiks im Baptisterium der Arianer und der Elfenbeinskulptur an der Maximianskathedra vorkommt, finden sich diese Motive zuerst im Chludoff-Psalter aus dem 9. Jh. (vergl. Strzygowski Taf. VII).

143. Mit der zu allen Zeiten sehr beliebten Aufnahme eines oder mehrerer Engel zur Bereithaltung der Trockentücher oder Gewandstücke in die Szene am Jordan gewinnt die

Darstellung von der Assistenz der Diakonen beim kirchlichen Taufakt bereits auch für die Taufe Christi einen der Würde des Täuflings entsprechenden sinnbildlichen Ausdruck. Als früheste Belege sind die aus dem 6. Jh. stammende byzantinische Marmorsäule im Museum zu Konstantinopel (Abb. bei V. Schultze: Archäologie der altchristlichen Kunst [1895] S. 331) und die Platte der Maximianskathedra in Ravenna (Abb. bei Strzygowski Taf. II, 8) zu nennen.

144. In vereinzelten Fällen, die bis zur frühchristlichen Sarkophagplastik hinabgehen, findet sich bei der Taufe Christi auch eine durch das Attribut der Rolle als Prophet charakterisierte Person, die jedenfalls als J e s a j a anzusprechen ist, auf dessen Voraussagung der Predigt des Täufers (40, 3 f.) in dieser Weise angespielt werden soll (s. Strzygowski Taf. I, 5, 6; XI, 2 u. ö.).

145. Durch die Zutat einer A x t die Mahnung des Johannes Matth. 3, 10 symbolisch zu illustrieren, lag bei der parabolischen Ausdrucksweise des Evangelisten nahe genug (erstmalig auf breiterer Grundlage an dem wohl unter antiochenischem Einfluß entstandenen Werdener Elfenbeinkästchen im South-Kensington-Museum zu London aus dem 6. Jh., wo ein Mann im Begriff steht, einen durch das Sinnbild der Schlange als unfruchtbar gekennzeichneten Baum zu fällen; Abb. bei Strzygowski Taf. II, 3. Spätere Beispiele meist byzantischer Herkunft mit Beschränkung auf die Axt allein ebenda Taf. III f.).

146. Auf den L i c h t g l a n z im Jordan, der sich nach Justinus (Migne P. graeca VI, 686) und anderen bei der Taufe Christi verbreitete, soll vermutlich auf einigen Denkmälern etwa seit dem Jahre 1000 bald durch eine Mandorla, bald durch feurige Büschel oder Sterne hingewiesen werden (vergl. Strzygowski Taf. XVIII, 4; III, 4; VI, 11).

147. In der Taufe Christi die Elemente zugleich für eine Darstellung der T r i n i t ä t zu finden, war durch den biblischen Bericht nahe gelegt. Dabei wird die Person Gott Vaters in

der Regel durch das Symbol der aus den Wolken ragenden Hand angedeutet (ältestes Beispiel im syrischen Rabulas-Evangeliar von 586; Abb. bei Strzygowski Taf. II, 9), später auch durch sein vom Himmel herabschauendes Haupt oder Brustbild (Herrad von Landsberg Taf. 28 bis).

Gebräuchlichere Vorbilder der Taufe Christi sind:

148. Die Arche Noahs in der Flut. 1. Mos. 7. (Miniatur eines Evangeliars aus Hildesheim um 1200 im Dom zu Trier; Abb. in Zeitschrift I [1888] S. 133.)

149. Durchgang des Volkes Israel durch das rote Meer. 2. Mos. 14, 21 f. (Kn. Taf. 13 — Bp. Taf. 9.)

150. Die Kundschafter mit der Weintraube. 4. Mos. 13, 23. (Bp. Taf. 9.)

151. Die Bundeslade wird durch den Jordan getragen. Jos. 3, 17. (Hildesheimer Taufbecken aus dem 13. Jh.; Abb. in Zeitschrift XIII [1900] S. 137, Fig. 3 — Sp. Taf. 24.)

152. Das zu kultischen Waschungen der israelitischen Priester bestimmte eherne Becken. 1. Kön. 7, 23 f. (Kn. Taf. 15 — Sp. Taf. 23.)

153. Naeman badet auf Elisas Geheiß im Jordan und wird vom Aussatz geheilt. 2. Kön. 5, 1 f. (Gewölbegemälde in St. Maria-Lyskirchen in Köln aus der Mitte des 13. Jh.; Abb. bei Clemen S. 575 — Sp. Taf. 24.)

Seltener:

154. Einsetzung der Beschneidung. 1. Mos. 17, 10. (Gemälde Giottos in der Cappella dell'Arena zu Padua.)

155. Moses wird im Flusse ausgesetzt und von Pharaos Tochter gefunden. 2. Mos 2, 3 f. (Ct. Heider S. 115.)

156. Moses weiht Aaron zum Hohenpriester. 2. Mos. 29, 4 f. (Cc. Tietze Nr. 20.)

157. Aaron und seine Söhne waschen sich vor dem Eintritt in die Stiftshütte. 2. Mos. 30, 18 f. (Ct. Heider S. 115.)

158. Elisa gießt dem Elias Wasser über die Hände (irrtümlich als Prophetenweihe aufgefaßt). 2. Kön. 3, 11. (Cc. Tietze Nr. 20.)

159. Hesekiel sieht aus der Schwelle des Tempels Wasser fließen. Hesek. 47, 1. (Ct. Heider S. 115.)

Fasten in der Wüste.

160. Moses fastet vierzig Tage und Nächte auf dem Berge Sinai. 2. Mos. 24, 18. (Bruchstücke eines Wandgemäldes im Emauskloster zu Prag aus dem dritten Viertel des 14. Jh. — Ct. Heider S. 115.)

161. Elias fastet in der Wüste. 1. Kön. 19, 8. (Ebenda.)

162. Daniel fastet in der Löwengrube. Dan. 14, 30 in der Vulgata. (Ct. Heider S. 115.)

Versuchung.

Üblichere Vorbilder:

163. Adam und Eva von der Schlange betrogen. 1. Mos. 3, 1 f. (Bp. Taf. 10.)

164. Esau verkauft das Recht der Erstgeburt an Jakob. 1. Mos. 25, 29 f. (Ebenda.)

165. David tötet den Bären und Löwen. 1. Sam. 17, 34 f. (Sp. Taf. 26.)

166. David tötet Goliath. 1. Sam. 17, 42 f. (Ebenda.)

167. Daniel vernichtet den Bel zu Babel. Dan. 14, 25 f. in der Vulgata. (Sp. Taf. 25.)

Seltener:

168. Der König von Sodom bietet dem Abraham seine Schätze an. 1. Mos. 14, 21 f. (Ct. Heider S. 115.)

169. Laban und Jakob streiten auf dem Berge. 1. Mos. 31, 22 f. (Ebenda.)

170. Der dürstende David weist das ihm gereichte Wasser zurück. 2. Sam. 23, 16. (Ebenda.)

171. Elisa weist Naemans Geschenke von sich. 2. Kön. 5, 15 f. (Ebenda.)

172. Hiskia zeigt den Gesandten des Königs von Babylon seine Schätze. 2. Kön. 20, 12 f. (Ebenda.)

173. Hesekiel sieht aus der Schwelle des Tempels Wasser fließen. Hesek. 47, 1. (Ebenda.)

174. Drei Juden weigern sich, das Götzenbild Nebukadnezars anzubeten. Dan. 3, 12. (B. pict. Heider S. 58.)

175. Josuas Hohespriestertum vom Teufel bestritten. Sach. 3, 1. (Ct. Heider S. 115.)

Berufung der ersten Jünger.

176. Gott erschafft die Vögel. 1. Mos. 1, 20. (Ct. Heider S. 115.)

177. Moses fordert seinen Schwager Hobab auf, mit in das verheißene Land zu folgen. 4. Mos. 10, 29. (Ebenda.)

178. Moses weiht Josua zu seinem Nachfolger. 4. Mos. 27, 18. (Cc. Tietze Nr. 133.)

179. Josua beruft zwölf Männer aus den Stämmen Israels. Jos. 4, 2 f. (Biblia pauperum der Markusbibliothek zu Venedig. Vergl. v. d. Gabelentz S. 275.)

180. Elias macht den Elisa zu seinem Jünger. 1. Kön. 19, 19 f. (Ct. Heider S. 115.)

Christus und die Samariterin.

181. Elieser bittet Rebekka um einen Trunk. 1. Mos. 24, 45. (Wandgemälde im Emauskloster zu Prag aus dem dritten Viertel des 14. Jh.; Neuwirth Taf. 27.)

182. Elias bittet die Witwe von Zarpath um einen Trunk. 1. Kön. 17, 10 f. (Ebenda.)

183. Jakob redet mit Rahel am Brunnen. 1. Mos. 29, 10 f. (Ct. Heider S. 116.)

Mahlzeit im Hause Levis in Gemeinschaft mit Zöllnern und Sündern.

184. Jakob und Laban essen auf einem Steinhaufen. 1. Mos. 31, 46. (Ct. Heider S. 116.)

185. Simsons Hochzeitsmahl und Rätsel. Richt. 14, 10 f. (Cc. Tietze Nr. 131.)

186. Raben bringen dem Elias Brot und Fleisch. 1. Kön. 17, 6. (Ct. Heider S. 116.)

187. Habakuk bringt dem Daniel Speise in die Löwengrube. Dan. 14, 32 f. in der Vulgata. (Ebenda.)

Anfrage Johannes des Täufers bei Christus.

188. Josua schickt Kundschafter in das Land Kanaan. Jos. 2, 1 f. (Cc. Tietze Nr. 5.)

189. Abner schickt Boten zu David. 2. Sam. 3, 12 f. (Ebenda.)

Christus disputiert mit den Juden.

190. Gebet des kranken Königs Hiskia. 2. Kön. 20, 1 f. (Cc. Tietze Nr. 29.)

191. Moses betet für das Volk Israel. 2. Mos. 33. (Ebenda.)

Streit der Juden bei Beurteilung Christi.

192. Meinungsverschiedenheiten der Fürsten über die Reden des Jeremia. Jer. 36. (Cc. Tietze Nr. 60.)

193. Elias streitet mit den Propheten Baals. 1. Kön. 18. (Ebenda.)

Viele Jünger verlassen Christus.

194. Kain flieht vor dem Angesicht Gottes. 1. Mos. 4, 16. (Cc. Tietze Nr. 67.)

195. Jona sucht sich dem göttlichen Auftrage durch die Flucht zu entziehen. Jon. 1, 3. (Ebenda.)

Abgar von Edessa wünscht Christi Bild.

(Vergl. Legenda aurea II. S. 305 f.)

196. Ahasja befragt den Baal-Sebub wegen seiner Krankheit. 2. Kön. 1, 2 f. (Zerstörtes Glasgemälde im englischen Kloster St. Alban vom Ende des 14. Jh.; vergl. Quellenbuch S. 318, 16.)

197. Der kranke König Hiskia betet zu Gott und wird gesund. 2. Kön. 20, 1 f. (Ebenda.)

Verklärung.

198. Die drei Männer bei Abraham. 1. Mos. 18, 1 f. (Bp. Taf. 12.)

199. Jakob bringt dem Isaak das Mahl. 1. Mos. 27, 18 f. (Zerstörtes Glasgemälde im englischen Kloster St. Alban vom Ende des 14. Jh.; vergl. Quellenbuch S. 318, 11.)

200. Josef versorgt seinen Vater Jakob in Ägypten. 1. Mos. 47, 12. (Ebenda.)

201. Moses neigt sich vor der Herrlichkeit Gottes zur Erde. 2. Mos. 34, 8. (Ct. Heider S. 117.)

202. Das strahlende Antlitz des Moses bei der Gesetzgebung. 2. Mos. 34, 29 f. (Cc. Tietze Nr. 41.)

203. Jesaja sieht die Herrlichkeit Gottes. Jes. 6, 1 f. (Ebenda.)

204. Jesaja sieht im Geiste die Herrlichkeit Jerusalems. Jes. 33, 20. (Bp. W. Taf. 11.)

205. Hesekiel sieht die Herrlichkeit Gottes. Hesek. 1. (Ct. Heider S. 117.)

206. Die drei Männer im feurigen Ofen. Dan. 3. (Bp. Taf. 12.)

207. Daniel entsetzt sich bei der Erscheinung der Herrlichkeit Gottes. Dan. 7. (Ct. Heider S. 117.)

Christus bei Martha.

208. Die Witwe von Zarpath reicht dem Elias Brot. 1. Kön. 17, 10 f.

(Wandgemälde im Emauskloster zu Prag aus dem dritten Viertel des 14. Jh.; Neuwirth Taf. 25.)

209. Die Sunamitin reicht dem Elisa Speise. 2. Kön. 4, 8 f. (Ebenda.)

Christus und das Weib, das zu ihm spricht: Selig ist der Leib, der dich getragen hat.

210. Verheißung des Landes, wo Milch und Honig fließt. 2. Mos. 3, 8. (Cc. Tietze Nr. 49.)

211. Das Gesicht des Johannes vom Throne Gottes. Off. 4. (Ebenda.)

Christus und die Ehebrecherin.

212. Thamar und Juda. 1. Mos. 38. (Ct. Heider S. 117.)

213. Salomos Urteil. 1. Kön. 3, 16 f. (Zerstörtes Glasgemälde im englischen Kloster St. Alban vom Ende des 14. Jh.; vergl. Quellenbuch S. 318, 9.)

214. Daniel errettet Susanna vom Tode. Dan. 13, 45 f. in der Vulgata. (Ct. Heider S. 117.)

Christus segnet die Kinder.

215. Noah segnet Sem und Japhet. 1. Mos. 9, 26 f. (Ct. Heider S. 117.)

216. Isaak küßt und segnet den Jakob. 1. Mos. 27, 27 f. (Ebenda.)

217. Jakob küßt und segnet Ephraim und Manasse, die Söhne Josefs. 1. Mos. 48, 8 f. (Ebenda.)

218. Jakob segnet seine Söhne. 1. Mos. 49. (Ebenda.)

219. Moses segnet die zwölf Stämme Israels. 5. Mos. 33. (Ebenda.)

Die Frau des Zebedäus vor Christus.

220. Verheißung des gelobten Landes. 5. Mos. 4. (Cc. Tietze Nr. 45.)

221. Gott verheißt dem David, daß das Königreich bei seinem Samen bleibt. 2. Sam. 7, 12 f. (Ebenda.)

Christus wandelt im Tempel in der Halle Salomos.

222. Gott geht im Paradiese nach dem Sündenfall. 1. Mos. 3, 8. (Cc. Tietze Nr. 66.)

223. Die drei Männer im Feuerofen. Dan. 3. (Ebenda.)

Die Juden wollen Christus steinigen.

224. Moses soll gesteinigt werden. 4. Mos. 14, 10. (Cc. Tietze Nr. 63.)

225. David in Gefahr, gesteinigt zu werden. 1. Sam. 30, 6. (Ebenda.)

226. Naboth gesteinigt. 1. Kön. 21, 13. (Wandgemälde im Emauskloster zu Prag aus dem dritten Viertel des 14. Jh.; Neuwirth Taf. 23.)

227. Christus in der Kelter. Vergl. Nr. 1046. (Ebenda.)

Die Juden verschwören sich gegen Christus.

228. Jakob erfährt den Verlust seines Sohnes Josef. 1. Mos. 37, 31 f. (Biblia pauperum der Lyzeumsbibliothek zu Konstanz Bild 17.)

229. Delila im Bunde mit den Philistern. Richt. 16. (Cc. Tietze Nr. 68.)

230. Absaloms Aufruhr. 2. Sam. 15, 1 f. (Biblia pauperum der Lyzeumsbibliothek zu Konstanz Bild 17.)

231. Ahithophel rät, David zu überfallen. 2. Sam. 17, 1 f. (Cc. Tietze Nr. 68.)

Maria Magdalena salbt die Füße des Herrn.

Mehrfach wiederkehrende Typen:

232. Mirjam durch das Gebet des Moses vom Aussatz befreit. 4. Mos. 12, 10 f. (Bp. Taf. 13.)

233. David durch Nathan zur Buße bewegt. 2. Sam. 12, 13. (Ebenda.)

234. Der König Manasse im Gefängnis. 2. Chron. 33, 11 f. (Sp. Taf. 27.)

235. Rückkehr des verlorenen Sohnes. Luk. 15, 21. (Sp. Taf. 28.)

Seltener:

236. Lobgesang der Mirjam nach dem Durchgang durch das rote Meer. 2. Mos. 15, 20 f. (Cc. Tietze Nr. 147.)

237. Ruth fällt vor Boas nieder. Ruth 2, 10. (Ct. Heider S. 117.)

238. Abigail fällt vor David nieder und besänftigt seinen Zorn gegen Nabal. 1. Sam. 25, 14 f. (Ebenda.)

239. Bathseba fällt vor David nieder. 1. Kön. 1, 31. (Ebenda.)

240. Die Sunamitin zu Füßen des Elisa. 2. Kön. 4, 27. (Biblia pauperum der Markusbibliothek zu Venedig. Vergl. v. d. Gabelentz S. 276.)

241. Usia aussätzig. 2. Chron. 26, 19 f. (Wandgemälde im Emauskloster zu Prag aus dem dritten Viertel des 14. Jh.; Neuwirth Taf. 15.)

242. Tobias mit Sara vermählt. Tob. 3. (Cc. Tietze Nr. 147.)

Aussendung der Jünger nach der Eselin.

243. Salomo erhält Rosse aus Ägypten. 2. Chron. 1, 16 f. (Cc. Tietze Nr. 2.)

244. Josaphat erhält von den Arabern Kleinvieh als Geschenk. 2. Chron. 17, 11. (Ebenda.)

Christus zieht in Jerusalem ein und weint über die Stadt.

Üblichere Sinnbilder:

245. Moses kehrt nach Ägypten zurück. 2. Mos. 4, 20. (Kn. Taf. 16.)

246. Stiftung des Osterlammes. 2. Mos. 12, 3 f. (Kn. Taf. 18.)

247. Der siegreiche David von den Weibern Israels empfangen. 1. Sam. 18, 6. (Bp. Taf. 14.)

248. Die Kinder der Propheten ziehen Elisa entgegen. 2. Kön. 2, 15. (Ebenda.)

249. Heliodor gegeißelt. 2. Makk. 3, 26. (Sp. Taf. 30.)

Seltener:

250. Pharao läßt Josef in seinem Wagen fahren. 1. Mos. 41, 43. (Ct. Heider S. 118.)

251. Das Speisopfer der Juden. 3. Mos. 6, 13. (B. pict. Heider S. 65.)

252. Jephthah zum Herrn von Gilead erhoben. Richt. 11, 11. (Ebenda.)

253. David weint am Grabe Abners. 2. Sam. 3, 32. (Cc. Tietze Nr. 138.)

254. Salomos Salbung zum König und sein Einzug. 1. Kön. 1, 33 f. (Clemen S. 581, Fig. 403.)

255. Elisa beklagt das künftige Königtum Hasaels. 2. Kön. 8, 12. (Cc. Tietze Nr. 138.)

256. Nehemia zieht nachts in Jerusalem ein. Nehem. 2, 11 f. (B. pict. Heider S. 65.)

257. Mardochai wird in königlichem Schmucke auf des Königs Pferd gesetzt. Esth. 6, 7 f. (Ct. Heider S. 118.)

258. Jesaja weint über Jerusalem. Jes. 22, 4. (Bp. 50. Taf. 18.)

259. Jeremias Klage über Jerusalem. Klagel. 1, 1. (Ebenda.)

Christus treibt die Händler aus dem Tempel.

260. Vertreibung Adams und Evas aus dem Paradiese. 1. Mos. 3, 24. (Cc. Tietze Nr. 57.)

261. Gott schließt hinter Noah die Arche. 1. Mos. 7, 16. (Ct. Heider S. 118.)

262. David treibt die Blinden und Lahmen aus der Burg Zion. 2. Sam. 5, 7 f. (Cc. Tietze Nr. 37.)

263. Der Hohepriester Jojada läßt den Tempel bewachen. 2. Kön. 11, 7. (Ct. Heider S. 118.)

264. Athalja wird aus dem Tempel geführt und getötet. 2. Kön. 11, 13 f. (Cc. Tietze Nr. 57.)

265. Hiskia läßt den Tempel reinigen. 2. Chron. 29. (Bp. W. Taf. 15.)

266. Darius läßt den Tempel zu Jerusalem wieder aufbauen. Esr. 6. (Bp. Taf. 15.)

267. Nehemia verhindert den Handel am Sabbath im Tempel. Nehem. 13, 15 f. (B. pict. Heider S. 68.)

268. Judas Makkabäus reinigt den Tempel. 2. Makk. 10, 1 f. (Bp. Taf. 15.)

269. Michaels Kampf gegen den Satan. Off. 12, 7 f. (Gemälde Giottos in der Capella dell'Arena zu Padua.)

Christus betet im Tempel.

270. Warnung vor Mißbrauch des Namens Gottes. 2. Mos. 20, 7. (Cc. Tietze Nr. 71.)

271. Elias verkündet Dürre. 1. Kön. 17, 1 f. (Ebenda.)

Verrat durch Judas bei den Hohenpriestern.

272. Josef kommt zu seinen Brüdern auf das Feld. 1. Mos. 37, 18. (Bp. W. Taf. 19.)

273. Josef von seinen Brüdern an die Ismaeliten verkauft. 1. Mos. 37, 28 f. (Bp. Taf. 17.)

274. Jakob erfährt den Verlust seines Sohnes Josef. 1. Mos. 37, 31 f. (Bp. Taf. 16.)

275. Josef an Potiphar verkauft. 1. Mos. 39, 1. (Bp. Taf. 17.)

276. Abimelech läßt seine siebzig Brüder töten. Richt. 9, 1 f. (Bp. W. Taf. 20.)

277. Absaloms Aufruhr. 2. Sam. 15, 1 f. (Bp. Taf. 16.)

278. Ahithophels Rat, David zu überfallen. 2. Sam. 17, 1 f. (Ct. Heider S. 118.)

279. Die falschen Propheten versprechen dem König Ahab Sieg. 1. Kön. 22, 6. f. (Bp. W. Taf. 19.)

Fußwaschung.

280. Abraham wäscht den drei Männern die Füße. 1. Mos. 18, 4. (Ct. Heider S. 118.)

281. Lot wäscht den beiden Engeln die Füße. 1. Mos. 19, 2 f. (Ebenda.)

282. Laban bringt Wasser für Elieser und dessen Gefolge. 1. Mos. 24, 32. (Ebenda.)

283. Josef läßt seinen Brüdern die Füße waschen. 1. Mos. 43, 24. (Cc. Tietze Nr. 75.)

284. Gesetzgebung auf dem Berge Sinai. 2. Mos. 19. (Bp. W. Taf. 17.)

285. Der geduldige Hiob. Hiob 1—2. (Ebenda.)

Abendmahl.

286. Nachklänge der in der altchristlichen Kunst üblichen Darstellung des Abendmahls durch das symbolische Mahl, bei dem der mystische Fisch die Stelle der Elemente vertritt (vergl. vor allem das Mosaik in S. Apollinare Nuovo zu Ravenna bald nach 500; Abb. bei Kraus I. S. 435), finden sich vereinzelt das ganze Ma. hindurch, insofern als ein oder mehrere Fische in Schüsseln auf dem Tisch stehen, so z. B. noch auf der Miniatur der Biblia pauperum im Benediktinerstift Kremsmünster um 1400 (Abb. bei Heider Taf. 4).

287. In einzigartiger Weise ist zur Kennzeichnung des Verräters von Fra Angelico da Fiesole bei seinem Abendmahl in S. Marco zu Florenz auf die Farbensymbolik Bezug genommen, indem Judas einen schwarzen Nimbus trägt (Abb. bei Detzel I. S. 341). Wenn hingegen bisweilen dem Verräter zugleich mit dem Bissen ein kleiner Teufel in den Mund fährt, so beruht das nur auf kraß realistischer Auffassung der bildlichen Ausdrucksweise von Joh. 13, 27.

Als Vorbilder des Abendmahls finden sich:

288. Abraham empfängt die drei Männer. 1. Mos. 18, 1 f. (Glasgemälde in Pont-Sainte-Marie aus dem 16. Jh.)

289. Melchisedek bringt Brot und Wein dar. 1. Mos. 14, 18. (Kn. Taf. 19 — Altargemälde Dirk Bouts für die Peterskirche zu Löwen; vergleiche die beigegebene Taf. 2.)

290. Sammeln des Manna. 2. Mos. 16, 16 f. (Kn. Taf. 21 — Vergl. auch unsere Taf. 2.)

291. Die Juden essen das Osterlamm. 2. Mos. 12, 11. (Sp. Taf. 32 — Vergl. auch unsere Taf. 2.)

292. Elias vom Engel in der Wüste gespeist. 1. Kön. 19, 4. (Siehe unsere Taf. 2.)

293. David holt die Bundeslade nach Jerusalem. 2. Sam. 6. (Ct. Heider S. 118.)

294. Festmahl des Königs Ahasverus. Esth. 1, 1 f. (Cc. Tietze Nr. 72.)

295. Hiob gedenkt seines früheren Glückes und jetzigen Elendes. Hiob 29, 18—30, 14. (B. pict. Heider S. 69.)

296. Hochzeit zu Kana. Joh. 2, 1 f. (Relief des silbernen Behälters zum Emailkreuz in der römischen Kapelle Sancta Sanctorum um 800; Abb. bei Wilpert II. S. 776.)

297. Gleichnis vom Weinstock und den Reben. Joh. 15, 1 f. (Ebenda.)

Vergl. auch Nr. 1049—1051.

Judas nimmt den Bissen.

298. Ahimelech gibt dem David von den Schaubroten. 1. Sam. 21, 2 f. (Cc. Tietze Nr. 74.)

299. Usa berührt die Bundeslade und wird getötet. 2. Sam. 6, 6 f. (Ebenda.)

Abschied von den Jüngern.

300. Micha weissagt Ahabs Tod. 1. Kön. 22, 15 f. (In späteren Ausgaben der Armenbibel s. Bp. Taf. 19.)

301. Elisa verkündet wohlfeile Zeit in Samaria. 2. Kön. 7, 1. (Ebenda.)

Kampf in Gethsemane.

Die Darstellungen des Seelenkampfes Jesu in Gethsemane greifen selbst in einigen Punkten nicht selten auf das Gebiet des Symbolischen über:

302. Dahin gehört zunächst die bildliche Ausdrucksform für die himmlische Stärkung des Erlösers (Luk. 22, 43). In älterer Zeit wird die Tröstung von oben durch die Hand Gottes angedeutet (Miniatur des um 600 in Italien entstandenen Evangelienbuchs Gregors d. Gr. in Cambridge; Abb. bei Beissel: Geschichte der Evangelienbücher [1906] S. 89), die sich späterhin zwar auch noch findet (nordfränkisches Tafelbild im Bamberger Museum gegen 1400; Abb. bei Burger II. S. 306, Fig. 380), seit dem 11. Jh. zumeist aber durch den Engel des Evangeliums ersetzt wird (Elfenbein im Museo Civico zu Bologna), seltener durch das Brustbild Gott Vaters. Merkwürdige Beispiele der letzteren Vorstellungsarten der göttlichen Assistenz bieten einmal das Mosaik in S. Marco zu Venedig aus dem 12. Jh. (Abb. bei Kuhn: Malerei I. S. 234), wo der Beistand außer dem Engel auch noch durch ein vom Himmel auf Christus sich ergießendes Strahlenbündel veranschaulicht wird, und zum andern ein Glasgemälde der Kathedrale zu Bourges aus dem 13. Jh., auf dem der Vater dem Sohne wohl zur Vermittlung des göttlichen Ratschlusses ein Buch vorhält, während zur Hilfeleistung außerdem noch Engel herangezogen sind.

303. Zu einem weiteren symbolischen Zug gab die Metapher Veranlassung, deren sich der betende Christus bedient, wenn er von seinem Leiden als von einem Kelche spricht, den er trinken muß (Matth. 26, 39). Demgemäß erscheint seit dem 14. Jh. auch auf den Gethsemanedarstellungen der Kelch (Miniatur im Evangelienbuch Kunos von Falkenstein im Trierer Domschatz von 1380; Abb. bei Back: Mittelrheinische Kunst [1910] Taf. 46). Meist steht er auf einem Felsen oder wird von einem Engel gehalten, oft auch in Verbindung mit dem Kreuz, wozu später noch andere Pas-

sionswerkzeuge treten (Metallschnitt aus der Mitte des 15. Jh.; Abb. bei Haberditzl: Einblattdrucke des 15. Jh. in der Kupferstichsamml. der Hofbibl. zu Wien II [1920] Nr. 58). Dagegen beruht es auf konfusen Vorstellungen, wenn bei dieser Gelegenheit auf das Meßopfer in der Weise angespielt wird, daß über dem Kelch eine Hostie schwebt (vergl. die oben erwähnte Miniatur des Evangelienbuchs in Trier).

304. In eigenartiger Weise ist bei einigen wenigen Denkmälern auf das dreimalige Beten Christi (Matth. 26, 36 f.) insofern Bezug genommen, als die Figur des knienden Heilandes dreimal wiederholt ist (Fresko in S. Maria in Via Lata zu Rom aus der ersten Hälfte des 8. Jh.; Abb. bei Wilpert IV. Taf. 177, 1).

Typen des Kampfes in Gethsemane sind:

305. Der Engel erscheint dem Gideon. Richt. 6, 11 f. (Biblia pauperum der Markusbibliothek zu Venedig. Vergl. v. d. Gabelentz S. 277.)

306. David holt die Bundeslade aus Abinadabs Hause. 2. Sam. 6, 3. (Bp. W. Taf. 18.)

307. David weint am Ölberg. 2. Sam. 15, 30. (Cc. Tietze Nr. 76.)

308. Elias fleht auf dem Berge Karmel um Regen. 1. Kön. 18, 42 f. (Ebenda.)

309. Anklage der unschuldigen Susanna. Dan. 13, 28 f. in der Vulgata. (Bp. W. Taf. 18.)

Christus weckt die schlafenden Jünger.

310. David weckt Abner aus dem Schlafe. 1. Sam. 26, 13 f. (Ct. Heider S. 118.)

311. Der Engel weckt den unter einem Wachholderbaume schlafenden Elias. 1. Kön. 19, 5. (Ebenda.)

312. Der Schiffsherr weckt den schlafenden Jona. Jon. 1, 6. (Ebenda.)

Die Häscher fallen vor Christus nieder.

313. Gott schreckt Pharao. (Zerstörtes Glasgemälde im englischen Kloster St. Alban vom Ende des 14. Jh.; vergl. Quellenbuch S. 318, 13.)

314. Samgar tötet mit einer Pflugschar sechshundert Philister. Richt. 3, 31. (Sp. Taf. 34.)

315. Simson erschlägt mit einem Eselskinnbacken tausend Philister. Richt. 15, 15. (Sp. Taf. 33.)

316. Gott schreckt Israels Feinde durch Donner. (Zerstörtes Glasgemälde im englischen Kloster St. Alban vom Ende des 14. Jh.; vergl. Quellenbuch S. 318, 13.)

317. David tötet (durch Jasobeam) achthundert Feinde. 2. Sam. 23, 8. (Sp. Taf. 34.)

318. Elias läßt Feuer auf die Abgesandten des Königs Ahasja fallen. 2. Kön. 1, 9 f. (Cc. Tietze Nr. 78.)

319. Die Syrer werden auf Elisas Gebet mit Blindheit geschlagen. 2. Kön. 6, 18. (Ebenda.)

320. Die fünf törichten Jungfrauen. Matth. 25, 1 f. (In späteren Ausgaben der Armenbibel s. Bp. Taf. 20.)

321. Sturz der ungehorsamen Engel. Off. 12, 7 f. (Ebenda.)

Judaskuß und Gefangennahme.

Gebräuchlichere Vorbilder sind:

322. Kain tötet Abel. 1. Mos. 4, 8. (Kn. Taf. 22 — Sp. Taf. 36.)

323. Saul wirft den Speer nach David. 1. Sam. 18, 10 f. (Sp. Taf. 36.)

324. Abner von Joab erstochen. 2. Sam. 3, 27. (Kn. Taf. 24 — Bp. Taf. 21.)

325. Joab ersticht Amasa. 2. Sam. 20, 8 f. (Sp. Taf. 35.)

326. Jonathan Makkabäus von Tryphon überlistet. 1. Makk. 12, 48 f. (Bp. Taf. 21.)

Seltener:

327. Abraham holt ein Kalb zum Mahle für die drei Männer. 1. Mos. 18, 7. (Ct. Heider S. 119.)

328. Abraham bindet Isaak, um ihn zu opfern. 1. Mos. 22, 9. (Ebenda.)

329. Josef wird von seinen Brüdern ergriffen. 1. Mos. 37, 20 f. (Ebenda.)

330. Simson im Schoße der Delila gefesselt und von den Philistern ergriffen. Richt. 16, 19 f. (Ebenda.)

331. Die Bundeslade von den Philistern genommen. 1. Sam. 4, 11. (Ebenda.)

332. Joram will den Propheten Elisa töten lassen. 2. Kön. 6, 31 f. (Bp. W. Taf. 21.)

333. Der Elefant, der sich an einen heimlich von Jägern durchgehauenen Baum lehnt, wird gefangen. Aus der Tiersage. (Ct. Heider S. 119.)

Petrus schlägt Malchus das Ohr ab.

334. Verbot des Tötens. 2. Mos. 20, 13. (Cc. Tietze Nr. 81.)

335. Der Engel hört auf, Israel mit Pestilenz zu schlagen. 2. Sam. 24, 16. (Ebenda.)

Verhör vor dem Hohenpriester.

336. Josef von Potiphars Weib angeklagt. 1. Mos. 39, 16 f. (Ct. Heider S. 119.)

337. Micha, vor Ahab weissagend, erhält von Zedekia einen Backenstreich. 1. Kön. 22, 24. (Ebenda.)

338. Athalja läßt die Königssöhne umbringen. 2. Kön. 11, 1. (Bp. W. Taf. 22.)

339. Daniel in die Löwengrube geworfen. Dan. 6, 17. (Ebenda.)

Petri Verleugnung.

340. Pharao antwortet Moses: Ich weiß nichts von dem Herrn. 2. Mos. 5, 2. (Cc. Tietze Nr. 83.)

341. Husai verleugnet vor Absalom seine wahre Meinung. 2. Sam. 17, 5 f. (Ebenda.)

Verspottung.

342. Ham verhöhnt seinen Vater Noah. 1. Mos. 9, 22 f. (Sp. Taf. 38.)

343. Die Philister stechen Simson die Augen aus. Richt. 16, 21. (Ct. Heider S. 119.)

344. Simson von den Philistern verspottet. Richt. 16, 25 f. (Sp. Taf. 38.)

345. Simei flucht dem David. 2. Sam. 16, 5 f. (Bruchstücke eines Wandgemäldes im Emauskloster zu Prag aus dem dritten Viertel des 14. Jh.)

346. Die Knaben aus Bethel verspotten den Elisa. 2. Kön. 2, 23 f. (Bp. W. Taf. 23.)

347. Der König Zedekia wird geblendet. 2. Kön. 25, 7. (Ct. Heider S. 119.)

348. Hur, der Schwager des Moses, wird von den Juden angespien. Petrus Comestor: Hist. schol. bei Migne P. lat. CIIC, 1189. (Sp. Taf. 37.)

Über die Beziehung der tiburtinischen Sibylle zur Verspottung s. Nr. 993.

Auslieferung von der Synagoge an den Blutrichter.

349. David wird vor Achis, den König von Gath, gebracht, der ihn als Landesfeind töten soll. 1. Sam. 21, 11 f. (Bp. W. Taf. 24.)

350. Die Babylonier verlangen von Nebukadnezar die Auslieferung Daniels. Dan. 14, 28 f. in der Vulgata. (Ebenda.)

Selbstmord des Judas.

351. Selbstmord des Ahithophel. 2. Sam. 17, 23. (Ct. Heider S. 119.)

352. Absaloms Ende. 2. Sam. 18, 9. (Ebenda.)

Vorführung vor Herodes.

353. David stellt sich vor Achis wahnsinnig und wird verspottet. 1. Sam. 21, 11 f. (Ct. Heider S. 119.)

354. Die Knaben aus Bethel verspotten den Elisa. 2. Kön. 2, 23 f. (Ebenda.)

Verhör vor Pilatus.

355. Die Vorstellung, daß das Urteil des Pilatus auf Eingebung des Satan erfolgt sei, hat einmal auf der Darstellung des Vorgangs an der ehernen Tür des Hildesheimer Domes von 1015 in der Weise einen symbolischen Ausdruck gefunden, daß neben dem Landpfleger ein kleiner Teufel sichtbar wird, der dem charakterlosen Richter den Spruch ins Ohr flüstert.

Als Vorbilder des Verhörs kommen in Betracht:

356. Saul läßt den Ahimelech und vierundachtzig andere Priester zu Nobe von Doeg erschlagen. 1. Sam. 22, 18 f. (Bp. W. Taf. 26.)

357. Der Ammoniterkönig Hanun beschimpft die Gesandten Davids. 2. Sam. 10, 4. (Bp. W. Taf. 25.)

358. Isebel bedroht den Elias mit dem Tode. 1. Kön. 19, 1 f. (Bp. Taf. 22.)

359. Isebel läßt Naboth auf falsches Zeugnis hin steinigen. 1. Kön. 21, 7 f. (Bp. W. Taf. 26.)

360. Der König Zedekia läßt den Propheten Jeremia vor sich führen. Jer. 37, 17 f. (Bp. W. Taf. 25.)

361. Die Babylonier verlangen von Nebukadnezar die Auslieferung Daniels. Dan. 14, 28 f. in der Vulgata. (Bp. Taf. 22.)

Geißelung.

362. Kain erschlägt Abel. 1. Mos. 4, 8. (Bp. W. Taf. 27.)

363. Ham verhöhnt seinen Vater Noah. 1. Mos. 9, 22 f. (Glasgemälde in der St. Paulikirche zu Brandenburg aus dem 14. Jh.; vergl. Sp. S. 277.)

364. Simson von den Philistern gefesselt. Richt. 16, 21. (Biblia pauperum der Markusbibliothek zu Venedig; vergl. v. d. Gabelentz S. 278.)

365. Die Knaben aus Bethel verspotten den Elisa. 2. Kön. 2, 23 f. (Glasgemälde in der St. Paulikirche zu Brandenburg aus dem 14. Jh.; vergl. Sp. S. 277.)

366. Hiob vom Teufel mit Schwären geschlagen und von seinem Weibe gekränkt. Hiob 2, 7 f. (Sp. Taf. 40.)

367. Pashur mißhandelt den Jeremia. Jer. 20, 1 f. (Ct. Heider S. 119.)

368. Jeremia in den Kerker geworfen. Jer. 37, 15. (Cc. Tietze Nr. 87.)

369. Achior an einen Baum gebunden. Judith 6, 8. (Sp. Taf. 39.)

370. Antiochus Epiphanes läßt sieben Brüder zu Tode martern. 2. Makk. 7, 1 f. (Bp. W. Taf. 27.)

371. Lamech von seinen beiden Frauen geschlagen. Petrus Comestor: Hist. schol. bei Migne P. lat. CIIC, 1079. (Sp. Taf. 40.)

Über die Beziehung der Sibylle Agrippa zur Geißelung Christi s. Nr. 993.

Dornenkrönung.

372. Ham verhöhnt seinen Vater Noah. 1. Mos. 9, 22 f. (Bp. Taf. 23.)

373. Simson werden von den Philistern die Augen ausgestochen. Richt. 16, 21. (Bp. W. Taf. 28.)

374. Der Ammoniterkönig Hanun beschimpft die Gesandten Davids. 2. Sam. 10, 4. (Sp. Taf. 42.)

375. Simei flucht dem David. 2. Sam. 16, 5 f. (Ebenda.)

376. Elisa von Knaben aus Bethel verspottet. 2. Kön. 2, 23 f. (Bp. Taf. 23.)

377. Der König Asa läßt den Seher Hanani ins Gefängnis werfen. 2. Chron. 16, 10. (Bp. W. Taf. 28.)

378. Sacharja erhält den Auftrag, eine goldene Krone für den Hohenpriester anzufertigen. Sach. 6, 11. (Cc. Heider S. 80.)

379. Alcimus bringt dem König Demetrius eine goldene Krone dar. 2. Makk. 14, 3 f. (Ebenda.)

380. Apame, die Geliebte des Darius, nimmt ihm die Krone weg, um sie sich aufs Haupt zu setzen. 3. Esd. 4, 29 f. in der Vulgata. (Sp. Taf. 41.)

Über die Beziehungen der delphischen Sibylle zur Dornenkrönung Christi s. Nr. 993.

Kreuztragung.

381. Isaak trägt das Holz zu seiner Opferung. 1. Mos. 22, 6. (Bp. Taf. 24.)

382. Die Kundschafter mit der Weintraube. 4. Mos. 13, 23. (Sp. Taf. 44.)

383. Jephthah opfert seine Tochter. Richt. 11, 30 f. (Bp. W. Taf. 30.)

384. Die beiden in den Händen der Witwe von Zarpath (angeblich kreuzweise) gehaltenen Hölzer. 1. Kön. 17, 10. (Bp. Taf. 24.)

385. David und Jonathan nehmen Abschied. (Bp. W. Taf. 30.)

386. Haman von Ahasverus an einen Baum gehängt. Esth. 7, 10. (Bruchstück eines Wandgemäldes im Emauskloser zu Prag aus dem dritten Viertel des 14. Jh.)

387. Zeichnung der Stirne mit dem T-Zeichen. Hesek. 9, 4. (Ct. Heider S. 120.)

388. Die Weingärtner töten den Sohn des Weinbergbesitzers. Luk. 20, 9 f. (Sp. Taf. 44.)

Wehklage der Töchter Jerusalems.

389. Die Tochter Jephthahs beweint ihre Jungfrauschaft. Richt. 11, 38. (Ct. Heider S. 120.)

390. Die Töchter Israels beweinen mit David Sauls Tod. 2. Sam. 1, 24. (Ebenda.)

391. Die Weiber weinen mit Jeremia über Josia. 2. Chron. 35, 25. (Cc. Tietze Nr. 90.)

Entkleidung.

392. Noah liegt nackt in seiner Hütte. 1. Mos. 9, 21. (Ct. Heider S. 120.)

393. Josef wird von seinen Brüdern der bunte Rock ausgezogen. 1. Mos. 37, 23. (Ebenda.)

394. David tanzt entkleidet vor der Bundeslade. 2. Sam. 6, 14 f. (Bp. W. Taf. 31.)

395. Geißelung einer Jungfrau, während ein Mann an einen Baum gebunden ist. (Ebenda.)

Annagelung an das Kreuz.

396. Jubal und Thubalkain schmieden Nägel. 1. Mos. 4, 21 f. (Sp. Taf. 45.)

397. Sintflut mit der Arche Noahs. 1. Mos. 7. (Bp. W. Taf. 32.)

398. Jakobs Traum von der Himmelsleiter. 1. Mos. 28, 10 f. (Ebenda.)

399. Verbrennung des Sündenbockes vor dem Lager. 3. Mos. 16, 27. (Cc. Tietze Nr. 92.)

400. Moses errichtet die eherne Schlange. 4. Mos. 21, 8. (Ebenda.)

401. Der von den Israeliten belagerte Moabiterkönig Mesa opfert seinen Sohn. 2. Kön. 3, 27. (Sp. Taf. 46.)

402. Die legendarische Zersägung des Propheten Jesaja. (Ebenda.)

Kreuzaufrichtung.

403. Nebukadnezar sieht im Traum einen großen Baum. Dan. 4, 7 f. (Sp. Taf. 132. XXIV, 2.)

404. Eleasar stirbt, indem er einen Elefanten tötet. 1. Makk. 6, 43 f. (Ebenda. XXIV, 4.)

405. Kodrus opfert sich, um seinem Volke den Sieg zu verschaffen. Valerius Maximus V, 6. (Ebenda. XXIV, 3.)

Am Kreuz.

406. Unter den Darstellungen aus dem Leben Christi ist die Kreuzigung am stärksten mit allegorischen Elementen durchsetzt. In der altchristlichen Kunst wird sogar gelegentlich an Stelle des Gekreuzigten nur das Kreuz mit seinem Brustbild darüber gezeigt (Palästinensisches Ölfläschchen im Domschatz zu Monza um 600; Abb. bei Wulff S. 340 — Mosaik in S. Stefano rotondo zu Rom zwischen 642 und 649; vergl. Wilpert II. S. 1074) oder das Lamm inmitten der beiden Schächer (Relief einer der vorderen Ciboriumsäulen in S. Marco zu Venedig, wohl syrisch-palästinensischen Ursprungs aus dem 5.—6. Jh. (Abb. bei Venturi I. S. 274). Im Ma. begegnet man zwar nur noch dem letzteren Motiv dieser rein symbolischen Auffassung auf Stand- und Tragkreuzen (vergl. Nr. 27), dafür wird aber das Kreuzigungsbild an allegorischen Einzelheiten immer reicher.

407. Sehr häufig findet sich der Hinweis auf Gott Vater als den Urheber des Erlösungsratschlusses durch die aus den Wolken ragende Hand, die meist auch eine Krone (Kranz) über das Haupt des Sohnes hält als Zeichen der Belohnung (so schon auf dem oben erwähnten Mosaik in S. Stefano rotondo). In der karolingisch-ottonischen Epoche erscheint dann die Krone auf dem Haupte des lebend dargestellten Kruzifixus allerdings in einem anderen Sinne, nämlich als Herrscherkrone, die die letzte Steigerung in der Auffassung des Gekreuzigten als Völker- und Helden-

königs abgibt (vergl. die Miniatur des Uta-Evangeliar vom Anfang des 11. Jh. bei Swarzenski: Regensburger Buchmalerei [1901] Nr. 30), wohingegen in der Übergangszeit vom romanischen zum gotischen Stil mit dem Absterben des idealen Typus des Kruzifixus ihr Austausch mit der Dornenkrone sich vollzieht (Holzkreuz in der Krypta des Doms zu Paderborn vom Anfang des 13. Jh.; Abb. in den Bau- und Kunstdenkmälern von Westfalen. Kreis Paderborn [1899] Taf. 35, 4).

Seltener ist der Hinweis auf die Dreieinigkeit mit der Taube als Symbol des h. Geistes zwischen Gott Vater und Christus (Mauritius-Tragaltar in Siegburg vom Kölner Eilbertus um 1135; Abb. bei Falke und Frauberger Taf. 20).

408. Der Versinnbildlichung der Erlösung von Sünde und Tod durch das Opfer Christi am Kreuz dienen eine Reihe Accessorien, die dem Sündenfall Adams und Evas im Paradiese entlehnt sind. Dahin gehört zunächst die um den Fuß des Stammes sich windende Schlange, die bereits auf der Miniatur des Drogosakramentars aus Metz in der Pariser Nationalbibliothek um 850 vorkommt (Abb. bei Weber S. 16). Statt der Schlange begegnet man auch einem Drachen, in dessen Rachen gelegentlich das Kreuz gestoßen ist (Miniatur des Matutinalbuchs Konrads von Scheyern in der Münchener Staatsbibliothek aus dem Anfang des 13. Jh.; Abb. bei Schönermark: Der Kruzifixus in der bildenden Kunst [1908] Nr. 58). Noch wirkungsvoller kommt der nämliche Gedanke zum Ausdruck in der Überwindung des Drachens durch einen Löwen, der dann als Sinnbild Christi oder des durch ihn gewonnenen Lebens aufzufassen ist (Vortragkreuz im Schatze der Abtei Engelberg i. d. Schw. um 1200; Abb. bei Kuhn: Plastik I. Taf. zu S. 351). Nichts anderes will es schließlich auch besagen, wenn auf einer Glocke der Stadtkirche zu Blankenburg von 1381 der besiegte Teufel nicht unter dem Kreuze des Erlösers, sondern zu Füßen des Jüngers Johannes angebracht wird (Abb. in Zeitschrift III [1890] S. 197).

409. Außer der Schlange hat die nämliche Symbolik aber auch die S t a m m e l t e r n mit in die Kreuzigungsdarstellungen aufgenommen. Als Erlöste sehen wir sie auf der schon oben (Nr. 406) erwähnten Monzeser Ampulle neben dem Kreuze knien, während sie im Akte der Versuchung durch die Schlange auf einem Metzer Elfenbein um 1000 wiedergegeben sind (Abb. bei Goldschmidt I. Nr. 78). Weit häufiger ist jedoch die Beschränkung auf die Person A d a m s allein. Es hängt das offenbar mit Vorstellungen zusammen, die sich neben der Erlösungsidee geltend machen. Einmal weiß die Sage vom Kreuzholz zu berichten, daß der kranke Adam seinen Sohn Seth ins Paradies sandte, wo er drei Körner (nach anderen ein Reis) erhielt, die er dem inzwischen verschiedenen Vater unter die Zunge legte, woraus dann ein Baum erwuchs, dessen Holz nach mancherlei Zufällen schließlich bei Herstellung des Kreuzes Christi Verwendung fand. Zum anderen entsprach die Bezugnahme auf Adam aber auch der legendaren Auffassung, die als Ort der Kreuzeserrichtung die Begräbnisstätte des Stammvaters der Menschheit annahm. Demgemäß sehen wir ihn unter dem Kreuze in seinem Sarge liegen (Herrad von Landsberg Taf. 38) oder durch das Blut Christi wieder zum Leben erweckt, sich in halber Figur aus dem Grabe erheben (Kölner Elfenbeinskulptur im Museum zu Darmstadt aus der Mitte des 11. Jh.; Abb. bei Goldschmidt II. Taf. 59). Gelegentlich fängt er auch das Blut in einem Kelche auf (Wechselburger Hochaltar um 1230; Abb. bei Kuhn: Plastik I. Taf. zu S. 343), der sonst unter den Füßen des Gekreuzigten zu stehen pflegt (Elfenbein im Schatze des Münsters zu Essen aus dem 10. bis 11. Jh.; Abb. bei Goldschmidt II. Nr. 89) oder von der Ecclesia gehalten wird (Drogosakramentar um 850; Abb. bei Weber S. 16). Mit dem 13. Jh. ist die Wiedergabe der Person Adams durch die Anbringung seines S c h ä d e l s verdrängt (Miniaturen einer thüringisch-sächs. Malerschule vom Anfang des 13. Jh.; Abb. bei Haseloff Nr. 87, 96 und 112). Am nachdrücklichsten wird diese Antithese von Tod und Leben auf den Kreuzallegorien behandelt durch Ge-

genüberstellung der Personifikationen von Mors und Vita (s. Nr. 1130 f.).

410. Gleichfalls auf den paradiesischen Ursprung des Kreuzholzes gehen die Vorstellungen vom grünenden Kreuz zurück, worüber Nr. 1032 zu vergleichen ist. Dagegen soll mit der gelegentlich sich findenden lilienförmigen Gestaltung der Ausladungen der Kreuzarme auf die Schuldlosigkeit des Gekreuzigten hingewiesen werden (Kruzifixus aus dem Münchener Nationalmuseum vom 13. Jh.; Abb. bei Schönermark a. a. O. Nr. 56), während in der Anbringung der Evangelistensymbole an der nämlichen Stelle ein Hinweis auf die die Menschheit durchdringende Kraft der Heilslehre liegt (Elfenbein der Münchener Staatsbibliothek aus dem 10. Jh., Ausläufer der Liuthardgruppe; Abb. bei Goldschmidt I. Nr. 56).

411. Um der weltgeschichtlichen Bedeutung des Kreuzestodes Christi auch im Bilde einen erhöhten Ausdruck zu verleihen, sind häufig als Zeugen des Vorganges Sonne und Mond sowie Erde und Meer herangezogen. Über die Gestaltung der beiden Himmelskörper ist unter Nr. 1150 gehandelt, desgleichen über die Frage, inwieweit ihnen eine symbolische Beziehung auf Kirche und Synagoge zukommt bei Nr. 997.

Hinsichtlich der Personifikationen von Erde und Meer gibt deren Charakteristik unter Nr. 1147—1149 Auskunft, doch ist hier noch einiger Sonderheiten zu gedenken. Als ein unter dem Fußbrett des Kreuzes kauerndes altes Weib ist die Terra auf dem Elfenbeindeckel des Echternacher Evangeliars in Gotha vom Ende des 10. Jh. wiedergegeben (Abb. bei Goldschmidt II. Nr. 23). Gelegentlich wird die Erde mit der die Welt beherrschenden Roma identifiziert. Als thronende weibliche Gestalt erscheint die Personifikation der Hauptstadt der Welt auf einem Elfenbein der Liuthardgruppe in der Münchener Staatsbibliothek um 870 (Abb. ebenda I. Nr. 41) und in der gleichen Auffassung auch auf einem solchen der Metzer Schule in der Pariser Nationalbibliothek aus dem 9.—10. Jh. (Abb. ebenda I. Nr. 83

und auf unserer Taf. 7). Eine Ausnahme bleibt die Versinnbildlichung der Roma durch die Wölfin, an deren Brüsten Romulus und Remus saugen, die sich auf einem vermutlich italienischen Elfenbein der Kreuzigung im Museo Cristiano des Vatikan vom Ende des 9. Jh. findet (Abb. bei Goldschmidt I. Nr. 181a).

412. In einzigartiger Weise hat die mit der Kreuzigung vielfach verbundene Szene der Verlosung des Rockes Christi eine symbolische Wiedergabe auf dem bereits erwähnten Metzer Elfenbein der Pariser Nationalbibliothek (s. unsere Taf. 7) erfahren, indem unterhalb der Füße Christi über dem zusammengerollten Gewande lediglich das tonnenartige Gefäß zum Werfen des Loses angebracht ist, während die Mora spielenden Kriegsknechte fehlen, die sonst den Apparat in Tätigkeit setzen (vergl. das mit der Liuthardgruppe im Zusammenhang stehende Elfenbein im South-Kensington-Museum zu London aus dem 9. Jh.; Abb. bei Goldschmidt I. Nr. 132a).

413. Auf Belohnung und Strafe des guten und bösen Schächers wird etwa seit dem 14. Jh. in sinnbildlicher Weise insofern Bezug genommen, als ihre in Gestalt kleiner Menschen abscheidenden Seelen von Engeln bezw. Teufeln in Empfang genommen werden (Kanzelrelief des Giovanni Pisano von 1303—1311 im Museo Civico zu Pisa; Abb. im Klass. Skulpturenschatz Nr. 321).

Eine Reihe weiterer symbolischer Zutaten hat in späteren Abschnitten eine besondere Behandlung erfahren, auf die verwiesen werden kann. Über die ungemein beliebte Gegenüberstellung von Kirche und Synagoge unter dem Kreuze Christi findet sich das Nähere bei Nr. 1007; ebenso ist über die Möglichkeit einer sich in gleicher Richtung bewegenden Deutung des die Seite mit der Lanze öffnenden Longinus und des Schwammhalters Stephaton unter Nr. 998 gesprochen, und die allegorische Kreuzigung des Erlösers durch die Tugenden hat in Nr. 1040 Berücksichtigung gefunden.

Beliebte Typen der Kreuzigung Christi sind:

414. Abel opfert dem Herrn ein Lamm. 1. Mos. 4, 4. (Emailplatte der Sammlung Debruge zu Paris aus dem 12. Jh.; Abb. in Annales archéol. VIII. [1848] Pl. 1.)

415. Melchisedek mit Brot und Wein. 1. Mos. 14, 18 f. (Ebenda.)

416. Isaak trägt das Holz zur Opferung. 1. Mos. 22, 6. (Ebenda.)

417. Jakob segnet die beiden Söhne Josefs, Ephraim und Manasse, mit kreuzweise verschränkten Armen. 1. Mos. 48, 14. (Ebenda.)

418. Das T-förmige Blutzeichen an den Häusern und Kindern Israels. 2. Mos. 12, 7. (Ebenda.)

419. Die beiden in den Händen der Witwe von Zarpath (angeblich kreuzweise) gehaltenen Hölzer. 1. Kön. 17, 10. (Ebenda.)

420. Die Stange mit der Traube, welche die Kundschafter aus Kanaan brachten. 4. Mos. 13, 23. (Ebenda — Kn. Taf. 27.)

421. Errichtung der ehernen Schlange durch Moses. 4. Mos. 21, 8. (Bp. Taf. 25.)

422. Abraham opfert Isaak. 1. Mos. 22, 9 f. (Kn. Taf. 25 — Bp. Taf. 25.)

423. Nebukadnezar sieht im Traum einen großen Baum. Dan. 4, 7 f. (Sp. Taf. 47.)

424. Eleasar stirbt, indem er einen Elefanten tötet. 1. Makk. 6, 43 f. (Sp. Taf. 48.)

425. Kodrus opfert sich, um seinem Volke den Sieg zu verschaffen. Valerius Maximus V, 6. (Sp. Taf. 48.)

426. Der Pelikan, von dem die Sage geht, daß er seine Jungen, wenn sie die Eltern mit den Flügeln schlagen, tötet. Nach drei Tagen öffnet jedoch die Mutter ihre Seite und macht die Jungen durch ihr Blut wieder lebendig. Die Beziehung auf Christus, der durch seinen Kreuzestod die Menschheit zu ewigem Leben erweckte, ist bereits im Physiologus gegeben. In der Kunst erscheint der Vogel erst im späteren Ma. als Symbol des Todes und der Auferstehung Christi

(Glasgemälde des 13. Jh. in den Kathedralen zu Bourges und Le Mans; Abb. bei Mâle I. S. 172 und 173 — Gemälde von Alegretto Nuzi aus der Mitte des 14. Jh. im Kaiser-Friedrich-Museum zu Berlin mit dem Pelikan auf dem Kreuze Christi; Abb. bei Schönermark: Der Kruzifixus in der bildenden Kunst [1908] Nr. 68.)

427. Der Phönix, schon bei den alten Ägyptern Symbol zeitlicher Erneuerung. Im Physiologus wird der Vogel, der sich auf einem aus wohlriechenden Kräutern zusammengetragenen Neste selbst verbrennt, um am dritten Tage verjüngt aus der Asche hervorzugehen, zum Sinnbild des Todes und der Auferstehung Christi. Doch bleibt bei altchristlichen Sarkophagen und Mosaiken die Beziehung des Phönix auf den vom Kreuzestode erstandenen Herrn eine Ausnahme gegenüber der Auffassung als Sinnbild der Unsterblichkeit und Auferstehung der Leiber überhaupt. Dieser Gedanke wird noch unterstrichen durch die Verbindung des Vogels mit der Palme (Mosaik der Neapolitanischen Taufkapelle des h. Johannes aus der zweiten Hälfte des 4. Jh.; Abb. bei Wilpert III. Taf. 29). Die bildliche Darstellung der mystischen Selbstverbrennung auf dem Neste ist der altchristlichen Kunst überhaupt fremd, um so beliebter aber wird das Motiv im späteren Ma. als Symbol im christologischen Sinne (Skulptur am Straßburger Münsterturm um 1300; Abb. bei Cahier I. S. 155).

Seltener finden sich nachstehende Vorbilder:

428. Kains Brudermord. 1. Mos. 4, 8. (Romanisches Tragkreuz in Diestedde in Westf.; Abb. bei Bergner S. 464.)

429. Noah mit der Arche. 1. Mos. 7. (Emailplatte der Sammlung Debruge zu Paris aus dem 12. Jh.; Abb. in Annales archéol. VIII [1848] Pl. 1.)

430. Abraham trägt den Widder zur Opferung. 1. Mos. 22, 13. (Ebenda.)

431. Moses schlägt Wasser aus dem Felsen. 2. Mos. 17, 6. (Ebenda.)

432. Jakob bei der sterbenden Rahel. 1. Mos. 35, 16 f. (Cc. Tietze Nr. 96.)

433. Josef beim sterbenden Jakob. 1. Mos. 49. (Ebenda.)

434. Einsetzung des Osterlammes. 2. Mos. 12, 3 f. (B. pict. Heider S. 86.)

435. Moses mit den Gesetzestafeln. 2. Mos. 31, 18. (Glasgemälde in der St. Paulikirche zu Brandenburg aus dem 14. Jh.; vergl. Sp. S. 277.)

436. Darbringung des Dankopfers vor der Stiftshütte. 3. Mos. 3. (Ct. Heider S. 120.)

437. Opferung der rötlichen Kuh. 4. Mos. 19, 2 f. (Cc. Heider S. 86.)

438. Gideon läßt die Gefäße mit den Fackeln zerschlagen. Richt. 7, 19 f. (Cc. Tietze Nr. 93.)

439. Simsons Tod. Richt. 16, 29 f. (Ct. Heider S. 120.)

440. Der Feuer über Jerusalem streuende Cherub. Hesek. 10, 2. (Cc. Tietze Nr. 93.)

441. Die legendenhafte Zersägung des Propheten Jesaja. (Zerstörtes Glasgemälde im englischen Kloster St. Alban vom Ende des 14. Jh.; vergl. Quellenbuch S. 319, 23.)

442. Die legendenhafte Steinigung des Propheten Jeremia. (Ebenda.)

443. Die Angelrute, mit der Gott Vater den Leviathan fängt. Honorius von Autun bei Migne P. lat. CLXXII, 901 f. (Herrad von Landsberg Taf. 24. Vergl. Sauer S. 223.)

444. Der Keltertreter (Miniatur eines Missale aus Hildesheim aus der zweiten Hälfte des 12. Jh.; Abb. in Zeitschrift XV [1902] S. 309. Fig. 9.)

Über die Beziehung der hellespontischen Sibylle zur Kreuzigung Christi s. Nr. 993.

Wie man die ganze Heilsgeschichte von Adams Falle an nach Typen der Kreuzigung Christi durchsuchte, dafür bieten die Miniaturen einer der Betrachtung des Kreuzes Christi gewidmeten Hand-

schrift in München (Clm. 14159) aus der Zeit zwischen 1170 und 1185 ein recht bemerkenswertes Beispiel; vergl.: Miniaturen aus Handschriften der Bayerischen Staatsbibliothek in München, hrsg. von Leidinger VIII (Regensburg-Prüfening) 1924. Taf. 26—35.

Fürbitte für die Feinde.

445. Aaron betet für das Volk. 4. Mos. 16, 22. (Cc. Tietze Nr. 95.)

446. Samuel betet für Saul. 1. Sam. 15, 31. (Ebenda.)

Maria dem Johannes anempfohlen.

447. Der flüchtige David empfiehlt seine Eltern dem Könige der Moabiter. 1. Sam. 22, 3. (Ct. Heider S. 120.)

448. Tobias empfiehlt seinem Sohne die Mutter. Tob. 4, 3 f. (Ebenda.)

Christus befiehlt seinen Geist in seines Vaters Hände.

449. Rhazis stürzt sich in den Tod. 2. Makk. 14,37, f. (Cc. Tietze Nr. 97.)

450. Tobias Tod. Tob. 14. (Ebenda.)

Verfinsterung der Sonne.

451. Josua läßt die Sonne stillstehen. Jos. 10, 12 f. (Zerstörtes Glasgemälde im englischen Kloster St. Alban vom Ende des 14. Jh.; vergl. Quellenbuch S. 318, 14.)

452. Zum Zeichen der Genesung des kranken Königs Hiskia weicht der Schatten auf der Sonnenuhr zurück. 2. Kön. 20, 8 f. (Ebenda.)

Lanzenstich des Longinus.

453. Evas Erschaffung aus Adams Rippe. 1. Mos. 2, 21. (Bp. Taf. 26.)

454. Jakob verstößt die Lea und nimmt Rahel. 1. Mos. 29, 25 f. (Cc. Tietze Nr. 98.)

455. Moses schlägt Wasser aus dem Felsen. 2. Mos. 17, 6. (Bp. Taf. 26.)

456. Michal verspottet den König David. 2. Sam. 6, 20. (Sp. Taf. 49.)

457. Absaloms Tod. 2. Sam. 18, 14. (Sp. Taf. 50.)

458. Eleasar stirbt, indem er einen Elefanten tötet. 1. Makk. 6, 43 f. (Zerstörtes Glasgemälde im englischen Kloster St. Alban vom Ende des 14. Jh.; vergl. Quellenbuch S. 319, 24.)

459. König Evilmerodach von Babylon schneidet den Leichnam seines Vaters Nebukadnezar in Stücke. Petrus Comestor: Hist. schol. bei Migne P. lat. CIIC, 1453. (Sp. Taf. 50.)

Kreuzabnahme.

460. Von den allegorischen Beigaben der Kreuzigungsbilder kehren zuweilen auch auf den Darstellungen der Kreuzabnahme einige wieder. So hat das Relief der sog. Externsteine bei Horn von 1115 die ihrer Trauer Ausdruck gebenden Personifikationen der Sonne und des Mondes mit in die Szene einbezogen sowie durch die Gruppe der unter dem Kreuze knienden und von einem mächtigen Drachen umschlungenen Stammeltern in symbolischer Weise auf den Sündenfall und seine Folgen Bezug genommen. Bedeutsamer aber ist, daß hier oberhalb des linken Kreuzesarmes das Brustbild Gott Vaters die Seele des Sohnes in Gestalt eines kleinen Menschen zugleich mit der Auferstehungsfahne im Arme hält (Abb. bei Kuhn: Plastik I. S. 331).

An Vorbildern der Kreuzabnahme finden sich öfter:

461. Eva nimmt die Frucht vom Baume. 1. Mos. 3, 6. (Kn. Taf. 28.)

462. Jakob empfängt den Rock seines Sohnes Josef. 1. Mos. 37, 31 f. (Sp. Taf. 51.)

463. Abnahme des gehängten Königs von Ai durch Josua. Jos. 8, 29. (Kn. Taf. 30.)

464. Naemi beklagt den Tod ihrer beiden Söhne. Ruth 1, 20. (Sp. Taf. 52.)

465. Adam und Eva beweinen den Tod Abels hundert Jahre. Petrus Comestor: Hist. schol. bei Migne P. lat. CIIC, 1076. (Sp. Taf. 52.)

Seltener:

466. Erschaffung Evas aus Adams Rippe. 1. Mos. 2, 21 f. (Bp. W. Taf. 34.)

467. Josef bittet Pharao, seinen Vater im Lande Kanaan begraben zu dürfen. 1. Mos. 50, 4 f. (Ct. Heider S. 121.)

468. Moses schlägt Wasser aus dem Felsen. 2. Mos. 17, 6. (Bp. W. Taf. 34.)

469. Die Einwohner von Jabes nehmen die Leichname Sauls und seiner Söhne von der Mauer zu Beth-San herab. 1. Sam. 31, 12. (Ct. Heider S. 121.)

470. David läßt die Gebeine der gehängten Söhne Sauls sammeln. 2. Sam. 21, 13. (Bp. 50. Taf. 35.)

471. Anbetung und Zerstörung der ehernen Schlange. 2. Kön. 18, 4. (Gewölbemalerei im Mittelschiff von St. Maria-Lyskirchen zu Köln aus der Mitte des 13. Jh.; Abb. bei Clemen S. 585.)

472. Jona ins Meer geworfen. Jon. 1, 15. (Biblia pauperum der Markusbibliothek zu Venedig. Vergl. v. d. Gabelentz S. 278.)

Beweinung des Leichnams.

473. Jakob weint beim Empfang des Rockes Josefs. 1. Mos. 37, 31. f. (Zerstörtes Glasgemälde im englischen Kloster St. Alban vom Ende des 14. Jh.; vergl. Quellenbuch S. 319, 25.)

474. Naemi beklagt den Tod ihrer beiden Söhne. Ruth 1, 20. (Bp. 50. Taf. 36.)

475. Ganz Juda beklagt den Tod des Königs Josia. 2. Chron. 35, 24. (Bp. W. Taf. 35.)

476. Das Volk Israel klagt über den Tod des Jonathan Makkabäus. 1. Makk. 12, 52. (Ebenda.)

477. Adam und Eva beweinen den Tod Abels hundert Jahre. Petrus Comestor: Hist. schol. bei Migne P. lat. CIIC, 1076. (Bp. 50. Taf. 36.)

Grablegung.

478. Sem und Japheth bedecken die Scham Noahs. 1. Mos. 9, 23. (Ct. Heider S. 121.)

479. Abrahams Bestattung. 1. Mos. 25, 9. (Cc. Tietze Nr. 99.)

480. Isaaks Bestattung. 1. Mos. 35, 29. (Ct. Heider S. 121.)

481. Josef wird von seinen Brüdern in die Zisterne geworfen. 1. Mos. 37, 23 f. (Kn. Taf. 31—Bp. Taf. 27.)

482. Jakobs Bestattung. 1. Mos. 50, 13. (Ct. Heider S. 121.)

483. Gideons Bestattung. Richt. 8,32. (B. pict. Heider S. 89.)

484. Sauls Bestattung. 1. Sam. 31, 12 f. (Cc. Tietze Nr. 99.)

485. Abners Bestattung. 2. Sam. 3, 31. (Sp. Taf. 53.)

486. Elisas Bestattung. 2. Kön. 13, 20. (B. pict. Heider S. 89.)

487. Jeremia in die Grube geworfen. Jer. 38, 6. (Ct. Heider S. 121.)

488. Jona ins Meer geworfen und vom Walfisch verschlungen. Jon. 2, 1. (Kn. Taf. 33—Bp. Taf. 27.)

Höllenfahrt und Befreiung der Seelen aus dem Fegfeuer.

489. Der Darstellung des Gegenstandes selbst pflegt eine symbolische Färbung eigen zu sein, die sich vornehmlich auf Hölle und Teufel erstreckt. Über die Hölle, soweit ihre Wiedergabe von der antiken Auffassung des Hades ausgeht oder einen monströsen Tierrachen zugrunde legt, ist auf Nr. 819 zu verweisen; doch enthält auch ihr mehr im realen Sinne entworfenes Bild gelegentlich Züge, für die das unter Nr. 820 Gesagte in Betracht kommt. Was die Gestalt des Teufels anlangt, so ist die unter Nr. 849 gegebene Charakteristik zu vergleichen.

Aus welchen Kreisen der vorchristlichen Menschheit man sich die Bevölkerung der Vorhölle zusammengesetzt dachte, dafür bot das apokryphe Evangelium des Nikodemus (s. Evang. apocr. ed. Tischendorf. Ed. 2. [1876] p. 389 f.) einen Anhalt. Im Anschluß hieran bildete die byzantinische Kunst einen Typus, der außer den regelmäßig wiederkehrenden Stammeltern mit Vorliebe die Könige David und Salomo sowie den Täufer Johannes als Insassen zeigt. Etwa seit 700 liegt das Schema vollständig vor (Petersburger Evangelien-Fragment Nr. 21; vergl. Strzygowski: Der Bilderkreis des griech. Physiologus [1899] S. 88. — Von späteren Darstellungen ist das Mosaik im Kloster Daphni bei Athen um 1100 hervorzuheben; Abb. bei Clemen S. 209).

Bekanntere Vorbilder der Höllenfahrt Christi sind:

490. Gott holt Abraham aus Ur im Lande der Feuer anbetenden Chaldäer. 1. Mos. 11, 31 unter Benutzung der Legende nach Petrus Comestor: Hist. schol. bei Migne P. lat. CIIC, 1091. (Sp. Taf. 62.)

491. Lots Befreiung aus Sodoms Untergang. 1. Mos. 19, 15 f. (Ebenda.)

492. Erwürgung der Erstgeburt der Ägypter. 2. Mos. 12, 12 f. (Kn. 34.)

493. Auszug der Kinder Israels aus Ägypten. 2. Mos. 14. (Sp. Taf. 61.)

494. Ehud tötet den Moabiterkönig Eglon. Richt. 3, 15 f. (Sp. Taf. 58.)

495. Simson zerreißt den Löwen. Richt. 14,5 f. (Kn. Taf. 36—Bp. Taf. 28.)

496. David überwindet Goliath. 1. Sam. 17, 50 f. (Bp. Taf. 28.)

497. Benaja tötet den Löwen. 2. Sam. 23, 20. (Sp. Taf. 57.)

498. Die drei Jünglinge im Feuerofen. Dan. 3, 19 f. (Sp. Taf. 55.)

499. Daniel von Habakuk in der Löwengrube gespeist. Dan. 14, 33 f. in der Vulgata. (Sp. Taf. 56.)

500. Der Strauß befreit sein in ein Glas eingeschlossenes Junges. Petrus Comestor: Hist. schol. bei Migne P. lat. CIIC, 1353 f. (Ebenda.)

Seltener:

501. Abraham befreit Lot aus der Gefangenschaft Kedor-Laomors. 1. Mos. 14, 14 f. (Cc. Tietze Nr. 100.)

502. Moses erschlägt einen Ägypter und vergräbt ihn im Sande. 2. Mos 2, 12. (Ct. Heider S. 120.)

503. Josua erobert die Stadt Ai und läßt ihren König an einen Baum hängen. Jos. 8. (B. pict. Heider S. 93.)

504. Simson mit den Stadttoren von Gaza. Richt. 16, 3. (Gewölbemalerei im Mittelschiff von S. Maria-Lyskirchen zu Köln aus der Mitte des 13. Jh.; Abb. bei Clemen S. 585.)

505. David tötet den Löwen und Bären. 1. Sam. 17, 34 f. (Ct. Heider S. 120.)

506. David befreit seine Weiber aus den Händen der Amalekiter. 1. Sam. 30, 17. (B. pict. Heider S. 94.)

507. Cyrus gibt den Juden Freiheit zur Rückkehr. 1. Esra 1. (B. pict. Heider S. 93.)

508. Nehemia befreit die Armen von der Schuldenlast. Nehem. 5, 10. (Ebenda.)

509. Haman wird von Ahasverus an einen Baum gehängt, den er für Mardochai errichtet hatte. Esth. 7, 10. (Ct. Heider S. 121.)

510. Daniel vernichtet den Bel zu Babel. Dan. 14, 25 f. in der Vulgata. (Ebenda.)

511. Der Vogel H y d r u s, nach dem Physiologus ein Feind des Krokodils. Wenn er dasselbe mit offenem Rachen schlafen sieht, wälzt er sich im Schlamm, um so leichter in den Schlund des Krokodils schlüpfen zu können, von wo aus der Vogel dann die Eingeweide der Bestie zerstört. Die Beziehung auf die Höllenfahrt Christi findet sich bereits im

Physiologus, doch scheint erst die romanische Kunstperiode dieser Symbolik einen bildlichen Ausdruck verliehen zu haben. (Skulptur an der Kapellenpforte im Schloß Tirol um 1200; Abb. in Zeitschrift XX [1907] S. 13.)

Auferstehung.

512. Die ältesten Darstellungen der Auferstehung Christi sind wesentlich symbolischer Art. Entweder begnügt man sich mit der Anbringung eines nach dem Vorbild des ägyptischen Anχ (s. Nr. 15) gestalteten Kreuzes, in dessen Kranz das Monogramm Christi prangt, und zu dem einer der Kriegsknechte aufblickt (mehrfach auf altchristlichen Sarkophagen; vergl. die Abb. bei Kaufmann S. 393), oder man beschränkt sich auf die Wiedergabe des Grabmals mit der geöffneten Tür, vor dem der Engel sitzt und den Frauen die Osterbotschaft verkündet (Elfenbeintafel der Sammlung Trivulzi in Mailand, wohl palästinensischen Ursprungs aus dem 5. Jh.; Abb. bei Wulff S. 186, Fig. 184). Etwas weiter geht die Miniatur des syrischen Rabulas-Evangeliar von 586, die aus der Türspalte noch Strahlen auf die Kriegsknechte fallen läßt (Abb. bei Woermann III. S. 66).

Auch die ma. Kunst verzichtet zunächst auf die Vorführung des eigentlichen Auferstehungsakts und hält sich bis ins 13. Jh. hinein vorwiegend an die Begleiterscheinungen des Engels und der Frauen sowie der erbrochenen Grabstätte und des Schweißtuchs, dessen Bedeutung als Zeugnis der Auferstehung mit der Zeit immer stärker hervortritt. In auffälliger Weise in dem offenen Sarkophag liegend, lenkt es so schon den Blick auf sich (Elfenbein des 10. Jh., Ausläufer der Adagruppe, im Museum zu Dôle im Jura; Abb. bei Goldschmidt I. Nr. 30), noch mehr aber, wenn unter dem zunehmenden Einfluß des geistlichen Schauspiels der Engel mit bedeutsamer Geste darauf hinweist (Altartafel um 1230 aus der Marienkirche zu Soest im Kaiser-Friedrich-Museum zu Berlin; Abb. bei Janitschek: Deutsche Malerei [1890] Taf. zu S. 162).

Von gebräuchlicheren Typen der Auferstehung Christi sind zu nennen:

513. Jakobs Segen über Juda als Löwen. 1. Mos. 49, 9. (Kn. Taf. 37.)

514. Simson mit den ausgehobenen Toren von Gaza. Richt. 16, 3. (Kn. Taf. 39—Bp. Taf. 29.)

515. Der von den Bauleuten verworfene Stein wird zum Schlußstein. Ps. 118, 22. (Sp. Taf. 64.)

516. Jona vom Walfisch wieder ausgespien. Jon. 2, 11. (Niederlothring. Tragaltar um 1150 im Museum zu Brüssel; Abb. bei Falke und Frauberger Taf. 78—Bp. Taf. 29.)

517. Der Pelikan. Vergl. Nr. 426.

518. Der Phönix. Vergl. Nr. 427.

519. Der Löwe, der nach dem Physiologus seine totgeborenen Jungen am dritten Tage durch Anblasen zum Leben erweckt. Die Beziehung zur Auferstehung Christi ist bereits im Physiologus gegeben. (Rotula zu Kremsmünster um 1200; Abb. in Mitteilungen VI [1861] Taf. 2 — Glasgemälde der Lyoner Kathedrale aus dem 13. Jh.; vergl. die beigegebene Taf. 3.)

Über den Löwen in Verbindung mit dem Ochsen an Kirchenportalen s. Nr. 28.

Seltener:

520. Josef wird aus dem Gefängnis geholt und von Pharao erhöht. 1. Mos. 41, 14 f. (Ct. Heider S. 121.)

521. Der lebende Vogel (Sperling) fliegt ins Feld. 3. Mos. 14, 7. (B. pict. Heider S. 95.)

522. Jephthah besiegt die Ammoniter. Richt. 11, 32. (Ebenda S. 96.)

523. David besiegt den Goliath. 1. Sam. 17, 50. (Miniatur eines Missale aus Hildesheim aus der zweiten Hälfte des 12. Jh.; s. Zeitschrift XV [1902] S. 315 f.)

524. Benaja zerreißt den Löwen. 2. Sam. 23, 20. (Ebenda.)

525. Elisa erweckt den Sohn der Sunamitin. 2. Kön. 4, 32 f. (Ebenda.)

526. Michal läßt David vor Sauls Boten durchs Fenster entkommen. 1. Sam. 19, 11 f. (B. pict. Heider S. 95.)

527. Das auf dem Jordan schwimmende Beil. 2. Kön. 6, 4 f. (Ebenda S. 96.)

528. Jeremia wird aus der Grube geholt. Jer. 38, 13. (Ct. Heider S. 121.)

529. Daniel geht unversehrt aus der Löwengrube. Dan. 6, 24 f. (B. pict. Heider S. 96.)

530. Der Panther. Nach dem Physiologus liegt er, wenn er satt ist, drei Tage in seiner Höhle, dann erhebt er sich brüllend und gibt einen so lieblichen Geruch von sich, daß alle Tiere herbeigelockt werden mit Ausnahme des Drachen, der sich vor ihm verbirgt. Die Beziehung auf die Auferstehung Christi findet sich bereits im Physiologus. (Miniatur eines französischen Bestiariums aus dem 13. Jh. in der Pariser Arsenalbibliothek; Abb. bei Cahier et Martin: Mélanges d'archéologie II [1851] Taf. 22.)

Über die Beziehung der phrygischen Sibylle zur Auferstehung Christi s. Nr. 993.

Die drei Marien am Grabe des Auferstandenen.

531. Ruben findet seinen Bruder Josef nicht mehr in der Zisterne. 1. Mos. 37, 29. (Bp. Taf. 30.)

532. Die Sunamitin weint über den Tod ihres Sohnes und sucht Elisa. 2. Kön. 4, 18 f. (Bp. W. Taf. 39.)

533. Joas besucht den Elisa und weint vor ihm. 2. Kön. 13, 14. (Ct. Heider S. 121.)

534. Hiob von drei Freunden besucht und getröstet. Hiob 2, 11 f. (Ebenda.)

535. Die Braut des Hohenliedes sucht ihren Bräutigam. Hohel. 3, 1. (Bp. Taf. 30.)

Petrus und Johannes am Grabe des Auferstandenen.

536. Ahimaaz und Chusi laufen zu David, um ihm den Sieg zu melden. 2. Sam. 18, 19 f. (Cc. Tietze Nr. 108.)

537. Saul erhält ein Zeichen am Grabe Rahels. 1. Sam. 10, 2. (Ebenda.)

Der Auferstandene erscheint der Maria Magdalena.

538. Die drei Männer bei Abraham. 1. Mos. 18, 1 f. (Zerstörtes Glasgemälde im englischen Kloster St. Alban vom Ende des 14. Jh.; vergl. Quellenbuch S. 320, 29.)

539. Gott erscheint dem Moses im feurigen Busch. 2. Mos. 3, 2. (Ebenda.)

540. Moses verbietet dem Volke, den Berg Sinai zu berühren. 2. Mos. 19, 12. (Cc. Tietze Nr. 106.)

541. Die Sunamitin fällt dem Elisa nach der Erweckung ihres Sohnes zu Füßen. 2. Kön. 4, 37. (Ct. Heider S. 121.)

542. Die Braut des Hohenliedes findet den himmlischen Bräutigam. Hohel. 3, 4. (Bp. Taf. 31.)

543. Habakuk bringt dem Daniel in der Löwengrube Speise. Dan. 14, 33 f. in der Vulgata. (Bp. W. Taf. 40.)

544. Daniel wird lebend in der Löwengrube gefunden. Dan. 14, 39 in der Vulgata. (Bp. Taf. 31.)

Der Auferstandene und die Jünger von Emmaus.

545. Lot von den Engeln aus Sodom geführt. 1. Mos. 19, 1 f. (Cc. Tietze Nr. 103.)

546. Jakob bringt dem Isaak das Mahl. 1. Mos. 27, 18 f. (Bp. W. Taf. 41.)

547. Manoah und sein Weib laden den Engel zum Essen ein. Richt. 13, 15 f. (Cc. Tietze Nr. 103.)

548. Der Engel bringt den jungen Tobias zu Raguel. Tob. 7, 1 f. (Bp. W. Taf. 41.)

549. Die List der Gibeoniter Josua gegenüber. Jos. 9, 1 f. (Zerstörtes Glasgemälde im englischen Kloster St. Alban vom Ende des 14. Jh.; vergl. Quellenbuch S. 318, 15.)

550. David verstellt sich vor Achis. 1. Sam. 21, 11 f. (Ebenda.)

Die beiden letzten Vorgänge sind Vorbilder dafür, wie sich Christus den Jüngern von Emmaus gegenüber den Anschein gibt, weitergehen zu wollen (Luk. 24, 28).

Der Auferstandene erscheint den versammelten Jüngern und ißt auch mit ihnen.

551. Jakob bringt dem Isaak das Mahl. 1. Mos. 27, 18 f. (Cc. Tietze Nr. 105.)

552. Josef gibt sich seinen Brüdern zu erkennen. 1. Mos. 45, 3 f. (Bp. Taf. 32.)

553. Simson ißt vom Honig aus dem Löwen. Richt. 14, 8 f. (Ct. Heider S. 121.)

554. Boas begrüßt die Schnitter. Ruth. 2, 4. (Ebenda.)

555. Der junge Tobias ißt mit dem Engel von dem Fische. Tob. 6, 7. (Ebenda.)

556. Der alte Tobias empfängt seinen Sohn mit Freuden. Tob. 11, 10. (Bp. W. Taf. 42.)

557. Rückkehr des verlorenen Sohnes. Luk. 15, 20 f. (Bp. Taf. 32.)

Der Auferstanden und der ungläubige Thomas.

558. Abraham läßt den Elieser zum Schwur die Hand unter seine Hüfte legen. 1. Mos. 24, 2 f. (Ct. Heider S. 122.)

559. Isaak betastet die Hände Jakobs. 1. Mos. 27, 21 f. (Ebenda.)

560. Jakob ringt mit dem Engel Gottes und wird gesegnet. 1. Mos. 32, 25 f. (Bp. Taf. 33.)

561. Jakob läßt den Josef zum Schwur die Hand unter seine Hüfte legen. 1. Mos. 47, 29. (Ct. Heider S. 122.)

562. Moses empfängt die Gesetzestafeln. 2. Mos. 31, 18. (Elfenbeintafeln aus Echternach um 990 in der Sammlung Figdor zu Wien; Abb. bei Goldschmidt II. Nr. 24.)

563. Der Engel vergewissert Gideon des Sieges. Richt. 6, 12 f. (Bp. Taf. 33.)

564. Das Vließ Gideons. Richt. 6, 36 f. (Bp. W. Taf. 43.)

565. Der Engel läßt den Tobias den Fisch ausweiden. Tob. 6, 6. (Ct. Heider S. 122.)

Himmelfahrt.

566. Unter den Darstellungen der Himmelfahrt Christi zeigt nur eine einzige einen stärkeren symbolischen Einschlag, nämlich die Miniatur des syrischen Evangelienbuchs des Rabulas von 586 (Abb. bei Neuß Fig. 10). Hier erfolgt die Auffahrt Christi in einem W a g e n, der unter Verwertung der Gottesvision des Hesekiel (1, 4 f.), insbesondere der tetramorphischen Elemente (vergl. Nr. 980) als Sinnbild der Kirche gedacht ist. Indessen hat das Motiv weiterhin keine Nachahmung gefunden und liegt somit außerhalb der Grenzen, die unserer Betrachtung gesteckt sind.

567. Dagegen erhält sich die auf altchristlichen Wiedergaben der Himmelfahrt vorkommende H a n d G o t t e s (vergl. das Elfenbeindiptychon im Münchener Nationalmuseum, wohl palästinensischen Ursprungs aus dem 5. Jh.; Abb. bei Kuhn: Plastik I. S. 293, Fig. 414) auch in der ma. Kunst bei jener bis zum 12. Jh. vorherrschenden Bildform, die den gen Himmel s c h r e i t e n d e n Christus von dem aus den Wolken ragenden Arm des Vaters in den Himmel gezogen werden läßt (Miniatur im Drogosakramentar aus Metz um 850 in der Pariser Nationalbibliothek; Abb. bei Cahier II. S. 131).

568. Bei dem anderen Typus des Auferstehungsbildes mit dem zum Himmel a u f f a h r e n d e n Christus könnte man geneigt sein, in dem vielfach angebrachten Abdruck der F u ß s p u r e n des Herrn (Miniaturen einer thür.-sächs. Malerschule

des 13. Jh.; Abb. bei Haseloff Nr. 17 und 105) ein Stück Symbolik zu sehen, wenn nicht alte Tradition jene Erscheinung auf einen wunderbaren Vorgang zurückführte (siehe Legenda aurea I. S. 475).

Als Vorbilder der Himmelfahrt Christi kommen in Betracht:

569. Henoch von Gott der Erde entrückt. 1. Mos. 5, 24. (Kn. Taf. 40 — Bp. Taf. 34.)

570. Jakobs Traum von der Himmelsleiter. 1. Mos. 28, 10 f. (Sp. Taf. 65.)

571. Pharao läßt Josef in königlichem Schmuck seinen Wagen besteigen. 1. Mos. 41, 42 f. (B. pict. Heider S. 103.)

572. Der Sündenbock wird in die Wüste geschickt. 3. Mos. 16, 20 f. (Cc. Tietze Nr. 116.)

573. Moses findet Aarons Stab blühend. 4. Mos. 17, 23. (B. pict. Heider S. 102.)

574. Moses steigt auf den Berg Nebo. 5. Mos. 34, 1. (Ct. Heider S. 122.)

575. Elias fährt auf feurigem Wagen gen Himmel. 2. Kön. 2, 11. (Kn. Taf. 42 — Bp. Taf. 34.)

576. Wegführung des Königs Zedekia. Hesek. 12, 12. (Miniatur eines Missale aus Hildesheim aus der zweiten Hälfte des 12. Jh.; Abb. in Zeitschrift XV [1902] S. 309. Fig. 8.)

577. Der gute Hirte mit dem verlorenen Schafe. Luk. 15, 4 f. (Sp. Taf. 66.)

578. Der Vogel Charadrius (Kladrius, Kalander, Kalader), aus dessen Verhalten man schließen kann, ob ein Kranker sterben oder genesen wird. Er stirbt, wenn sich der Vogel von ihm abkehrt. Im anderen Falle heftet der Vogel seinen Blick auf den Kranken und zieht die Krankheit an sich, die sich wieder von ihm löst, wenn er der Sonne zufliegt. Eine allgemeine Anspielung auf die Himmelfahrt Christi ist be-

reits im Physiologus gegeben, doch findet sich die symbolische Verwendung des Vogels in der Kunst erst im 13. Jh. (Glasgemälde der Lyoner Kathedrale; s. die beigegebene Taf. 3.)

579. Der Adler, der nach dem Physiologus, wenn er alt geworden und erblindet ist, eine klare Quelle aufsucht und dann zur Sonne fliegt, um sich zu verjüngen. Der Vergleich mit der Himmelfahrt Christi wird erst im hohen Ma. üblich. (Rotula zu Kremsmünster um 1200; Abb. in Mitteilungen VI [1861] Taf. 2.)

Noch in anderer Hinsicht ist der Adler als Sinnbild der Himmelfahrt Christi herangezogen, nämlich wie er seine Jungen zum Fliegen aufmuntert. 5. Mos. 32, 11. (Auf der unter Nr. 576 angeführten Miniatur.)

Ausgießung des h. Geistes.

580. Über das übliche Symbol des h. Geistes, die Taube, und über die Art der Versinnbildlichung seiner Mitteilung durch Strahlen oder Flammen vergl. Nr. 828—829. Zu erwähnen ist hier jedoch, daß sich auch auf vereinzelten Darstellungen des Pfingstwunders an Stelle der Taube die Hand Gottes findet, von deren ausgespreizten Fingern Strahlen auf die Häupter der meist um Maria vereinigten Jünger fallen (Elfenbein der Adagruppe aus dem 9. oder 10. Jh. in der Kathedrale zu Narbonne; Abb. bei Goldschmidt I. Nr. 31). Anderwärts erscheint Gott Vater selbst in Wolken und entläßt aus seinen Händen die Taube (Friedberger Altar im Museum zu Darmstadt aus dem letzten Drittel des 14. Jh.; Abb. bei Back: Mittelrheinische Kunst [1910] Taf. 43). Ausnahmsweise wird die Emanation auch auf den thronenden Christus zurückgeführt wie beim Mosaik in der Hagia Sophia zu Konstantinopel, vielleicht noch aus dem Ende des 9. Jh. (Abb. bei Kuhn: Malerei I. S. 131). Zu einer Verherrlichung des Fronleichnams gestaltet sich die Wiedergabe des Pfingstwunders, wenn auf einem vermutlich westfälischen Gemälde aus dem Ende des 14. Jh. im Kölner Wallraf-Richartz-Museum (Nr. 366) von einer

auf einem Tisch liegenden H o s t i e Strahlen nach den Lippen Marias und der Jünger ausgehen, und die über ihnen schwebende Taube gleichfalls eine Hostie trägt.

581. Bei byzantinischen Denkmälern ist es üblich, auf die alle Welt durchdringende Sendung des h. Geistes in der Weise Bezug zu nehmen, daß zu Füßen der Versammelten die Figur eines gekrönten Greises als Personifikation der W e l t erscheint mit zwölf R o l l e n in einem ausgebreiteten Tuche als Hinweis auf die zwölf Sprachen, in denen die Jünger das Evangelium der Menschheit verkünden sollten (vergl. die unter Nr. 1147 angeführten Beispiele). Auch die Person des Propheten J o e l ist dafür gewählt im Hinblick auf seine Weissagung c. 3, 1 f. (Miniatur des Katholikon von Chilandari auf dem Berge Athos; vergl. Handbuch der Malerei vom Berge Athos, deutsche Ausgabe von Godeh. Schäfer [1855] S. 212, Anm. 2).

In anderer Form wird der nämliche Gedanke im Reichenauer Codex Egberti zu Trier vom Ende des 10. Jh. zum Ausdruck gebracht durch eine Gruppe von Männern, die dem sich an den Jüngern vollziehenden Wunder beiwohnen (vergl. die Veröffentlichung der Miniaturen der Handschrift durch Kraus [1884] Taf. 60). Fehlt hier noch eine nähere Charakterisierung dieser Personen als Vertreter der einzelnen V ö l k e r s t ä m m e, in deren Sprachen die Jünger reden, so wird eine solche auf dem aus der Schule Giottos hervorgegangenen Fresko in der Spanischen Kapelle in S. Maria Novella zu Florenz aus der ersten Hälfte des 14. Jh. angestrebt.

582. Auf einigen wenigen Darstellungen steht inmitten des Versammlungsraumes ein Behälter, der mit kleinen Gegenständen angefüllt ist. Auf der oben erwähnten Miniatur des Codex Egberti trägt er die Beischrift c o m m u n i s v i t a, und die darinliegenden Stücke haben ein kreisrundes Aussehen. In ähnlicher, an kleine Brote erinnernder Form kehren sie auch auf einem Elfenbein der Adagruppe in der John Rylands Bibliothek zu Manchester aus dem

10. Jh. wieder (Abb. bei Goldschmidt I. Nr. 27b). Kraus hat das Gefäß auf der Miniatur des Codex Egberti als einen mit Geldstücken gefüllten Opferstock angesprochen und ihm die Bedeutung eines Symbols der Gütergemeinschaft der ersten Christen gegeben. Indessen begegnet man auf der Illustration des Pfingstwunders im Evangelienbuch des Kurfürsten Kuno von Falkenstein im Dom zu Trier von 1380 (Abb. in Zeitschrift XX [1907] S. 165) einem gleichfalls mit communis vita bezeichneten Brunnen, in dessen Wasser kleine runde Körper schwimmen, die offenbar Hostien wiedergeben sollen. Die das Becken umstehenden Personen nehmen z. t. dieselben heraus, z. t. trinken sie von dem Wasser. Angesichts dieser Darstellung liegt es doch wohl näher, den Begriff der communis vita im eucharistischen Sinne zu fassen gemäß der Apg. 2, 46—47 bezeugten Gemeinschaft der Gläubigen im Brotbrechen und Gebet.

Typen der Ausgießung des hl. Geistes sind:

583. Die Taube aus der Arche Noahs. 1. Mos. 8, 10 f. (Kn. Taf. 43.)

584. Turmbau zu Babel. 1. Mos. 11, 4 f. (Sp. Taf. 67.)

585. Josef füllt Pharaos Kornscheuern. 1. Mos. 41, 47 f. (B. pict. Heider S. 104.)

586. Josefs Brüder werden bewirtet und trunken. 1. Mos. 43, 34. (Ct. Heider S. 122.)

587. Moses empfängt auf dem Sinai unter Blitz und Donner die zehn Gebote. 2. Mos. 19. (Kn. Taf. 45 — Bp. Taf. 35.)

588. Die Ältesten Israels essen und trinken, nachdem sie Gott geschaut. 2. Mos. 24, 11. (Ct. Heider S. 122.)

589. Der Geist des Moses geht auf die siebenzig Ältesten über. 4. Mos. 11, 16 f. (Ebenda.)

590. Auf Elias Gebet entzündet Feuer vom Himmel das Brandopfer. 1. Kön. 18, 38. (Bp. Taf. 35.)

591. Elisa mehrt das Öl der armen Witwe. 2. Kön. 4, 1 f. (Sp. Taf. 68.)

TYPOLOGISCHE BEHANDLUNG DER WUNDER CHRISTI.

Hochzeit zu Kana.

592. Isaak wohnt bei dem Brunnen des Lebendigen und Sehenden. 1. Mos. 25, 11. (Cc. Tietze Nr. 21.)

593. Moses verwandelt das Wasser aus dem Strom in Blut. 2. Mos. 7, 20. (Biblia pauperum der Markusbibliothek zu Venedig aus dem 15. Jh.; vergl. v. d. Gabelentz S. 275.)

594. Moses teilt die Wasser des roten Meeres. 2. Mos. 14, 21. (Zerstörtes Glasgemälde des englischen Klosters St. Alban vom Ende des 14. Jh.; vergl. Quellenbuch S. 317, 4.)

595. Moses macht das Wasser zu Mara süß. 2. Mos. 15, 25. (Ct. Heider S. 115.)

596. Mannalese. 2. Mos. 16, 16. (Wandtabernakel in Großallmendingen um 1507; Abb. in den Kunst- und Altertumsdenkmalen Württembergs. Donaukreis, Oberamt Ehingen. S. 47.)

597. Moses schlägt Wasser aus dem Felsen. 2. Mos. 17, 6. (Wandgemälde in der Kirche von Kloster Gröningen bei Halberstadt aus dem Anfang des 13. Jh.; Abb. in Zeitschrift XXV [1912] S. 305.)

598. Elisa macht das Wasser zu Jericho trinkbar. 2. Kön. 2, 19 f. (Bruchstücke eines Wandgemäldes im Emauskloster zu Prag aus dem dritten Viertel des 14. Jh.)

599. Elisa mehrt das Öl der Witwe. 2. Kön. 4, 1 f. (Ebenda; Neuwirth S. 40, Abb. 6.)

Über Beziehungen der sechs Krüge zu den sechs Lebens- und Weltaltern s. Nr. 1141.

Speisungswunder.

600. Wachteln in der Wüste. 2. Mos. 16, 13. (Cc. Tietze Nr. 135.)

601. Manna. 2. Mos. 16, 14 f. (Wandgemälde im Emauskloster zu Prag aus dem dritten Viertel des 14. Jh.; Neuwirth Taf. 20.)

602. Gott verheißt dem Volke Israel Segen, wenn es gehorcht. 3. Mos. 26, 3 f. (Cc. Tietze Nr. 156.)

603. Ahimelech gibt David von den Schaubroten. 1. Sam. 21, 7. (Ct. Heider S. 117.)

604. David stärkt einen ägyptischen Knaben mit Speise und Trank. 1. Sam. 30, 11 f. (Ebenda.)

605. Raben bringen dem Elias Speise. 1. Kön. 17, 6. (Cc. Tietze Nr. 135.)

606. Elias ernährt sich und die Witwe von Zarpath nebst ihrem Sohne mit wenig Mehl und Öl. 1. Kön. 17, 10 f. (Ct. Heider S. 117.)

607. Joram, König von Israel, gibt auf Elisas Geheiß den gefangenen Syrern Speise und Trank. 2. Kön. 6, 21 f. (Ebenda.)

608. Salomos Salbung und Festmahl. 1. Chron. 29, 20 f. (Cc. Tietze Nr. 156.)

Der Gang auf dem Meere.

609. Durchgang der Kinder Israels durch das rote Meer. 2. Mos. 14, 21 f. (Ct. Heider S. 117.)

610. Die Bundeslade wird durch den Jordan getragen. Jos. 4. (Ebenda.)

611. Elias und Elisa gehen trockenen Fußes durch den Jordan. 2. Kön. 2, 8. (Ebenda.)

Beruhigung des Sturmes auf dem Meere.

612. Durchgang der Kinder Israels durch das rote Meer. 2. Mos. 14, 21 f. (Cc. Tietze Nr. 23.)

613. Die Bundeslade wird durch den Jordan getragen. Jos. 4, 10. (Ebenda.)

614. Josua heißt die Sonne stillstehen. Jos. 10, 12 f. (Ct. Heider S. 116.)

615. Auf Samuels Bitte läßt Gott donnern und regnen. 1. Sam. 12, 18. (Ebenda.)

616. Elias verkündet große Dürre. 1. Kön. 17, 1 f. (Ebenda.)

617. Elias teilt das Wasser des Jordan mit seinem Mantel. 2. Kön. 2, 8. (Zerstörtes Glasgemälde im englischen Kloster St. Alban vom Ende des 14. Jh.; vergl. Quellenbuch S. 318, 7.)

Auferweckung der Tochter des Jairus.

618. Elisa erweckt den Sohn der Sunamitin. 2. Kön. 4, 32 f. (Cc. Tietze Nr. 155.)

619. Petrus erweckt die Tabea. Ap. 9, 40 f. (Ebenda.)

Auferweckung einer Toten.

620. Moses betet für seine Schwester Mirjam. 4. Mos. 12, 13. (Cc. Tietze Nr. 126.)

621. Petrus und Johannes heilen den Lahmen an der Türe des Tempels. Ap. 3, 1 f. (Ebenda.)

Auferweckung des Jünglings zu Nain.

622. Jakob erfährt, daß Josef lebt. 1. Mos. 45, 25 f. (Cc. Tietze Nr. 144.)

623. Elias erweckt den Sohn der Witwe von Zarpath. 1. Kön. 17, 17 f. (Wandgemälde im Emauskloster zu Prag aus dem dritten Viertel des 14. Jh.; Neuwirth Taf. 19.)

624. Elisa erweckt den Sohn der Sunamitin. 2. Kön. 4, 32 f. (Ebenda.)

625. Elisas Gebeine erwecken einen Toten. 2. Kön. 13, 21. (Cc. Tietze Nr. 144.)

Auferweckung des Lazarus.

626. Erschaffung Adams. 1. Mos. 1, 27. (Gemälde Giottos in der Cappella dell'Arena zu Padua.)

627. David beweint Abners Tod. 2. Sam. 3, 32 f. (Ct. Heider S. 118.)

628. Elias erweckt den Sohn der Witwe von Zarpath. 1. Kön. 17, 21. (Bp. Taf. 11.)

629. Elisa erweckt den Sohn der Sunamitin. 2. Kön. 4, 34. (Ebenda.)

630. Die Gebeine Elisas erwecken einen Toten. 2. Kön. 13, 21. (Cc. Tietze Nr. 61.)

Heilung des Aussätzigen.

631. Moses bittet den Herrn, seine Schwester Mirjam vom Aussatz zu heilen. 4. Mos. 12, 10 f. (Ct. Heider S. 115.)

632. Naeman kommt zu Elisa, um vom Aussatz befreit zu werden. 2. Kön. 5, 9. (Ebenda.)

Heilung von zehn aussätzigen Männern.

633. Behandlung der Aussätzigen nach dem Mosaischen Gesetze. 3. Mos. 14. (Cc. Tietze Nr. 142.)

634. Die vier Aussätzigen in Samaria. 2. Kön. 7, 3 f. (Ebenda.)

Heilung von Besessenen, deren böse Geister in Säue fahren.

635. Die Ägypter stürzen bei Verfolgung Israels ins Meer. 2. Mos. 14, 27. (Ct. Heider S. 116.)

636. Korah, Dathan und Abiram von der Erde verschlungen. 4. Mos. 16, 20 f. (Ebenda.)

637. David vertreibt den bösen Geist Sauls durch Harfenspiel. 1. Sam. 16, 23. (Ebenda.)

638. Der Geist Gottes kommt über Saul, als er den Samuel aufsucht. 1. Sam. 19, 23 f. (Ebenda.)

Heilung des besessenen Stummen.

639. Raphael treibt den bösen Geist Asmodi aus Sara, dem Weibe des Tobias. Tob. 8, 3. (Cc. Tietze Nr. 146.)

640. Asa schlägt die Mohren. 2. Chron. 14, 8 f. (Ebenda.)

Blindenheilung.

641. Jonathans Augen werden vom Genusse des Honigs gestärkt. 1. Sam. 14, 27. (Ct. Heider S. 117.)

642. Elisa betet, daß seinem Knaben die Augen geöffnet werden. 2. Kön. 6, 17. (Ebenda.)

643. Tobias heilt die Blindheit seines Vaters. Tob. 11, 13 f. (Ebenda.)

644. Der barmherzige Samariter gießt Öl in die Wunden. Luk. 10, 34. (Zerstörtes Glasgemälde im englischen Kloster St. Alban vom Ende des 14. Jh.; vergl. Quellenbuch S. 318, 10.)

645. Paulus erhält durch Ananias das Augenlicht wieder. Ap. 9, 17. (Cc. Tietze Nr. 59.)

Heilung der Blutflüssigen.

646. Usa berührt die Bundeslade und stirbt. 2. Sam. 6, 6 f. (Zerstörtes Glasgemälde im englischen Kloster St. Alban vom Ende des 14. Jh.; vergl. Quellenbuch S. 317, 6.)

647. Jerobeams verdorrte Hand. 1. Kön. 13, 4 f. (Ebenda.)

Heilung des Gichtbrüchigen.

648. Nathan ermahnt den David zur Buße. 2. Sam. 12, 1 f. (Cc. Tietze Nr. 150.)

649. Benhadad und die geschlagenen Syrer vor Ahab. 1. Kön. 20, 31 f. (Ebenda.)

650. Petrus heilt den gichtbrüchigen Äneas. Ap. 9, 32 f. (Cc. Tietze Nr. 125.)

651. Paulus heilt den Vater des Publius. Ap. 28, 7 f. (Ebenda.)

Heilung der verdorrten Hand.

652. Moses bestreicht Aarons Daumen mit Opferblut. 3. Mos. 8, 23. (Ct. Heider S. 116.)

653. Jerobeams verdorrte Hand wird durch einen Propheten geheilt. 1. Kön. 13, 4 f. (Ebenda.)

Heilung der Tochter des kananäischen Weibes.

654. Hagar und Ismael in der Wüste. 1. Mos. 21, 14 f. (Cc. Tietze Nr. 42.)

655. Judith und Holofernes. Jud. 13, 9 f. (Ebenda.)

Heilung des Sohnes des Königischen zu Kapernaum.

656. Abimelech durch Abrahams Gebet geheilt. 1. Mos. 20, 17. (Ct. Heider S. 116.)

657. David betet für das kranke Kind, das ihm Urias Weib geboren. 2. Sam. 12, 16. (Ebenda.)

658. Jerobeams verdorrte Hand wird durch einen Propheten geheilt. 1. Kön. 13, 6. (Cc. Tietze Nr. 152.)

659. Jerobeam schickt sein Weib seines kranken Sohnes wegen zum Propheten Ahia. 1. Kön. 14, 1 f. (Ct. Heider S. 116.)

660. Hiskia wird durch Jesajas Vermittelung geheilt. 2. Kön. 20, 1 f. (Ebenda.)

Heilung des Taubstummen.

661. Elieser schenkt der Rebekka goldene Ohrringe. 1. Mos. 24, 52 f. [Unter Deutung der Geschenke als Ohrringe.] (Ct. Heider S. 116.)

662. Moses bestreicht Aarons Ohr mit Opferblut. 3. Mos. 8, 23. (Ebenda.)

663. Jesajas Lippen werden von dem Seraph mit einer glühenden Kohle gereinigt. Jes. 6, 5 f. (Ct. Heider S. 117.)

664. Daniels Lippen von einer himmlischen Erscheinung berührt. Dan. 10, 16. (Ebenda.)

Heilung des Kranken am Teiche Bethesda.

665. Erlösung des Königs Joahas. 2. Kön. 23, 30 f. (Cc. Tietze Nr. 40.)

666. Gott befiehlt dem Hesekiel aufrecht zu stehen. Hesek. 2, 1. (Ct. Heider S. 116.)

667. Nebukadnezar kommt wieder zur Vernunft und wird in sein Königreich von neuem eingesetzt. Dan. 4, 31 f. (Ebenda.)

668. Gabriel richtet den zu Boden gefallenen Daniel auf. Dan. 8, 17 f. (Ebenda.)

669. Der Heilung bewirkende Teich Siloah. Joh. 9, 7. (Zerstörtes Glasgemälde im englischen Kloster St. Alban vom Ende des 14. Jh.; vergl. Quellenbuch S. 317, 5.)

670. Die Heilquelle zu Nicopolis. (Ebenda.)

Heilung des Wassersüchtigen.

671. Sacharjas Gesicht von dem Weibe im Epha. Sach. 5, 5 f. (Cc. Tietze Nr. 145.)

672. Gehasi wegen seiner Habgier mit Aussatz bestraft. 2. Kön. 5, 20 f. (Ebenda.)

TYPOLOGISCHE BEHANDLUNG DER LEHRE CHRISTI. GLEICHNISSE.

(In alphabetischer Anordnung.)

Gleichnis vom großen Abendmahl.

Luk. 14, 16 f.

673. David ruft Barsillai nach Jerusalem. 2. Sam. 19, 34. (Cc. Tietze Nr. 130.)

674. Vasthi kommt nicht zum Festmahl des Ahasverus. Esth. 1, 10 f. (Ebenda.)

Gleichnis von den Arbeitern im Weinberge.

Matth. 20, 1 f.

675. Jakob dient um Rahel. 1. Mos. 29, 20 f. (Cc. Tietze Nr. 25.)

676. Asarja tröstet das Volk Israel. 2. Chron. 15, 1 f. (Ebenda.)

Über Beziehungen der Parabel zu den sechs Lebensaltern s. Nr. 1141.

Gleichnis von den Böcken und Schafen.

Matth. 25, 31 f.

677. Salomos Urteil. 1. Kön. 3, 16 f. (Cc. Tietze Nr. 36.)

678. Der apokalyptische Reiter mit dem Bogen. Off. 6, 2 u. 19, 11. (Ebenda.)

Die concordantia caritatis gibt aber als Hauptbild Christus als Weltenrichter. Vergl. Weis-Liebersdorf: Das Kirchenjahr in 156 goth. Federzeichnungen. Straßb. 1913. Abb. 36. (Vergl. auch Nr. 790 – 807.)

Gleichnis vom unfruchtbaren Feigenbaum.

Luk. 13, 6 f.

679. Jona unter der Kürbisstaude. Jon. 4, 5 f. (Cc. Tietze Nr. 148.)

680. David mit den zwei Meßschnüren. II. Reg. 8, 2 [nach der Vulgata]. (Ebenda.)

Gleichnis vom ungerechten Haushalter.

Luk. 16, 1 f.

681. Daniel mahnt Nebukadnezar zur Wohltätigkeit gegenüber den Armen. Dan. 4, 24. (Cc. Tietze Nr. 137.)

682. Tobias ermahnt seinen Sohn zur Mildtätigkeit. Tob. 4, 9. (Ebenda.)

Gleichnis vom guten Hirten.

Joh. 10, 12 f.

683. Moses als Hirt. 2. Mos. 3, 1. (Cc. Tietze Nr. 110.)

684. David als Hirt. 1. Sam. 16, 11. (Ebenda.)

Gleichnis von der königlichen Hochzeit.

Matth. 22, 1 f.

685. Absalom gibt seinen Brüdern ein Mahl. 2. Sam. 13, 23 f. (Cc. Tietze Nr. 151.)

686. Ahasverus läßt den Haman während eines Mahles an einen Baum hängen. Esth. 7, 7 f. (Ebenda.)

Gleichnis vom reichen Mann und armen Lazarus.

Luk. 16, 19 f.

687. Belsazers Festmahl. Dan. 5, 1 f. (Cc. Tietze Nr. 128.)

688. Hiob. Hiob 1. (Ebenda.)

Über die Verwendung des Gleichnisses zur Versinnbildlichung von Seligkeit und Verdammnis s. Nr. 808.

Gleichnis vom Sämann.

Matth. 13, 3 f.

689. Isaak erntet hundertfältig. 1. Mos. 26, 12. (Cc. Tietze Nr. 26.)

690. Die Amalekiter verwüsten die Äcker Israels. Richt. 6, 3 f. (Ebenda.)

Gleichnis vom großen Schuldner.

Matth. 18, 23 f.

691. Nathan klagt den David an wegen des Todes Urias. 2. Sam. 12, 7 f. (Cc. Tietze Nr. 153.)

692. Vergeltung an Adoni-Besek wegen Abhauens der Daumen bei siebzig Königen. Richt. 1, 5 f. (Ebenda.)

Gleichnis vom verlorenen Sohn.
Luk. 15, 11 f.

693. Jakob von Isaak gesegnet. 1. Mos. 27, 23. (Cc. Tietze Nr. 48.)

694. Abraham gibt dem Isaak das Erbe. 1. Mos. 25, 5. (Ebenda.)

Gleichnis vom Unkraut unter dem Weizen.
Matth. 13, 24 f.

695. Simson schickt dreihundert Füchse in die Felder der Philister. Richt. 15, 4 f. (Cc. Tietze Nr. 24.)

696. Adam und Eva hören auf die Stimme der Schlange. 1. Mos. 3. (Ebenda.)

Gleichnis von den Weingärtnern.
Matth. 21, 33 f.

697. Den Josef wollen seine Brüder töten. 1. Mos. 37, 20. (Cc. Tietze Nr. 47.)

698. Joram tötet seine Brüder. 2. Chron. 21, 4. (Ebenda.)

WEITERE HERRENWORTE.

(Nach der Reihenfolge in den Evangelien.)

Wer mit seinem Bruder zürnet, der ist des Gerichts schuldig.
Matth. 5, 22.

699. Jakob segnet Simeon und Levi. 1. Mos. 49, 5 f. (Cc. Tietze Nr. 134.)

700. Josef verzeiht seinen Brüdern. 1. Mos. 45, 5. (Ebenda.)

Du sollst deinen Nächsten lieben.
Matth. 5, 43.

701. David bringt Saul zur Erkenntnis der Ungerechtigkeit seiner Verfolgung. 1. Sam. 24. (Cc. Tietze Nr. 31.)

702. Tobias ermahnt seinen Sohn. Tob. 4. (Ebenda.)

Über das Beten.

Matth. 6, 5 f.

703. Isaak betet für Rebekka um Kinder. 1. Mos. 25, 21. (Cc. Tietze Nr. 30.)

704. Hanna betet um einen Sohn. 1. Sam. 1, 10 f. (Ebenda.)

Über das Fasten.

Matth. 6, 16 f.

705. Moses fastet vierzig Tage und Nächte auf dem Berge Sinai. 2. Mos. 24, 18. (Cc. Tietze Nr. 28.)

706. Elias fastet in der Wüste. 1. Kön. 19, 8. (Ebenda.)

Niemand kann zweien Herren dienen.

Matth. 6, 24.

707. Samuel fordert das Volk Israel auf, sich vom Götzendienste abzuwenden und dem Herrn zuzukehren. 1. Sam. 7, 3. (Cc. Tietze Nr. 143.)

708. Der König Zedekia von Nebukadnezar in die Gefangenschaft geführt. 2. Kön. 25, 7. (Ebenda.)

Sehet euch vor vor den falschen Propheten.

Matth. 7, 15.

709. Der falsche Prophet Zedekia. 1. Kön. 22, 11 f. (Cc. Tietze Nr. 136.)

710. Ein ungehorsamer Prophet wird von einem Löwen zerrissen. 1. Kön. 13, 11 f. (Ebenda.)

Von dem ausgefahrenen unsauberen Geist, der mit sieben anderen zurückkehrt.

Matth. 12, 43 f.

711. Lots Weib wird zur Salzsäule. 1. Mos. 19, 26. (Cc. Tietze Nr. 38.)

712. Joas, König von Juda, wird ermordet. 2. Kön. 12, 21. (Ebenda.)

Ein Prophet gilt nirgend weniger denn in seinem Vaterland.
Matth. 13, 57.

713. Die legendenhafte Zersägung des Propheten Jesaja. (Cc. Tietze Nr. 50.)

714. Die legendenhafte Steinigung des Propheten Jeremia. (Ebenda.)

Vom Kindersinn.
Matth. 18, 2 f.

s. zu Nr. 215—219.

Über die Versöhnlichkeit.
(„Nicht siebenmal, sondern siebenzigmal siebenmal.").

Matth. 18, 21 f.

715. Elisa vermehrt das Öl der Witwe. 2. Kön. 4, 1 f. (Cc. Tietze Nr. 51.)

716. Simei flucht dem David. 2. Sam. 16, 5 f. (Ebenda.)

Vom Zinsgroschen.
Matth. 22, 17 f.

717. Abels Opfer. 1. Mos. 4, 4 f. (Cc. Tietze Nr. 154.)

718. Die Syrer bringen David Geschenke. 2. Sam. 8, 6. (Ebenda.)

Über die Auferstehung der Toten.
Matth. 22, 23 f.

719. Hesekiel weissagt die Auferstehung der Toten. Hesek. 37. (Cc. Tietze Nr. 53.)

720. Anfertigung der silbernen Trompeten zur Berufung des Volkes Israel. 4. Mos. 10, 1 f. (Ebenda.)

Du sollst deinen Nächsten lieben als dich selbst.
Matth. 22, 39.

721. Daniels Befreiung aus der Löwengrube. Dan. 6, 20 f. (Cc. Tietze Nr. 149.)

722. David betrauert Jonathan. 2. Sam. 1, 26. (Ebenda.)

Rede wider die Schriftgelehrten und Pharisäer.

Matth. 23, 1 f.

723. Die Priester verzehren das dem Bel dargebrachte Opfer. Dan. 14 in der Vulgata. (Cc. Tietze Nr. 44.)

724. Jerobeam läßt Götzenbilder aufstellen. 1. Kön. 12, 28 f. (Ebenda.)

Mir ist gegeben alle Gewalt im Himmel und auf Erden.

Matth. 28, 18.

725. Pharao erhöht den Josef. 1. Mos. 41, 41 f. (Cc. Tietze Nr. 107.)

726. David wird König von Israel. 2. Sam. 5. (Ebenda.)

Seid barmherzig, wie auch euer Vater barmherzig ist.

Luk. 6, 36.

727. Zehn Stämme Israels fallen von Rehabeam seiner Härte wegen ab. 1. Kön. 12. (Cc. Tietze Nr. 132.)

728. Isebel aus dem Fenster gestürzt. 2. Kön. 9, 33. (Ebenda.)

Christus gibt seinen Jüngern Gewalt über alle Teufel.

Luk. 9, 1.

729. Josia läßt die Götzenbilder zerstören. 2. Kön. 23, 4 f. (Cc. Tietze Nr. 124.)

730. David vertreibt durch sein Spiel den bösen Geist Sauls. 1. Sam. 16, 23. (Ebenda.)

Selig sind die Augen, die da sehen, das ihr sehet.

Luk. 10, 23.

731. Die Königin von Saba preist Salomo. 1. Kön. 10, 6 f. (Cc. Tietze Nr. 141.)

732. Der Herr zeigt Moses das Land der Verheißung. 5. Mos. 34, 1 f. (Ebenda.)

Vom Bitten.

Luk. 11, 5 f.

733. Esau wird auch von Isaak gesegnet. 1. Mos. 27, 38 f. (Cc. Tietze Nr. 114.)

734. Der Engel der Kirche zu Thyatira. Off. 2, 18 f. (Ebenda.)

Wer sich selbst erhöhet, der wird erniedrigt werden.

Luk. 18, 14.

735. Sturz des Königs von Babel (im Vergleich mit Luzifers Sturz). Jes. 14, 3 f. (Cc. Tietze Nr. 139.)

736. David bei der Herde wird zum König berufen. 1. Sam. 16, 11 f. (Ebenda.)

Es werden Zeichen geschehen an der Sonne und Mond und den Sternen.

Luk. 21, 25.

737. Josua heißt die Sonne stillstehen. Jos. 10, 12. (Cc. Tietze Nr. 4.)

738. Zum Zeichen der Genesung des Königs Hiskia geht der Schatten auf der Sonnenuhr zurück. 2. Kön. 20, 8 f. (Ebenda.)

Ihr sollt in der Stadt Jerusalem bleiben, bis daß ihr angetan werdet mit Kraft aus der Höhe.

Luk. 24, 49.

739. David läßt bei Verfolgung der Amalekiter zweihundert Ermüdete zurück. 1. Sam. 30, 9 f. (Cc. Tietze Nr. 118.)

740. Moses besteigt den Berg Sinai, während Aaron wartet. 2. Mos. 24, 12 f. (Ebenda.)

Das ist das Gericht. daß das Licht in die Welt kommen ist.

Joh. 3, 19 f.

741. Die vor Israel herziehende Feuersäule. 2. Mos. 13, 21. (Cc. Tietze Nr. 121.)

742. Die Feuererscheinungen beim Opfer Abrahams. 1. Mos. 15, 17 f. (Ebenda.)

Gespräch mit der Samariterin.

Joh. 4, 5 f. s. zu Nr. 181—183.

Christus tadelt die Juden wegen ihrer Abkehr von ihm.

Joh. 5, 39 f.

743. Moses verheißt dem Volke Israel den rechten Propheten. 5. Mos. 18, 15. (Cc. Tietze Nr. 39.)

744. Moses betet während der Schlacht. 2. Mos. 17, 11. (Ebenda.)

Ich bin das Brot des Lebens.

Joh. 6, 35.

745. Das Manna. 2. Mos. 16, 14 f. (Cc. Tietze Nr. 46.)

746. Vermehrung des Mehls der Witwe zu Zarpath. 1. Kön. 17, 14 f. (Ebenda.)

Es kann niemand zu mir kommen, es sei denn, daß ihn ziehe der Vater.

Joh. 6, 44.

747. Der Engel führt Hesekiel durch das Wasser. Hesek. 47, 3 f. (Cc. Tietze Nr. 123.)

748. Salomo führt die Tochter Pharaos in das Haus, das er für sie gebaut. 2. Chron. 8, 11. (Ebenda.)

Wer von diesem Brote essen wird, der wird leben in Ewigkeit.

Joh. 6, 51.

749. Mannalese. 2. Mos. 16, 13 f. (Cc. Tietze Nr. 73.)

750. Passah. 2. Mos. 12. (Ebenda.)

Mich hasset die Welt, denn ich zeuge von ihr, daß ihre Werke böse sind.

Joh. 7, 7.

751. Daniel in die Löwengrube geworfen. Dan. 6, 17. (Cc. Tietze Nr. 65.)

752. Isebel trachtet dem Elias nach dem Leben. 1. Kön. 19, 1 f. (Ebenda.)

Richtet nicht nach dem Ansehen.

Joh. 7, 24.

753. Moses läßt die Anbeter des goldenen Kalbes töten. 2. Mos. 32, 25 f. (Cc. Tietze Nr. 58.)

754. Moses läßt den Gotteslästerer außerhalb des Lagers steinigen. 3. Mos. 24, 10 f. (Ebenda.)

Wen da dürstet, der komme zu mir und trinke.

Joh. 7, 37.

755. Moses schlägt Wasser aus dem Felsen. 2. Mos. 17, 6. (Cc. Tietze Nr. 64.)

756. Jakob hebt der Rahel den Stein vom Brunnen. 1. Mos. 29, 10. (Ebenda.)

Ich bin das Licht der Welt.

Joh. 8, 12.

757. Scheidung von Licht und Finsternis (Engelsturz). 1. Mos. 1, 4. (Cc. Tietze Nr. 62.)

758. Ägyptische Finsternis. 2. Mos. 10, 21 f. (Ebenda.)

Wenn ihr des Menschen Sohn erhöhen werdet, dann werdet ihr erkennen, daß ich's sei.

Joh. 8, 28.

759. Jeremia weissagt den Juden die babylonische Gefangenschaft. Jer. 20, 4 f. (Cc. Tietze Nr. 43.)

760. Micha weissagt Ahabs Tod. 1. Kön. 22, 17. (Ebenda.)

Ich bin die Tür, so jemand durch mich eingehet,
der wird selig werden.
Joh. 10, 9.

761. Boas heiratet Ruth. Ruth 4. (Cc. Tietze Nr. 122.)

762. Besuch der drei Männer bei Abraham. 1. Mos. 18, 1 f. (Ebenda.)

Ich bin nicht kommen, daß ich die Welt richte,
sondern daß ich die Welt selig mache.
Joh. 12, 47.

763. Moses betet während der Schlacht mit gestützten Armen. 2. Mos. 17, 8 f. (Cc. Tietze Nr. 69.)

764. Der Thron Salomos. 1. Kön. 10, 18 f. (Ebenda.)

Liebet ihr mich, so haltet meine Gebote.
Joh. 14, 15.

765. Jonathans und Davids Freundschaft. 1. Sam. 20. (Cc. Tietze Nr. 119.)

766. Das Volk verspricht dem Moses Gehorsam gegen den Herrn. 2. Mos. 19, 8. (Ebenda.)

Wenn der Geist der Wahrheit kommen wird,
der wird euch in alle Wahrheit leiten.
Joh. 16, 13.

767. Simson mit dem Eselskinnbacken. Richt. 15, 15. (Cc. Tietze Nr. 117.)

768. Samuel teilt Saul seine Verwerfung mit. 1. Sam. 15, 22 f. (Ebenda und Nr. 112.)

769. David tanzt vor der Bundeslade. 2. Sam. 6, 14. (Cc. Tietze Nr. 112.)

Ein Weib, wenn sie gebiert, so hat sie Traurigkeit.
Joh. 16, 21.

770. Sara gebiert den Isaak. 1. Mos. 21, 2. (Cc. Tietze Nr. 111.)

771. Silpa, Leas Magd, gebiert den Gad. 1. Mos. 30, 10 f. (Ebenda.)

Bittet, so werdet ihr nehmen, daß eure Freude vollkommen sei.
Joh. 16, 24.

772. Elias fordert den Elisa auf, einen Wunsch zu äußern. 2. Kön. 2, 9. (Cc. Tietze Nr. 113.)

773. Bathseba vor David. 1. Kön. 1, 15 f. (Ebenda.)

Das hohepriesterliche Gebet Christi.
Joh. 17.

774. Salomo betet nach der Vollendung des Tempels mit dem Volke. 1. Kön. 8. (Cc. Tietze Nr. 115.)

775. Nach dem Bau des Tempels betet Esra mit Israel. (Ebenda.)

Als Anhang folgen einige Bibelstellen, die nicht Herrenworte sind, aber in der Concordantia caritatis durch Gegenüberstellung alttestamentlicher Typen die gleiche bildliche Behandlung erfahren haben.

Aus der Bußpredigt Johannes d. T.:
Es ist eine Stimme eines Predigers in der Wüste.
Matth. 3, 3.

776. Elisa schickt seinen Knaben Gehasi mit seinem Stabe zu dem toten Sohne der Sunamitin. 2. Kön. 4, 29 f. (Cc. Tietze Nr. 9.)

777. Elias läuft vor Ahabs Wagen her. 1. Kön. 18, 45 f. (Ebenda.)

Aus dem Zeugnis Johannes d. T. von Christus: Alles Fleisch wird den Heiland Gottes sehen.

Luk. 3, 6.

778. Die vor Josef knienden Brüder. 1. Mos. 42, 6. (Cc. Tietze Nr. 8.)

779. Ehud bringt dem Moabiterkönig Eglon ein Geschenk und tötet ihn zugleich. Richt. 3, 16. (Ebenda.)

Mahnung des Apostels Paulus: Die Stunde ist da, aufzustehen vom Schlaf.

Röm. 13, 11.

780. Is-Boseth wird ermordet. 2. Sam. 4, 7. (Cc. Tietze Nr. 3.)

781. Sisera von Jael getötet. Richt. 4, 21. (Ebenda.)

SINNBILDER DES THRONENDEN CHRISTUS.

782. Die Vorstellung von der Herrlichkeit des erhöhten Christus fand in den Bildern der Majestas Domini oder des Rex gloriae ihre symbolische Ausdrucksform. Das Motiv hat sich aus den anscheinend zuerst im Orient in Anlehnung an den Philosophentypus der Antike aufgekommenen Darstellungen Christi als Weltenlehrers entwickelt und wird bereits in altchristlicher Zeit bei Ausschmückung der Apsiden verwendet (Fresko von Bawit in Mittelägypten aus dem 5. Jh.; Abb. bei Clemen S. 257 — Mosaik in S. Vitale zu Ravenna aus dem 6. Jh.; Abb. bei Kuhn: Malerei I. S. 122, Fig. 123).

Etwa seit dem 9. Jh. läßt sich ein im allgemeinen feststehendes Schema für den thronenden Christus verfolgen: Der Pantokrator sitzt in frontaler Haltung und von der Mandorla umgeben auf einem Regenbogen (Off. 4, 3) oder Thron; die Rechte ist segnend erhoben, während die Linke das offene Buch des Lebens (Off. 20, 12) hält, auf dem bald die Buchstaben A und O, bald die Worte „Lux mundi" oder „In principio erat verbum" und dergl. stehen. Seltener ist das Buch geschlossen oder durch eine Rolle ersetzt, auch fehlt es gelegentlich ganz, und die Linke trägt dafür die Weltkugel, das Kreuzzepter, einen oder zwei Schlüssel und den Kelch. Die Füße ruhen zumeist auf einem zweiten Regenbogen oder der Weltkugel, doch dienen auch Sonne und Mond, die Personifikationen von Erde und Meer sowie Löwe und Basilisk (Ps. 91, 13; vergl. Nr. 842) als Schemel. Ausnahmsweise wird das Bild noch durch Aufnahme des Lebensbaumes bereichert (Niederlothring. Schmelzplatte des 12. Jh. im Aachener Münsterschatz; Abb. bei Falke und Frauberger S. 72.) Um die Mandorla sind in der Regel die vier Evangelistensymbole gestellt, entweder je zwei zu Häupten und Füßen Christi oder in kreuzförmiger Anordnung. Außerdem werden Engel niederer oder höherer Ordnung herangezogen zum Zeichen dafür, daß der Rex gloriae nicht nur durch das Wort sondern auch durch die himmlischen Kräfte (virtutes) die Welt regiert. Daneben ist auch durch sieben Lampen auf die Gaben des h. Geistes Bezug genommen (vergl. Nr. 830). Nicht selten zeigt sich der Hofstaat des Gottessohnes noch durch Apostel, Heilige und in vereinzelten Fällen durch die vierundzwanzig Ältesten (Off. 4, 4) vervollständigt.

Für die frühmittelalterlichen Darstellungen der Majestas Domini ist man auf Werke der Kleinkunst, insbesondere auf Miniaturen und Elfenbeinschnitzereien angewiesen. Von ersteren findet sich eine Zusammenstellung bei Leitschuh: Geschichte der karolingischen Malerei [1894] S. 140 f. auch unter Berücksichtigung der Abart des Typus mit dem an Stelle der Person Christi tretenden Lamm, hinsichtlich der letzteren bietet die Publikation von Goldschmidt ein reiches Abbildungsmaterial (vergl. namentlich I, Nr. 7, 23, 163a, 178 und II, Nr. 34, 46, 51, 170). Für die später einsetzende monumentale Behandlung des Themas kommen vor allem Chorgemälde und Portalskulpturen romanischer Kirchen in Betracht. Als hervorragende Beispiele dieser Art seien das Apsidengemälde der Abteikirche zu Knechtsteden aus der Mitte des 12. Jh. (Abb. bei Clemen Taf. 18) genannt sowie die Tympanonreliefs von St. Trophime zu Arles (Abb. bei Kraus II, 1.

S. 216) und der Kathedralen zu Vézelay und Chartres (Abb. bei Kuhn: Plastik I. S. 371 nebst Taf.), gleichfalls aus dem 12. Jh.

783. Bis gegen Ende des 13. Jh. kommt der Rex gloriae als Einzelerscheinung vor, nebenher aber geht ein Umbildungsprozeß, veranlaßt durch das seit dem 11. Jh. auch im Abendlande zunehmende Interesse an der Darstellung des jüngsten Gerichts, infolgedessen sich die Majestas Domini ganz von selbst in ein Weltgerichtsbild umwandelte. Aus dem segnenden oder lehrenden Pantokrator wird jetzt der richtende. In diesem Sinne geht der Rex gloriae über in die D e e s i s, eine aus Byzanz stammende Vorstellung der Fürbitte, die in ihrer ursprünglichen Bildform des mit erhobenen Händen zwischen den gleichfalls aufrechten Fürbittern, Maria und Johannes d. T., stehenden Christus ein Gnadenbild im eigensten Sinne war (so auch noch im Psalterium der Fürstl. Bibliothek zu Donaueschingen Nr. 309 nach 1235; vergl. Haseloff S. 195). Der Übergang in der Auffassung Christi vom Mittler zum Richter bringt es mit sich, daß nunmehr die Mutter des Herrn und der Täufer ihre Fürsprache häufiger in kniender als in stehender Haltung anbringen. Ein frühes Beispiel der dahin abgewandelten Deesis, bei der der Gedanke an das Weltgericht bereits durch das Schwert in der Hand des Heilands noch stärker betont ist, bietet das Tympanon der Pfalzkapelle zu Gelnhausen aus dem 12. Jh. (Abb. in den Bau- und Kunstdenkmälern des Regb. Cassel I [1901] Taf. 39).

784. Noch größere Bedeutung kommt dem Rex gloriae als Faktor in der Darstellung des j ü n g s t e n G e r i c h t s zu, sei es, daß seine Übernahme als selbständiger Typus erfolgt, oder in der Bildform der Deesis. Naturgemäß nimmt dann die Majestas Domini Züge an, die durch den richterlichen Vorgang nahegelegt sind. So sieht man jetzt öfter statt des Lebensbuches mit den obengenannten Aufschriften Rollen mit den Worten: Venite benedicti — Discedite maledicti oder Venite — Ite, die die Scheidung der Auserwählten von den Verworfenen begleiten. Ursprünglich werden diese

Schriftbänder Christus beigegeben (Elfenbeinskulptur im South-Kensington-Museum zu London um 800, wohl turonischen Ursprungs; Abb. bei Goldschmidt I. Nr. 178), später von Engeln entfaltet. An Stelle der erhobenen Rechten tritt nicht selten eine Geste der Hände, die die Seligen einladet und die Verdammten abweist (Fresko in S. Angelo in Formis bei Capua aus dem 11. Jh.; Abb. im Jahrbuch XIV [1893] Taf. zu S. 16). In der Umgebung des Rex gloriae tritt insofern eine Veränderung ein, als die bisher nur repräsentative Gruppe der Apostel sich zum Richterkollegium entwickelt, und die Engel zu Trägern der Passionswerkzeuge werden, insbesondere des Kreuzes, das auf älteren Darstellungen von Christus selbst gehalten wird, wie dies z. B. im Perikopenbuch Kaiser Heinrichs II. der Fall ist (Abb. bei: Leidinger: Miniaturen aus Handschriften der Staatsbibliothek zu München V. Taf. 38). Etwas Außergewöhnliches aber bleibt es, wenn Maria in gleicher Herrlichkeit wie Christus neben diesem thront (Fresko des jüngsten Gerichts im Campo Santo zu Pisa aus der zweiten Hälfte des 14. Jh.; Abb. bei Jessen: Die Darstellung des Weltgerichts [1883] Taf. 5). Auf das Attribut des Schwertes ist bereits hingewiesen. Meist geht es vom Munde Christi aus, seltener ist es durch denselben gezogen (Off. 1, 16; 19, 15), so daß die Spitze links und der Griff rechts erscheint (Miniatur des Codex theol. Fol. 59 der Landesbibliothek zu Cassel aus dem 12. Jh.; vergl. Haseloff S. 181 sowie die Abb. Nr. 19 und 62 mit Darstellungen aus Handschriften des 13. Jh.). Der Symmetrie halber werden später aus dem einen zwei Schwerter mit Bezugnahme auf Luk. 22, 38 (Gemälde der ehem. Deutschordenskirche zu Ramersdorf um 1300; Abb. bei Aus'm Weerth: Wandmalereien des christl. Ma. in den Rheinlanden [1880] Taf. 51), und im 15. Jh. wandelt sich das eine in einen Lilienstab oder Ölzweig (Jes. 11, 4) um (Memlings Gemälde in der Marienkirche zu Danzig).

785. Eine recht mystische Ausdrucksform hat die Versinnbildlichung des erhöhten Christus in der sog. Etimasie (Thronbe-

reitung) angenommen, für die als literarische Quelle der Text von Ps. 9, 8 nach der Septuaginta: ἡτοίμασεν ἐν κρίσει τὸν θρόνον αὐτοῦ in Betracht kommt (vergl. auch Ps. 88, 14). Die Darstellung sieht von der Anwesenheit des Rex gloriae überhaupt ab und zeigt nur einen Thron nebst Polster, besetzt oder umstellt mit Emblemen Christi (Rock, Kreuz, Dornenkrone, Nägel, Lanze, Schwamm, Buch des Lebens). Über dem Thron findet man auch noch die Taube als Symbol des h. Geistes und daneben wachthaltende Cherubim sowie Adam und Eva, die in kniender Stellung die Zeichen der Erlösung anbeten. Das Motiv ist — allerdings in weniger reifer Form — bereits in der altchristlichen Kunst anzutreffen (Triumphbogenmosaik in S. Maria Maggiore zu Rom zwischen 432 und 440; Abb. bei Wilpert III. Taf. 70—72) und sollte mit dem auf einem Thron ruhenden Monogramm oder Kreuz Christi daran erinnern, daß Christus sich am jüngsten Tage auf den vom Vater bereitgehaltenen Stuhl setzen werde, um die Welt zu richten. Liegt doch auch der nämliche Gedanke dem altkirchlichen Brauche zugrunde, bei Konzilsverhandlungen das Evangelium auf einem Throne inmitten der versammelten Väter aufzustellen (vergl. Kraus: Realenzyklopädie der christl. Altertümer I [1882] S. 432.) Im Ma. ist die Etimasie geradezu zu einem integrierenden Bestandteil des byzantinischen Weltgerichtsbildes geworden und von da aus auch in die abendländische Kunst eingedrungen. Doch kommt der geheimnisvolle Thron nicht nur als wesentlicher Faktor innerhalb der Gesamtdarstellung des jüngsten Gerichts in Betracht (Mosaik im Dome zu Torcello aus dem 12. Jh.; Abb. bei Jessen a. a. O. Taf. 1), sondern auch als eine für sich bestehende Bildform, die als symbolisches Zeichen die ausführliche Schilderung des richterlichen Akts ersetzt (Herrad von Landsberg Taf. 70).

Eine Abwandlung des Motivs im eucharistischen Sinne und damit eine Umdeutung des Symbols vom Gericht auf die Erlösung liegt vor, wenn der Thron die Gestalt eines Altars annimmt, auf dem Kelch und Patene neben dem aufgeschlagenen Evangelienbuch stehen (Miniatur des Weltgerichts in dem Evangeliar der Wolfenbütteler Bibliothek von 1194; vergl. Jessen a. a. O. S. 16).

Typologische Beziehungen zum thronenden Christus fand man bei zwei alttestamentlichen Vorgängen:

786. Abraham bewirtet die drei Männer. 1. Mos. 18, 1 f. (Cc. Tietze Nr. 1.)

787. Jakob schickt Josef nach seinen Brüdern. 1. Mos. 37, 12 f. (Ebenda.)

SINNBILDER DES JÜNGSTEN GERICHTS EINSCHLIESSLICH SELIGKEIT UND VERDAMMNIS.

Jüngstes Gericht.

Symbolische Zeichen spielen auf den Darstellungen des jüngsten Gerichts selbst, insbesondere den byzantinischen eine wesentliche Rolle. Soweit sie sich auf die auch als selbständige Typen vorkommenden Bildelemente des Thrones (Etimasie), des Paradieses, der Hölle und der Seelenwägung beziehen, sind sie an diesen Stellen (Nr. 785, 808 f., 819 f. und 832) berücksichtigt. Desgleichen ist hinsichtlich des aufgerollten Buchs als Sinnbild des Himmels auf Nr. 1151 zu verweisen. Sonst bleibt noch folgendes zu erwähnen:

788. Die Wiederbelebung der Toten erfolgt zuweilen in der Weise, daß ihnen ihre Seelen in Gestalt von Vögeln wieder in den Mund fliegen (Elfenbein im South-Kensington-Museum zu London um 800, vermutlich turonischen Ursprungs; Abb. bei Goldschmidt I. Nr. 178). Realistischer ist dagegen die Auferstehung der dem Meere und den wilden Tieren zum Opfer gefallenen Menschen (s. Off. 20, 13) gedacht, indem Seedrachen und ähnliche Ungeheuer die Ertrunkenen ausspeien, und Bestien verschiedenster Art ihren Raub wieder von sich geben (Mosaik im Dom zu Torcello

aus dem 12. Jh.; Abb. bei Jessen: Die Darstellung des Weltgerichts [1883] Taf. 1).

789. An der Spitze der Seligen oder unmittelbar hinter der vom Cherub bewachten Paradiespforte steht öfter ein Mann mit einem mächtigen Kreuz als Repräsentation des guten Schächers, der auf Grund der Verheißung Christi: „Heute wirst du mit mir im Paradies sein" (Luk. 23, 43) als erster ins Himmelreich kam (ebenda).

Landläufigere Typen des jüngsten Gerichts sind:

790. David läßt den Mörder Sauls töten. 2. Sam. 1, 15. (In späteren Ausgaben der Armenbibel s. Bp. Taf. 37.)

791. Urteil Salomos. 1. Kön. 3, 16 f. (Ebenda.)

792. Das Festmahl Belsazers und das Erscheinen der geheimnisvollen Inschrift „Mene, mene, tekel u-pharsin" an der Wand. Dan. 5. (Sp. Taf. 80.)

793. Die fünf klugen und fünf törichten Jungfrauen. Matth. 25, 1 f. (Ebenda.)

794. Gleichnis von den anvertrauten Pfunden. Matth. 25, 14 f. (Sp. Taf. 79.)

Seltener:

795. Adam gibt den Tieren Namen. 1. Mos. 2, 19. (Ct. Heider S. 122.)

796. Gott verheißt Abraham zahlreiche Nachkommenschaft. 1. Mos. 15, 4 f. (Ebenda.)

797. Der rauchende Ofen und die Feuerflammen bei der Schließung des Bundes Gottes mit Abraham. 1. Mos. 15, 17 f. (Ebenda.)

798. Josef legt die Träume der Gefangenen aus. 1. Mos. 40, 6 f. (Ebenda.)

799. Pharaos Urteil über den obersten Schenken und Bäcker. 1. Mos. 40, 20 f. (Zerstörtes Glasgemälde im englischen Kloster St. Alban vom Ende des 14. Jh.; vergl. Quellenbuch S. 320, 32.)

800. Nebukadnezars Heeresmusterung. (Ebenda.)

801. Josef gibt jedem seiner Brüder ein Festkleid, dem Benjamin aber fünf. 1. Mos. 45, 22. (Ct. Heider S. 122.)

802. Moses läßt die Anbeter des goldenen Kalbes töten. 2. Mos. 32, 25 f. (Ebenda.)

803. Hesekiel prophezeit die Auferstehung der Toten. Hesek. 37, 1 f. (Ebenda.)

804. Daniel rettet Susanna. Dan. 13, 45 f. in der Vulgata. (Biblia pauperum, Handschrift in Kremsmünster. Heider S. 108.)

805. Johannes sieht den Menschensohn mit der Sichel. Off. 14, 14. (Cc. Heider S. 111.)

806. Johannes sieht den Reiter mit Schwert und Kronen. Off. 19, 11 f. (Cc. Heider S. 110.)

807. Der A d l e r, der nach den mittelalterlichen Bestiarien seine Jungen der Sonne entgegenhält. Diejenigen, deren Augen den Strahlen standhalten, werden der Aufzucht für würdig erachtet und ins Nest zurückgenommen, die anderen dagegen aus dem Neste geworfen. (Skulptur am Straßburger Münster aus dem 13. Jh.; Abb. bei Cahier I. S. 153.)

Vergl. auch Nr. 677—678.

Mit dem jüngsten Gericht steht Seligkeit und Verdammnis im engsten Zusammenhang.

Seligkeit (Paradies).

Für die Seligkeit, die als Inbegriff der Freuden des himmlischen Paradieses gedacht ist, kommen folgende bildliche Ausdrucksformen in Betracht:

808. Die altchristliche Kunst begnügt sich, das himmlische Paradies durch Palmen oder andere Bäume anzudeuten, doch fügt sie nicht selten auch noch die vier Paradiesströme hinzu, sodaß eine klare Unterscheidung zwischen himmlischem und irdischem Paradies nicht recht durchgeführt erscheint (z. B. am

Sarkophag des S. Rinaldo im Dom zu Ravenna aus dem 5. Jh.; Abb. bei Wulff Taf. 13, Nr. 2).

Im Ma. ist die Anknüpfung an das Gleichnis vom reichen Mann und armen Lazarus (Luk. 16, 19f.) am üblichsten, dessen Darstellung wir zuerst auf einer Miniatur der griechischen Handschrift der Homilien des Gregor von Nazianz aus dem 9. Jh. begegnen (Abb. bei Omont: Fac-similés des miniatures des plus anciens manuscrits grecs de la Bibliothèque Nationale Paris 1902. Taf. 34). Aus der Illustration dieses Gleichnisses hat sich das Motiv des im Schoße Abrahams ruhenden Lazarus als Paradiesbild herausgeschält und gibt in der byzantinischen Kunst einen integrierenden Bestandteil der Weltgerichtsszene ab (vergl. das ganz in oströmischem Geist gehaltene Mosaik im Dom zu Torcello aus dem 12. Jh.; Abb. bei Jessen: Die Darstellung des Weltgerichts [1883] Taf. 1), während im Abendland seine Bedeutung in diesem Zusammenhang (s. die Skulptur an der Kathedrale zu Bourges aus dem 13. Jh.; Abb. bei Woermann III. S. 350) zurücktritt gegenüber derjenigen eines selbständigen Typus. Das wesentliche Moment bleibt dabei der thronende Abraham, der in seinem Schoß oder in einem ausgebreiteten Tuch eine (des Lazarus) oder mehrere Seelen in Gestalt von Kindern hält, und dem gelegentlich noch weitere durch Engel zugetragen werden (Miniatur im Calendarium necrologicum aus dem Obermünster zu Regensburg im Münchener Reichsarchiv vom Ende des 12. Jh.; Abb. bei Michel: Histoire de l'art II, 1 [1906] S. 323), doch ist vielfach auch der Lebensbaum mit Menschenköpfen in den Blättern mit in das Bild aufgenommen, der einmal direkt aus der Person Abrahams hervorwächst, der Symmetrie halber aber gewöhnlich doppelt wiedergegeben wird (Miniaturen einer thüringisch-sächsischen Malerschule aus dem Anfang des 13. Jh.; Abb. bei Haseloff Nr. 25 und 75). Seltener ist durch herabhängende Kronen die Beziehung auf das ewige Leben vermittelt (Herrad von Landsberg Taf. 77). Weiter ausholende Darstellungen bringen noch die vier Paradiesflüsse, Vögel (vermutlich in Anspielung auf die Seelen) sowie Blumen, denen gleichfalls eine über das rein Dekorative hinausgehende Bedeutung zukommen dürfte. Die Erlösten haben ein jugendliches Aussehen, tragen prächtige Gewänder und in den Händen Äpfel; einmal läßt man Christus auch einem jungen Mann, der die Gesamtheit der Heiligen und Auserwählten repräsentieren soll, die Tränen abtrocknen (Herrad von Landsberg Taf. 55 bis). Eine Ausnahme bleibt es, wenn die Person Abrahams durch Christus oder Gott Vater im Christustyp ersetzt wird (Englische Miniaturen um 1200 vergl. Haseloff S. 186 f.).

Als Symbol der Paradiesesfreuden kann vielleicht auch der unter Nr. 2 erwähnte Blütenbaum mit der Trinität aufgefaßt werden, von dem zwei mit Kreuznimben versehene Knaben Zweige brechen, die von einem in gleicher Weise nimbierten dritten aufgelesen und der kranzwindenden Maria gereicht werden.

809. Gehen die bisher behandelten Bilder des himmlischen Paradieses in vielen Stücken auf die Verklärung des irdischen zurück, so bauen sich andere Darstellungen auf einer idealen Auffassung der Stadt Jerusalem auf in Anlehnung an die Vision des Evangelisten Johannes (Off. 21). Die Vorstellung des himmlischen Jerusalem als einer wohlbefestigten, prunkhaft ausgestatteten Residenz der Auserwählten Gottes findet sich bereits auf altchristlichen Mosaiken (zuerst in S. Pudenziana zu Rom zwischen 402 und 417; Abb. bei Wilpert III. Taf. 42—44), doch kommt der geschlossene Charakter der Anlage erst auf ma. Werken recht zur Geltung. Bekannt ist die Verwendung des Motivs auf einer Reihe romanischer Kronleuchter, von denen die beiden Räder im Hildesheimer Dome (zwischen 1044 und 1079) die ältesten sind. Äußerst geschickt ist die knappe Zusammenfassung der wesentlichsten Momente auf der Emailtafel des Klosterneuburger Altars von 1181. Inmitten der von Mauern und Toren umgebenen und von Engeln bewachten Stadt sieht man Gott Vater mit vor ihm stehenden Seligen, deren Nacktheit durch einen von zwei Engeln gehaltenen Vorhang teilweise bedeckt wird (Abb. in der Veröffentlichung von Drexler Taf. 49) In reicherer Ausstattung zeigt sich das himmlische Jerusalem auf Deckenmalereien des 13. Jh., z. B. im Nonnenchor zu

Gurk (Abb. in Mitteilungen XVI [1871] Taf. 4) und in der Nikolauskirche zu Windischmatrei in Tirol (Abb. bei Atz: Kunstgeschichte von Tirol und Voralberg [1909] S. 369 und 371). Die Symbolik erstreckt sich dabei vornehmlich auf folgende Punkte: Die vier Türme werden mit den vier Evangelisten, die zwölf Torflügel mit den zwölf Aposteln in Verbindung gebracht; den thronenden Christus vertritt gelegentlich das Lamm, und als Träger des mit Edelsteinen reich besetzten Mauerrings sind die Personifikationen der vier Elemente herangezogen.

Andererseits begnügt man sich aber auch damit, den Aufenthaltsort der Seligen bloß als Himmelshaus zu charakterisieren. Als eine unzugängliche Burg erscheint es auf dem jüngsten Gericht am Portal der Kathedrale zu Autun aus dem 12. Jh., oben von einer Reihe Arkaden umgeben, in die die Seligen von einem Engel hinaufgehoben werden, da ein Eingang nicht vorhanden ist (Abb. bei Jessen a. a. O. Taf. 2). In der Spätgotik findet man dafür einen prächtigen Dom oder mindestens ein reichgegliedertes Kirchenportal (vergl. die Darstellungen des jüngsten Gerichts von Stephan Lochner in Köln u. Hans Memling in Danzig).

810. Eine andere Vorstellung der Seligkeit legt den Nachdruck weniger auf die Entfaltung von Pracht und Herrlichkeit in lokaler Beziehung als auf die Vermittlung seelenvoller Anmut und Gefühlsinnigkeit. Das trifft auf jene Bildwerke zu, die den von Maria und Johannes d. T. zu beiden Seiten begleiteten Christus oder die von musizierenden Engeln und Heiligen umgebenen Personen Christi und Mariae über den Auserwählten thronen lassen, während letztere in bedürfnisloser Ruhe und mit dem Ausdruck reinsten Glücks im Angesicht die Gottesgemeinschaft genießen (vergl. Orcagnas Paradies in S. Maria Novella zu Florenz um 1357; Abb. bei Kuhn: Malerei I. S. 376). Konkreter gestaltet sich die paradiesische Vereinigung der Erlösten mit dem Erlöser, wenn Christus einer die Seele repräsentierenden, vor ihm knienden weiblichen Person die Krone des ewigen Lebens verleiht, eine

Bildform, die namentlich durch ihre Aufnahme in den Kreis der Illustrationen der Biblia pauperum populär geworden ist. (Bp. Taf. 40).

811. Den besonderen Gedanken des paradiesischen Friedens wird man aus einer Reihe ma. Kirchenskulpturen herauslesen dürfen, die gewisse in diesem Sinne auslegbare Bibelstellen in lapidarer Kurzschrift wiedergeben. Dahin gehören der von Ranken umgebene Mann (Ps. 27, 7 in der Vulgata: refloruit caro mea), die auf ihrem Neste in Zweigen sitzenden Vögel (Ps. 84, 4) sowie die Wiedergabe des Jes. 11, 6 f. entworfenen Idylls durch auf Löwen reitende Knaben, die ihre Finger in das Maul der Schlangen stecken, während andere die Hände in den Rachen des Löwen legen (vergl. Meyer-Schwartau: Der Dom zu Speier [1893] S. 166, Fig. 73 und Bergner S. 570, Fig. 481, doch ist hier das Speierer Relief irrtümlich als Skulptur im Dom zu Worms bezeichnet).

Zu diesen Vorstellungen vom himmlischen Paradiese finden sich zuweilen folgende Vorgänge in typologische Beziehung gesetzt:

812. Jakob sieht im Traum die Himmelsleiter. 1. Mos. 28, 10 f. (In späteren Ausgaben der Armenbibel s. Bp. Taf. 39.)

813. Gastmahl der Kinder Hiobs. Hiob 1, 4. (Ebenda.)

814. Verherrlichung der Braut des Hohenliedes. Hohel. 4. (Bp. Taf. 40.)

815. Der Engel zeigt dem Johannes die Braut des Lammes. Off. 21, 9. (Ebenda.)

816. Salomo und die Königin von Saba. 1. Kön. 10, 1 f. (Sp. Taf. 83.)

817. Festmahl des Königs Ahasverus. Esth. 1, 3 f. (Sp. Taf. 84.)

818. Simon Makkabäus zieht in die Burg Jerusalems ein. 1. Makk. 13, 50 f. (B. pict. Heider S. 112.)

Vergl. auch die beim Gleichnis vom reichen Mann und armen Lazarus unter Nr. 687 u. 688 erwähnten Vorbilder.

Verdammnis (Hölle).

819. Der bildliche Ausdruck für die Verdammnis ist die Hölle. Ihre Wiedergabe geht von zwei verschiedenen Auffassungen aus, einer symbolischen und einer realen. Die symbolische Darstellung knüpft zunächst an antike Vorstellungen an und identifiziert die Hölle mit der Person des Hades. Das älteste Beispiel dieser Art ist das die Befreiung Adams aus der Vorhölle behandelnde Relief einer der vorderen Ciboriumsäulen in S. Marco zu Venedig wohl syrisch-palästinensischen Ursprungs aus dem 5.—6. Jh. (Abb. bei Wulff S. 128, Fig. 115). Dabei nimmt die Gestalt des Fürsten der Unterwelt vielfach teuflische Züge an. In dieser Hinsicht sind von besonderer Bedeutung die Illustrationen der Höllenfahrt Christi und des Gleichnisses vom reichen Mann und armen Lazarus im griechischen Chloudof-Psalter zu Moskau aus dem 9. Jh. und seiner Verwandten (vergl. Tikkanen: Die Psalterillustration im Ma. I, 1 [1895] S. 60 f. und die russische Publikation des Chloudof-Psalters von Kondakoff [1878] Taf. 10 und 13). Seit der Wende des 10. zum 11. Jh. überwiegt jedoch — wenigstens im Abendlande — eine andere symbolische Auffassung der Hölle, nämlich die eines ungeheuerlichen flammenerfüllten und mit scharfen Zähnen besetzten Tierrachens (in Anlehnung an die Schilderung des Leviathan Hiob c. 41), bald von oben, bald von der Seite gesehen (Miniaturen einer Caedmon-Handschrift in Oxford um 1000, Abb. in Archaeologia XXIV [1832] Taf. 55 und 62; vergl. auch die unter Nr. 5 angeführte Dreieinigkeitsdarstellung aus der Zeit von 1012—1020). Ausnahmsweise wird das Gebilde zur grotesken Tiergestalt durch Ansetzen zweier Drachenfüße unmittelbar an den Rachen (Miniatur eines Psalteriums aus Mitteldeutschland in Wolfenbüttel nach 1235; Abb. bei Haseloff Fig. 109), während sich eine Kreuzung der symbolischen Anschauungsweise mit der realen Vorstellung darin bemerkbar macht, daß dem mächtigen Maul ein Tor vorgelagert ist (Miniatur eines Psalters aus Winchester im Britischen Museum zu London aus dem 12. Jh.; Abb. in Re-

productions from illum. Manuscripts. British Mus. Ser. III [1908] Taf. 8), oder der Tierrachen als Eingang in das unterirdische Reich des Satan dient (Niederrheinischer Metallschnitt aus der Mitte des 15. Jh.; Abb. bei Bouchot: Les 200 incunables xylogr. de la Bibliothèque Nationale. Paris 1903. Pl. 96).

820. Die reale Darstellung der Hölle knüpft an das Element des Feuers an, das auf Bildern des jüngsten Gerichts sich in einem mächtigen Strom vom thronenden Christus aus ergießt (Fresko Giottos in der Arena zu Padua um 1306; Abb. bei Jessen a. a. O. Taf. 4). Im allgemeinen ist der Raum als Abgrund oder Höhle gedacht. Ohne nähere Skizzierung ist die Hölle auf der Miniatur zum Gleichnis vom reichen Mann und armen Lazarus im Evangeliar des Kaiser Otto zu Aachen aus dem 10. Jh. als feuererfüllter Schlund wiedergegeben, aus dem ein dämonischer Frauenkopf hervorschaut, in dessen langen Haaren das Wort abyssus geschrieben steht (Abb. in der Veröffentlichung der Handschrift von Beissel [1886] Taf. 24). Meist nimmt jedoch die Lokalität bestimmtere Formen an, die sie als Behausung des Höllenfürsten Luzifer kennzeichnen. Nicht selten ist es ein burgartiges Gebäude, wie schon auf einer Elfenbeinskulptur des jüngsten Gerichts im South-Kensington-Museum zu London um 800, vermutlich turonischen Ursprungs, wo man im Innern eines Turmbaus den mächtigen Kopf des Satan die Verdammten verschlingen sieht (Abb. bei Goldschmidt I. Nr. 178). Gesteigert wird der unheimliche Charakter der Veste noch durch eine Wache von Teufeln sowie durch Verwahrung des Eingangstors mit mächtigen Schlössern und Riegeln. Demgegenüber nehmen sich die zierlichen Formen des prunkhaften Palastes des Höllenfürsten auf der Miniatur eines Gebetbuchs aus Frankreich in London vom Anfang des 15. Jh. recht sonderbar aus (Abb. in Reproductions from illum. Manuscripts. British Museum. I [1907] Pl. 26). Auch eine Verbindung von Schlund und Burg kommt vor, die u. a. der Hölle auf Stephan Lochners Gemälde des jüng-

sten Gerichts zugrunde liegt. Wo auf eine detaillierte Wiedergabe eines Baus verzichtet ist — wie gewöhnlich auf Darstellungen der Befreiung der Seelen aus der Unterwelt durch Christus — wird wenigstens durch am Boden liegende Türflügel, Riegel, Schlösser und Schlüssel die Vorstellung eines solchen nahegelegt (Klosterneuburger Altar; Abb. bei Drexler Taf. 35).

Auf Byzanz ist die Gliederung der Hölle in mehrere Räume zurückzuführen. So wird bereits auf dem unter oströmischem Einflusse stehenden Fresko des jüngsten Gerichts in S. Angelo in Formis bei Capua aus dem 11. Jh. der Ort der Verdammnis in zwei Etagen zerlegt (Abb. im Jahrbuch XIV [1893] Taf. zu S. 16). Später nimmt die Zahl der Abteilungen erheblich zu zwecks Vorführung der einzelnen Arten von Höllenstrafen, die im allgemeinen den Verbrechen auf der Erde entsprechen (Herrad von Landsberg Taf. 73). Die nachhaltigste Wirkung auf die Entwicklung nach dieser Richtung hin hat Dantes Inferno ausgeübt, dessen gestaltungskräftige Motive die späteren Höllendarstellungen in Italien und darüber hinaus beherrschen, wenn auch eine so enge Anlehnung an das Gesamtbild der Dichtung, wie sie Orcagnas Fresko in S. Maria Novella zu Florenz um 1357 bietet (s. die Abb. bei Kraus: Dante [1897] Fig. 74), ohne Wiederholung geblieben ist. (Vergl. Köppen: Der Teufel und die Hölle in der darstellenden Kunst. 1895.)

Als Vorbilder der Verdammnis sind angesprochen worden:

821. Die Sintflut. 1. Mos. 7. (Biblia pauperum. Handschrift in Kremsmünster. Heider S. 107.)

822. Vernichtung von Sodom und Gomorrha. 1. Mos. 19, 24. (In späteren Ausgaben der Armenbibel s. Bp. Taf. 38.)

823. Die Aufrührer Dathan, Korah und Abiram von der Erde verschlungen. 4. Mos. 16, 20 f. (Ebenda.)

824. Pharao ertrinkt mit seinem Heere im Roten Meere. 2. Mos. 14, 27 f. (Sp. Taf. 82.)

825. Gideon züchtigt die Ältesten von Sukkoth. Richt. 8, 13 f. (Ebenda.)

826. David rächt sich an den Einwohnern der Stadt Rabba. 2. Sam. 12, 26 f. (Sp. Taf. 81.)

827. Die den Feuerofen schürenden Männer werden von den Flammen ergriffen. Dan. 3, 22. (Cc. Heider S. 107.)

IV.

HEILIGER GEIST.

Für den h. Geist finden sich, soweit nicht seine Personifikation in Frage kommt (vergl. die Dreifaltigkeitsdarstellungen unter Nr. 1—6), folgende Sinnbilder:

828. Die T a u b e. Sie gibt schon auf altchristlichen Bildwerken gemäß dem biblischen Bericht über die Taufe Christi (Matth. 3, 16) das bevorzugte Symbol des h. Geistes ab (erstmalig in diesem Zusammenhang im Hypogäum der Lucina zu Rom aus der ersten Hälfte des 2. Jh.; Abb. bei Wilpert: Malereien der Katakomben Roms [1903] Taf. 29, 1). Seitdem gehört das Zeichen in seiner Beziehung auf den h. Geist zum festen Bestand der kirchlichen Symbolik. Mit der Aufnahme des Nimbus in die christliche Kunst im 4. Jh. geht der Heiligenschein alsbald auch auf die Taube über und wird, sofern sie das göttliche Wesen in seiner dritten Offenbarung repräsentiert, gleichfalls mit dem Kreuz belegt. Häufig erscheint die Taube inmitten eines Kreises von S t r a h l e n, die auch die Übertragung des h. Geistes im Bilde veranschaulichen. Bereits bei der als Lämmeridyll behandelten Taufe Christi am Bassussarkophag von 359 (Abb. bei Strzygowski Taf. I, 12) vollzieht sich die Emanation auf diese Weise, um dann namentlich auf den Darstellungen des Pfingstwunders die Vorstellung der Vermittlung zu beherrschen, wobei sich gelegentlich das Licht in recht starken Fluten über die Jünger ergießt (Angelsächsische Miniatur im Benedictionale des h. Aethelwold zwischen 963 und 984; Abb. in Archaeologia XXIV [1832] Pl. 23).

Über die Taube als Attribut des persönlich dargestellten h. Geistes s. Nr. 5—7.

829. Flammen, im Hinblick auf das Erscheinen der feurigen Zungen beim Pfingstwunder (Apg. 2, 3). Das älteste Beispiel bietet die Miniatur der Ausgießung des h. Geistes im syrischen Evangeliar des Rabulas von 586 in der Laurentianischen Bibliothek zu Florenz (Abb. bei Garrucci: Storia dell'arte cristiana Tav. 140, 1). Hier sieht man auf dem Haupte Marias und der zwölf Apostel je eine Flamme, zugleich aber schwebt von oben die Taube herab, eine Verbindung, die im Ma. weiteste Verbreitung fand. Zu Modifikationen bot die Art des Sinnbildes kaum Gelegenheit. In der Regel haben die Flammen eine zungenförmige Gestalt. Einzigartig ist das Feuerrad, durch das auf der Miniatur eines Salzburger Perikopenbuchs aus der Mitte des 11. Jh. in der Münchener Staatsbibliothek die Emanation unter Weglassung der Taube versinnbildlicht wird. Vom Mittelpunkte einer Reihe konzentrischer Kreise gehen wie Speichen eines Rades zwölf Fackeln, jede mit drei Flammenzungen, nach den in der Runde sitzenden Aposteln aus (Abb. bei Swarzenski: Regensburger Buchmalerei [1901] Taf. 27, Fig. 71; vergl. dazu Beissel: Geschichte der Evangelienbücher [1906] S. 273 f.).

830. Die sieben Gaben des h. Geistes (Jes. 11, 2) sind für gewöhnlich gleichfalls durch Tauben versinnbildlicht, denen jedoch meist das Kreuz im Nimbus fehlt. Vielleicht lassen schon im Bereiche der altchristlichen Kunst die sieben Tauben, die auf einem Sarkophag des Thermen-Museum zu Rom eine Orans umgeben, eine Auslegung in diesem Sinne zu (Abb. bei Wulff S. 108). Im Ma. finden sich die sieben Gaben des h. Geistes in der Regel entweder mit Christus in Verbindung gebracht (Fragment eines Deckengemäldes in der ehem. oberen Vorhalle des Domes zu Hildesheim aus dem letzten Drittel des 11. Jh.; Abb. in Zeitschrift III [1890] S. 315 — Glasgemälde der Kathedrale zu Le Mans aus dem 13. Jh.; Abb. bei Mâle I. S. 199) oder mit Maria (Antependium der Walpurgiskirche zu Soest aus

dem 12. Jh.; jetzt im Besitz des Kunstvereins zu Münster i. W.; Abb. bei Heereman v. Zuydwyk: Älteste Tafelmalerei Westfalens [1882] Taf. 2). Dazu darf man auch ihr Vorkommen auf Bildern des Thrones Salomos (vergl. Nr. 854) sowie des Jesse-Baumes rechnen (Gemälde im Karner zu Hartberg in Steiermark aus dem 13. Jh.; Abb. in Mitteilungen N. F. 28 [1902] Taf. 10). Zu den sieben Tugenden finden sich die sieben Äußerungen des göttlichen Geistes gleichfalls in Gestalt von Tauben in Beziehung gesetzt auf dem Kölner Reliquienschrein des h. Albinus von 1186 in St. Maria in der Schnurgasse (Abb. bei Falke und Frauberger Taf. 53). Der Apokalypse sind die sieben Lampen (4, 5) als Zeichen der Gaben des hl. Geistes auf Darstellungen des thronenden Christus entnommen (Niederlothring. Schmelzplatte aus dem 12. Jh. im Aachener Münsterschatz; Abb. ebenda S. 72) ebenso wie das Symbol der sieben Augen und Hörner des Lammes (Off. 5, 6. Französische Miniatur des 13. Jh.; Abb. bei Didron S. 340). Ohne Wiederholung scheint die Versinnbildlichung der Gaben in Form von Personifikationen geblieben zu sein, der man in Gegenüberstellung mit den sieben Planeten auf dem Fresko des Triumphes des h. Thomas von Aquino in der Spanischen Kapelle von S. Maria Novella in Florenz aus der Mitte des 14. Jh. begegnet (Abb. in Klass. Bilderschatz Nr. 1183).

Über die Ausgießung des h. Geistes s. Nr. 580—591.

V.

ENGEL UND TEUFEL.

Einen wesentlichen Faktor in der ma. Weltanschauung bildet die Sphäre der Geister, der guten und bösen, wie sie sich in den Vorstellungen von den Engeln und dem Teufel widerspiegeln.

Die Engel.

831. Auf altchristlichen Denkmälern entspricht ihre Wiedergabe zunächst völlig derjenigen einfacher mit Tunika und Pallium bekleideter Jünglinge oder Männer ohne charakteristisches Kennzeichen (Katakombengemälde der Verkündigung Mariä in S. Priscilla aus dem 2. Jh.; Abb. bei Kraus I. S. 188). Im 4. Jh. geht die Darstellung zu geflügelten Wesen über nach Art der antiken Viktorien und Niken, doch unterscheiden sich die Engel ebenso von diesen durch das Geschlecht wie von den Putten durch das Alter. Seit dem 5. Jh. wird der Nimbus auch auf die göttlichen Boten übertragen, und bald folgen als weitere Beigaben das Stirnband (Tänie) und der Stab sowie — wohl als erster Ansatz einer besonderen Charakterisierung der Erzengel — der Kreuzstab und die gleichfalls mit einem Kreuz bekrönte Kugel (Relief von S. Marco zu Venedig aus dem 6. Jh.; Abb. bei Wulff S. 183). Ob die Engel in der altchristlichen Kunst bärtig dargestellt wurden, ist eine strittige Frage (vergl. Stuhlfauth: Die Engel in der altchristl. Kunst [1897] S. 247 f.); für die folgenden Jahrhunderte stehen jedenfalls einige vereinzelt gebliebene Fälle fest (z. B. Elfenbeintafel des Werdener Reliquienkastens, vielleicht fränkisch-alemannischer Herkunft aus dem 8.—9. Jh.; Abb. bei Goldschmidt II. Nr. 180). Ebenso bleibt der nackte Engel zu allen Zei-

ten eine Seltenheit (erstmalig als Symbol des Evangelisten Matthäus auf dem Mosaik des Triumphbogens von S. Pudenziana in Rom zwischen 402 und 417; Abb. bei Wilpert III. Taf. 42—44). Das Ma. hielt mit Ausnahme der sog. Renaissanceperiode Karls d. Gr. an dem geflügelten Typus fest, bekleidete die in geschlechtsloser Jugendschönheit prangenden Gestalten aber ganz nach Art der Diakonen. Demgemäß tragen sie Albe, Stola, Dalmatik und gelegentlich auch das Pluviale; die prächtigsten Engel bringt in dieser Auffassung der Genter Altar der Brüder van Eyck.

Von den mit Namen bezeichneten göttlichen Boten treten in der Kunst nur die drei Erzengel Michael, Gabriel und Raphael hervor, der vierte, Uriel, ist in ikonographischer Hinsicht bedeutungslos.

832. Die Darstellungen Michaels (= Wer ist wie Gott?) zeigen bald eine mehr friedliche, bald mehr kriegerische Auffassung. Ersteres ist auf altchristlichen Denkmälern die Regel, indem der Erzengel in der den göttlichen Boten überhaupt üblichen langen Gewandung und mit den herkömmlichen Attributen erscheint (vergl. das prächtige byzantinische Elfenbein im Britischen Museum zu London wohl um 500; Abb. bei Stuhlfauth a. a. O. als Titelbild). Im Ma. hingegen überwiegt der kriegerische Charakter Michaels, der sich aus der Schilderung seiner Kämpfe mit dem Teufel (Judas v. 9) und dem apokalyptischen Drachen (Off. 12, 7) ergab, eine Vorstellung, die erstmalig — allerdings in Abweichung vom altchristlichen Typus — auf einer Miniatur der griechischen Josuarolle der Vatikana aus dem 5. oder 6. Jh. zum Ausdruck gekommen ist (vergl. die Abb. in Codices e Vaticanis selecti T. V [1905] Taf. 4 und die Wiedergabe danach bei Wulff S. 279).

Die im Ma. weitverbreiteten Motive, wie der Erzengel in einer allmählich sich bis zum Plattenpanzer vervollkommnenden Rüstung den Drachen überwindet oder beim jüngsten Gericht die Teufel von den Gerechten abwehrt, sind ohne weiteres verständlich, dagegen ist in Anbetracht des allegorischen Gehalts auf die Darstellungen Michaels als Seelenwägers hier noch kurz einzugehen. Der Mythus, daß der Mensch beim Eintritt in das Reich der Abgeschiedenen nach seinen Taten gewogen wird, findet sich bereits bei den Ägyptern, denen der Gott Thout als Walter dieses Amtes gilt; von ihm geht die Rolle auf den Hermes der Griechen über und von diesen auf den christlichen Michael. Anfänglich bildete die Seelenwägung nur einen Teil des jüngsten Gerichts, so auf den ältesten Darstellungen am Hauptportal der Kathedrale zu Autun aus der Mitte des 12. Jh., ferner im Evangeliar der Wolfenbütteler Bibliothek von 1194 und auf dem Mosaik im Dom zu Torcello, gleichfalls vom Ende des 12. Jh. Später aber wird die Psychostasie zu einem Bild für sich allein, in dem sich die ganze Idee des Weltgerichts in prägnanter Form widerspiegeln sollte (Tympanon in Zara, wohl vom Ende des 14. Jh.; Abb. im Jahrbuch der k. k. Zentralkommission V [1861] S. 180). In der Regel fällt die Entscheidung zum guten aus, indem die Wagschale mit den Verdiensten des Auferstandenen sinkt trotz aller betrügerischen Eingriffe des Teufels. Indes läßt die Symbolik, soweit sie den Inhalt der beiden Schalen anlangt, meist an Deutlichkeit zu wünschen übrig. Ursprünglich sind die beiden menschlichen Figuren, wie wir sie etwa in den Wagschalen auf der Autuner Skulptur ruhen sehen (vergl. die Abb. bei Jessen: Die Darstellung des Weltgerichts [1883] Taf. 2), wohl als Personifikationen der guten und bösen Taten des Menschen aufgefaßt, dann aber werden sie gedankenloserweise als zwei Seelen verstanden, so daß man den Eindruck gewinnt, als würden die Erstandenen paarweise gegeneinander abgewogen (so z. B. auf dem Gemälde des jüngsten Gerichts von Memling in der Marienkirche zu Danzig). Ebenso dürfte es schwer fallen, über die Auswahl der als Gegengewichte benutzten Dinge verschiedenster Art, wie Geldbeutel, Häuser, Kirche oder Mühlstein ins reine zu kommen (vergl. Bergner S. 551). Um so mehr verdient die Behandlung dieses Punktes auf der Miniatur des genannten Wolfenbütteler Evangeliars Anerkennung. Hier hängt die Wage in der Mitte über der nackten Gestalt des Auferstandenen, dessen Los sich entscheiden soll. Links davon gießt Michael in den in der Schale der Entsühnung stehenden Kelch das erlösende Blut Christi, die trotz aller Bemühungen eines kleinen Teufels das Blut mittelst eines Schlauches wieder herauszusaugen, sinkt, während die entgegengesetzte Schale mit dem die Sünden vorstellenden klotzähnlichen Gegenstande emporschnellt, obwohl sich ein anderer böser Geist daranhängt (vergl. Jessen a. a. O. S. 16). Bezeichnenderweise haftet aber auch diesem Bild, wie den meisten, in dem Gebahren der Teufel ein burlesker Zug an, der mit dem Ernst des Themas nicht recht in Einklang zu bringen ist.

833. Im Gegensatz zu der kriegerischen Vorstellung Michaels steht die sanfte und liebenswürdige Auffassung des Erzengels Gabriel. Als „Vertrauter Gottes" erklärt er dem Daniel die messianischen Gesichte (Dan. 8, 16 f.; 9, 21 f.) und verkündet dem Zacharias die Geburt des Johannes (Luk. 1, 11 f.) sowie der Maria die des Messias (Luk. 1, 26 f.). Sein Attribut ist der Stab, meist mit Kugel oder Kreuz bekrönt. Auf Darstellungen der Verkündigung der Geburt Christi gilt es seit dem 13. Jh. als Regel, den Stab im Hinblick auf die Jungfräulichkeit der Maria durch ein Lilienzepter oder einen Lilienstengel zu ersetzen, und aus dem gleichen Grunde trägt der Engel auf dem Gemälde Simone Martinis und Lippo Memmis von 1333 einen Olivenzweig in der Hand und im Haar (vergl. Nr. 37).

834. Die Charakteristik des Erzengels Raphael (= Gott heilt) erklärt sich ohne weiteres aus seinen Beziehungen zum jungen Tobias (Tob. 5, 5 f., 6, 1 f. und 11, 1 f.). Demgemäß erscheint er als Pilger mit Wanderstab und Kürbisflasche oder trägt den Fisch in der Hand sowie die Büchse mit der Galle des Fisches, die die Blindheit des alten Tobias heilte.

835. Darstellungen der himmlischen Hierarchie in dem von Dionysius Areopagita vollendeten Ausbau der neun Engelchöre (1. Seraphim, 2. Cherubim, 3. Throni, 4. Dominationes, 5. Virtutes, 6. Potestates, 7. Principatus, 8. Archan-

geli, 9. Angeli) finden sich nur selten. Für die Behandlung des Themas in der morgenländischen Kunst, die noch die meisten Beispiele liefert, sei auf die Beschreibung eines Gemäldes im Kloster Iwiron im Handbuch der Malerei vom Berge Athos, deutsche Ausg. von Godeh. Schäfer (1855) S. 103 verwiesen sowie auf eine kleine Tafel aus Sewastopol, von der Cahier in den Caractéristiques des saints I (1867) S. 33 eine Abbildung gegeben hat. Beide Denkmäler gehören zwar erst dem 18. bezw. 19. Jh. an, doch wird man das Zurückgreifen auf eine erheblich ältere Tradition voraussetzen dürfen, wenn auch der Glaube an die unwandelbare Starrheit byzantinischer Bildformen etwas wankend geworden ist. Unter den abendländischen Wiedergaben der himmlischen Hierarchie sind als die bekanntesten zu nennen die Skulpturen und Glasmalereien der Kathedrale zu Chartres aus dem 13. Jh., ferner das Mosaik der Kuppel des Baptisteriums zu Florenz um 1300 und Schäufeleins Altarbild der Klosterkirche in Anhausen bei Nördlingen von 1513. Es ist jedoch zu beachten, daß die Charakterisierung der einzelnen Engelchöre vielfachen Schwankungen unterliegt; von einer einheitlichen Vorstellung kann — von den Erzengeln abgesehen — bis zu einem gewissen Grade nur bei den Seraphim und Cherubim die Rede sein, allenfalls auch noch bei den Thronen.

Wie fremd eine differenzierte Gestaltung der einzelnen Engelchöre dem ma. Volksbewußtsein im allgemeinen war, kann man daraus ersehen, daß um die Mitte des 15. Jh. ein Bilddrucker der großen Masse einen Holzschnitt vorsetzen konnte, der als himmlische Hierarchie einfach neun unterschiedslose Engel in drei Reihen übereinander wiedergibt (s. Stengel: Holzschnitte im Nürnberger Kupferstichkabinett [1913] Nr. 12 f.; doch ist die von Schreiber übernommene Deutung unrichtig).

836. Die Seraphim sind nach Jes. 6, 2 Sechsflügler, und an diese Auffassung hält sich auch die Kunst seit ihrer ersten Wiedergabe auf einem Relief am Türsturz des Klosters Koja-Kalessi in Isaurien wohl aus der ersten Hälfte des 5. Jh. (Abb. bei Wulff: Cherubim, Throne und Seraphim [1894] Fig. 18), fügt aber später dem Gefieder noch Augen hinzu

(Miniatur der griechischen Handschrift des Kosmas Indikopleustes in der Vatikana aus dem 9. Jh.; Abb. bei Kaufmann S. 381).

837. Die Cherubim haben nach 1. Kön. 6, 27 zwei, nach Hesek. 1, 6 aber vier und nach Off. 4, 8 sogar sechs Flügel. Es darf daher nicht wundernehmen, wenn ihre Zahl auch in der Kunst eine schwankende ist, und der Cherub bald mit einem, bald mit zwei oder drei Flügelpaaren erscheint, die gleichfalls mit Augen besetzt sind. Für das Ma. läßt sich jedoch die Vierzahl als typisch annehmen, die man auch auf der ältesten Darstellung überhaupt an einer der vorderen Ciboriumsäulen in S. Marco zu Venedig wohl syrisch-palästinensischen Ursprungs aus dem 5.—6. Jh. antrifft, wo zu beiden Seiten des thronenden Gott Vaters je ein vierflügeliger Cherub auf Rädern steht (Abb. bei Venturi I. S. 285). Daneben kommt aber ebenso wie bei den Seraphim eine verkürzte Form der Figur in Betracht, die bis zur Reduzierung auf mehrfach beflügelte Köpfe geht.

838. Für die Throne setzt erst ziemlich spät in der byzantinischen Kunst eine selbständige Bildform ein in Gestalt von ineinander verschlungenen, sowie mit Flügeln und Augen versehenen Rädern. Das älteste sichere Beispiel zeigt die sog. Kaiserdalmatik von S. Peter, auch wenn ihre Datierung später als ins 12. oder 13. Jh. fällt (vergl. Wulff a. a. O. S. 59 und die Abb. bei Kraus I. S. 565). Indes beruht diese Art der Individualisierung der Throne nur auf der Loslösung eines Elements von dem auf Rädern stehenden Cherubtypus. Dem Abendland ist eine derartige Darstellungsweise der dritten Engelordnung fremd geblieben.

Der Teufel.

Inbegriff der bösen Mächte ist der Teufel, dessen Vorstellung sich in der Phantasie des Volkes und insbesondere der Künstler recht vielgestaltig erweist.

Zunächst sei der symbolischen Bilder gedacht:

839. Die S c h l a n g e. Sie repräsentiert bereits in der altchristlichen Kunst den Bösen, vornehmlich bei Vorführung des Sündenfalls (1. Mos. 3, 1 f.), doch trägt hier ebensowenig wie auf Denkmälern des frühen Ma. ihr Kopf menschliche Züge. Diese Auffassung scheint vielmehr erst im 12. Jh. aufgekommen zu sein (Email am Klosterneuburger Altar des Nikolaus von Verdun von 1181; Abb. in der Veröffentlichung von Drexler [1903] Taf. 28). Ausnahmsweise finden sich sogar zwei menschliche Köpfe, ein weiblicher und ein männlicher (vergl. hierüber Menzel: Christliche Symbolik II [1854] S. 326). Später erstreckt sich die anthropomorphische Bildung auch auf den Oberkörper. Die Schlange zeigt dann außer dem oft mit einem Krönchen geschmückten Frauenhaupte eine volle Büste und gelegentlich noch Arme. Diesem bei Wiedergabe des Sündenfalls vorherrschenden Typus begegnet man auch mehrfach auf Darstellungen der Maria in ihrer Auffassung als „neue Eva" (vergl. Nr. 853) mit der Schlange zu Füßen (Französische Elfenbeinskulptur der Sammlung A. von Oppenheim in Köln aus den dreißiger Jahren des 14. Jh.; Abb. in den Monatsheften für Kunstwissenschaft IX [1916] Taf. 86, Nr. 6 und als besonders schönes Beispiel der Kupferstich des Meisters der Spielkarten aus Oberdeutschland um die Mitte des 15. Jh.; Abb. bei Geisberg: Die Anfänge des Kupferstiches [1923] Taf. 15).

840. Der D r a c h e. Gleichfalls schon auf altchristlichen Denkmälern ein Sinnbild des Teufels, den Christus oder Heilige wie Georg und Menas überwinden. Die ma. Kunst ergeht sich bei Bildung des Untiers in recht abwechslungsreichen, phantastischen Formen. Neben der am meisten verbreiteten Vorstellung eines echsenartigen Wesens mit mächtigen Flügeln und nach apokalyptischer Auffassung auch mit mehreren Köpfen kommt besonders noch die Gestalt des B a s i l i s k e n in Betracht, der mit seinem bekrönten Vogelkopf, Flügeln und Krallenfüßen an einen Hahn erinnert, im übrigen aber einer Schlange gleicht. Mit dem alttestamentlichen Meeresdrachen, dem L e v i a t h a n (Krokodil, vergl.

Hiob 40, 25 f.), findet sich der Teufel in symbolische Beziehung gesetzt auf einer Miniatur im Hortus deliciarum der Herrad von Landsberg (Taf. 24), wo er von Gott Vater mit der mystischen Angelrute gefangen wird (s. Nr. 443).

841. Der Löwe. Seine Verwendung als Sinnbild des Teufels ist in vereinzelten Fällen bereits in der altchristlichen Kunst nachweisbar; recht offensichtlich jedenfalls auf einem jüngeren Denkmal dieser Epoche, einer Füllungsplatte von der Kathedrale zu Zenica in Bosnien, wo der Löwe im Verein mit einer Schlange gegen die unter dem Schutze des Kreuzes weidenden Lämmer anstürmt (Abb. in der Römischen Quartalschrift IX [1895] S. 220). In der ma. Typologie ist es vornehmlich das Bild des den Rachen des Löwen zerreißenden Simson, das als Parallele zur Höllenfahrt Christi und der Befreiung der Seelen aus den Banden des Satans gewählt wird (Klosterneuburger Altar Taf. 36). Vielleicht darf man aber auch die namentlich im italienischen Kirchenschmuck beliebte Verwendung von Löwen als Trägern von Säulen (Kanzel des Baptisteriums zu Pisa von 1260; Abb. bei Kuhn: Plastik II. S. 483) in diesem Sinne deuten, namentlich wenn unter dem Bauch oder Euter der Tiere Schlangen und ähnliches Gezücht kriechen (Portal von St. Trophime zu Arles um 1150; Abb. ebenda I. S. 366).

842. Sehr beliebt ist die Verbindung der genannten Tiersymbole des Teufels mit dem erhöhten Christus, gleichsam als Illustration zu Ps. 90, 13: Super aspidem et basiliscum ambulabis et conculcabis leonem et draconem. Der Vorwurf gehört bereits der altchristlichen Kunst an. So zeigt der Sarkophag der Pignatta zu Ravenna den Herrn auf dem Throne mit einem Löwen und Drachen unter seinen Füßen (Abb. bei Wulff S. 178, Fig. 173), und über allen vier Tieren, der Schlange, dem Basilisken, Löwen und Drachen schwebt der triumphierende Christus auf einer Lampe vom Palatin wohl aus dem 6. Jh. (Abb. bei Kraus: Realenzyklopädie der christl. Altertümer II [1886] S. 734). Im Ma. findet sich das Motiv ungemein verbreitet namentlich in Werken der Kleinkunst wie Miniaturen und Elfenbeinschnitzereien (Ab-

bildungsmaterial von letzteren in reichem Maße bei Goldschmidt). Ein besonderes Interesse darf in dieser Beziehung die Christusstatue am Türpfeiler des Mittelportals der Kathedrale von Amiens um 1240 (Abb. bei Mâle I. S. 58) beanspruchen. Hier sieht man den Herrn auf dem Löwen und Drachen stehen, während unter dem Sockel Basilisk und Natter sichtbar sind. Letztere hat sich mit dem einen Ohr auf die Erde gelegt, während sie das andere mit ihrem Schwanze zustopft. Durch diese spezielle Charakterisierung der Natter wird zugleich ein Bild des verstockten Sünders gegeben, wie ihn der Psalmist (58, 5 f.) kennzeichnet auf Grund der alten Sage von der vor dem Beschwörer ihr Ohr verschließenden Schlange.

Eine Parallelerscheinung zu dem auf Löwen, Schlangen und Drachen tretenden Christus ist im späteren Ma. aus der Übertragung des symbolischen Gehalts dieser Darstellungen auch auf M a r i a hervorgegangen. Über die auf der Schlange stehende „neue Eva" ist bereits in Nr. 839 gesprochen. Als Fußschemel dient ein Drache der thronenden Madonna am Giebel von St. Maria im Kapitol zu Köln um 1200 (Abb. in Zeitschrift XXVIII [1915] S. 25). Auf einem Drachen und Löwen läßt eine vielleicht französische Elfenbeinskulptur im Hamburger Kunstgewerbemuseum aus der ersten Hälfte des 13. Jh. die thronende Maria ihre Füße setzen (Abb. bei Goldschmidt III. Nr. 133), und die auf dem Löwen stehende Madonna ist ein Typus, der in der Plastik namentlich des östlichen Deutschlands etwa seit den dreißiger Jahren des 14. Jh. angetroffen wird (vergl. die Holzskulptur zu Ladekopp in der Danziger Niederung; Abb. bei Wiese: Schlesische Plastik [1923] Taf. 3). Wundernehmen muß freilich die Vieldeutigkeit dieses Tiersymbols, das z. B. bei der Darstellung des Thrones Salomos (s. Nr. 854) gleichfalls zur Maria in Beziehung tritt, wobei jedoch ein wesentlich anderer Sinn zugrunde liegt.

An weiteren Typen des Teufels aus der Tierwelt sind noch zu nennen:

843. Der F u c h s, in einer Reihe von Szenen, die den ma. Bestiarien entstammen. Beliebt sind Darstellungen, wie er, mit einer

Mönchskutte angetan, den Gänsen aus einem Meßbuche vorliest und predigt, um dann über sie herzufallen (Relief am Westportal des Doms zu Brandenburg vom Ende des 14. Jh.; Abb. in den Kunstdenkmälern der Prov. Brandenburg II, T. 3 [1912] Taf. 42a), oder sich tot stellend von Hühnern angepickt und zu Grabe getragen wird (Skulpturen des 12. Jh. an der Fassade von S. Pietro zu Spoleto und am Portal der nordöstlichen Seite des Doms zu Modena; vergl. Zimmermann S. 45, Abb. 118 und S. 47).

844. Der Eber als Verwüster des Weinstocks nach Ps. 80, 14. (Kapitälrelief in der St. Jakobs- oder Schottenkirche zu Regensburg um 1200.)

845. Als kleiner roter Vogel, der dem Judas in den Mund fliegt, erscheint der Teufel zuweilen auf Abendmahlsdarstellungen in Anlehnung an Joh. 13, 27 (Miniatur eines Benediktionale aus dem 11. Jh. in Maihingen; vergl. Vöge: Eine deutsche Malerschule um die Wende des ersten Jahrtausends [1891] S. 261).

846. Der Centaur. Nach dem Physiologus ursprünglich ein Sinnbild des Häretikers, doch findet sich der Hinweis auf den Teufel bereits bei Hieronymus (Migne P. lat. XXIII, 22), der dem h. Antonius den Satan in Gestalt eines Centaurn entgegentreten läßt. In der Kunst kommt diese Symbolik erst im Ma. zum Ausdruck, und zwar erscheint hier das Ungeheuer vorzugsweise mit dem Pfeile abschießenden Bogen, eine Vorstellung, auf die vielleicht weniger Bibelstellen wie Ps. 11, 2 und 37, 14 oder Eph. 6, 16 eingewirkt haben als die Gewohnheit, den Schützen des Tierkreises als Centaurn darzustellen. Die Beziehung auf den höllischen Versucher mag bei der Miniatur einer Kanontafel des Echternacher Evangeliars zu Gotha vom Ende des 10. Jh. noch zweifelhaft sein, sicher liegt sie bei romanischen Portalskulpturen vor (Erztüren des Augsburger Doms um 1060; Abb. bei Kraus II, 1. S. 213 — Kapellenpforte im Schloß Tirol aus dem 12. Jh.; Abb. in Zeitschrift XX [1907] S. 13).

847. Die S i r e n e, nach antiker Auffassung, die auch in den Physiologus überging, ein Zwittergeschöpf, halb Vogel, halb Jungfrau. Obwohl der Mythus von den verderblichen Verlockungskünsten dieser Wesen insbesondere in Verbindung mit Odysseus den Kirchenvätern zu naheliegenden Betrachtungen Anlaß bot, findet sich eine Bezugnahme darauf in der altchristlichen Kunst doch nur an einigen wenigen Sarkophagfragmenten, deren christliche Herkunft aber nicht unbestritten ist. Um so häufiger begegnen wir den fabelhaften Wesen seit dem 11. und 12. Jh. als plastischem Schmuck an Kirchen vornehmlich in Südfrankreich und Italien. Dabei macht sich jedoch eine Verdrängung des antiken Typus durch einen anderen geltend, der von der Vorstellung der Nereiden ausgehend, den Geschöpfen statt des Gefieders und der Klauenfüße Fischschwänze gibt. So erscheint jetzt die Sirene bald allein, indem sie die Fischschwänze mit beiden Händen emporhebt, bald mit einem Kind an der Brust oder einem Fisch in der Hand, den sie dem Menschen reicht. Gelegentlich hält auch das Junge den Fisch, der rätselhafterweise einmal durch einen Vogel ersetzt ist. Wenn nun auch einerseits die Auffassung der Sirene und insbesondere ihres Attributs des Fisches in der ma. Symbolik keine einheitliche ist, und andererseits eine gelegentliche Verwendung des Motivs in rein dekorativem Sinne schwerlich in Abrede gestellt werden kann, so wird man sich doch in den meisten Fällen an die Deutung auf Verführung und Verlockung zu halten haben, wie sie Herrad von Landsberg im Hortus deliciarum (S. 44) gegeben hat (vergl. die einschlägigen Abb. bei Cahier I. S. 142 f., 208, 243 und in den Freiburger Münsterblättern II [1906] S. 23 f.).

848. Eher eine symbolische Tendenz als nur die Absicht einer lediglich künstlerischen Ausschmückung möchte man gleichfalls bei jenen an Kirchenportalen sehr beliebten Darstellungen voraussetzen, die durch die Bildersprache des Psalters beeinflußt, den M e n s c h e n i m K a m p f m i t w i l d e n T i e r e n wie Drachen, Löwen, Greifen, Bären u. a. vorführen, wenngleich die Auffassung dieser Bestien als Werk-

zeuge des Bösen nicht überall eine so durchsichtige ist wie beispielsweise an einem Kapitäl der Kirche St. Sernin in Toulouse aus dem 12. Jh., wo der Angriff des Drachen im Beisein des Satan erfolgt (Abb. bei Goldschmidt: Der Albani-Psalter [1895] S. 56).

Anmerkungsweise sei hier auch ein Wort über die Leuchtersymbolik gesagt. Am Fuß, Schaft und Tropfteller romanischer Leuchter pflegt sich unter Einwirkung von Vorbildern, die die Behandlung der Standfläche antiker Lichtträger bot, ein Gewimmel von Löwen, Greifen, Drachen, Schlangen und ähnlichem Gewürm bemerkbar zu machen. In welchem Sinne aber das Ma. diese Wesen auffaßte, ob als lichtfreundliche oder als lichtfeindliche, darüber dürfte man schwerlich einig werden, wenn man etwa die bei Cahier III. S. 191 f. abgebildeten Beispiele betrachtet, bei denen ein und dieselbe phantastische Tiergattung bald der Kerzenflamme zustrebt, bald sich von ihr abkehrt. Eine bestimmte Deutung läßt sich nur in den wenigsten Fällen geben. So legt die fast ausschließliche Verwendung der Eidechse auf einem aus Gandersheim stammenden romanischen Leuchter im Braunschweiger Museum die Vorstellung des Tieres als eines Lichtsymbols nahe, zumal der Physiologus von einer Gewohnheit zu berichten weiß, wonach die im Alter blind gewordene Eidechse durch den Spalt einer Mauer kriecht, sich dabei häutet und auf diese Weise wieder sehend wird. Ebenso verhält es sich mit dem am Tropfteller eines bei Cahier III. S. 202, Nr. 17 abgebildeten Leuchters mehrfach angebrachten Adler, dessen Beziehung zur Sonne in den ma. Bestiarien wiederholt zum Ausdruck kommt (vergl. Nr. 807).

849. Allmählich verliert die symbolische Darstellung des Teufels an Bedeutung gegenüber der im Ma. aufkommenden anthropomorphischen Bildung, für die die biblische Auffassung besonders in den Berichten von der Versuchung Hiobs (c. 2) und Christi (Matth. 4, 3) grundlegend war. In rein menschlicher Gestalt, nackt bis auf ein um die Lenden geschlagenes Tuch, aber von dunkler Hautfarbe und mit Flügeln erscheint er auf einer Miniatur der griechischen Handschrift des Gregor von Nazianz aus dem 9. Jh. in der Pariser Nationalbibliothek (Abb. bei Omont: Fac-similés des miniatures des plus anciens mss. grecs de la Bibliothèque Nat. [1902] Taf. 35). Bald jedoch treten unter Zurückgreifen auf antike Momente eine Reihe tierischer Züge hinzu, die dem Teufel ein satyrähnliches Aussehen geben. Der Körper zeigt zottige Behaarung, der Kopf eine Fratze

mit langen Ohren, Hörnern und starken Zähnen, die Füße sind Bocksbeine oder haben ebenso wie die Hände lange Krallen, die Brüste hängen tief herab, und dem Hinterleib ist ein Schwanz angesetzt (so mehrfach in Prachthandschriften der höfischen Kunst Deutschlands aus dem 10. und 11. Jh.; vergl. u. a. die Abb. aus dem Echternacher Evangeliar zu Gotha bei Steinhausen: Geschichte der deutschen Kultur I [1913] Taf. nach S. 180).

Die Folgezeit bringt weniger Neues in der Auffassung als eine Spezialisierung der beiden Naturen dieser Zwitterbildung. Durch den Wechsel leidenschaftlicher Aktivität gewinnt jetzt das Menschliche in der Gestalt des Teufels gegenüber der bis dahin mehr abstrakten Auffassung ein individuelleres Gepräge. Zugleich werden aber auch die tierischen, satyrhaften Züge zu dämonenhafter Scheußlichkeit gesteigert namentlich durch den Kontrast stark abgemagerter und übertrieben schwammiger Körperformen, durch Verwendung von Fledermausflügeln und Schlangenteilen sowie durch Entstellung des Bauches und Gesäßes mittels Fratzen. Den Höhepunkt erreicht die Schilderung infernaler Bestialität in der Charakterisierung des Höllenfürsten Luzifer. Hervorragende Beispiele für die Entwicklung nach dieser Richtung hin bieten die Teufelsgestalten auf den Darstellungen des jüngsten Gerichts der Pisani (Kanzeln zu Pisa, Siena und Pistoja von 1260—1301) und Giottos (Fresko in der Arena zu Padua um 1306) sowie auf dem Gemälde der Hölle von Orcagna in der Cappella Strozzi in S. Maria Novella zu Florenz um 1357 (Abb. bei Kraus: Dante [1897] Fig. 74), letzteres eine getreue Illustration von Dantes Inferno (vergl. Köppen: Der Teufel und die Hölle in der Kunst. 1895).

Schließlich ist noch einiger singulärer Erscheinungen zu gedenken. Den Füßen des Teufels Flügel anzusetzen, scheint auf französischer Vorstellung zu beruhen (vergl. die Veröffentlichung des illustrierten Psalters aus dem 13. Jh. in der Pariser Nationalbibliothek — Ms. lat. 8846 — Pl. 6 und 15). Da der Nimbus ursprünglich als Zeichen der Macht überhaupt gilt, wird er gelegentlich auch dem Satan beigelegt (Miniatur einer Bibel aus dem 9. oder 10. Jh. in der Pariser Nationalbibliothek; Abb. bei Didron S. 163). Ferner gehört hierher die teuflische Nachäffung der Dreieinigkeit. Mag dem dreiköpfigen oder dreigesichtigen Höllenfürsten, wie er bereits in den Apokryphen vorkommt, ursprünglich die Erinnerung an den antiken Cerberus zugrunde liegen, so wird diese Vorstellung in der ma. Literatur und Kunst doch zweifellos begleitet von der Idee eines Gegenbildes der göttlichen Trinität, insbesondere gilt das von den durch Dantes Schilderung des Luzifer (Inferno XXXIV, 37 f.) beeinflußten Schöpfungen (vergl. das oben erwähnte Gemälde Orcagnas). Gewöhnlich sind dabei die tierischen Züge des Satan stärker betont, es fehlt aber auch nicht an Darstellungen, bei denen der menschliche Charakter mehr gewahrt bleibt (wiederholt im französischen Miniaturenschmuck der Bible moralisée des 13. Jh.; vergl. die Veröffentlichung von De Laborde Paris 1911 f. I. Pl. 106, 111, 112, II, 225, 229 u. öfter), und selbst dem Versuch, in den drei Gesichtern durch individuelle Behandlung bestimmte Eigenschaften des Bösen zum Ausdruck zu bringen, begegnet man auf einer Zeichnung Grünewalds allerdings erst aus dem Anfang des 16. Jh. (Abb. in Zeitschrift XXV [1912] S. 217). Einzigartig durch den Gegensatz zu den sonst üblichen abschreckenden Teufelsbildungen ist die Gestalt des Satan mit hübschen Gesichtszügen, langen Locken und einer Krone aus Pfauenfedern auf einer Miniatur der lateinischen Handschrift Nr. 8201 vom Jahre 1414 aus Metten in der Münchener Staatsbibliothek (vergl. Zeitschrift XXV [1912] S. 220, Anm. 10).

Über die Hölle als Behausung des Teufels s. Nr. 819—820.

850. Als Schutzmittel gegen böse Geister finden sich vornehmlich in der ma. Kirchenskulptur folgende mystische Zeichen, deren Ursprung sich bis ins Altertum hinein verliert: das Pentagramm (Drudenfuß, Pentalpha oder Albenkreuz), das Oktogramm und das Haken- oder Pfötchenkreuz, auch crux gammata genannt (vergl. Nr. 15 und Bergner S. 558 nebst Fig. 473).

VI.

MARIA.

SINNBILDER, DIE SICH AUF DIE VORFAHREN BEZIEHEN.

Zurückweisung des Opfers Joachims und Annas.

851. Adam und Eva aus dem Paradiese vertrieben. 1. Mos. 3, 23 f. (Teppich der Kathedrale zu Reims um 1500. Mâle II. S. 252. Anm. 2.)

852. Hanna vom Hohenpriester Eli hart angelassen. 1. Sam. 1, 12 f. (Ebenda.)

VOR- UND SINNBILDER DER PERSON MARIAS.

Über die Bundeslade und den siebenarmigen Leuchter als Vorbilder Marias s. Nr. 103 und 104.

853. Eva (als Antitypus. Umkehrung des Engelgrußes „Ave" bei Luc. 1, 28 in der Vulgata). Dem Eingang der Sünde in die Welt durch ein Weib die Errettung der Menschheit durch eine zweite Stammutter, eine neue Eva, gegenüberzustellen, ist bereits bei den Vätern der alten Kirche eine beliebte Betrachtungsweise, die jedoch in der Kunst erst später ihren Widerhall gefunden hat. Seit dem 13. Jh. wird es üblich, dem Gedanken, daß wie Eva der Sünde erlag, so Maria deren Überwinderin ward, vermittels der Schlange zu Füßen der Gottesmutter einen bildlichen Ausdruck zu geben (Skulptur am Pfeiler des Mittelportals der Kathedrale zu Laon aus dem 13. Jh. — Wandgemälde im Emauskloster zu Prag aus dem dritten Viertel des 14. Jh. mit den

beiden Vorbildern dazu: Judith zeigt das Haupt des Holofernes [Jud. 13, 19] und David mit dem Haupte Goliaths [1. Sam. 17, 49 f.]; Abb. bei Neuwirth Taf. 3—5). Gelegentlich sieht man jedoch die Gestalt der Eva selbst unter dem Throne der Madonna liegen, eine Feige in der Hand haltend oder die Schlange von sich abwehrend, auch in Begleitung ihrer Kinder Kain und Abel (Fresko des Ambrogio Lorenzetti in S. Galgano bei Siena um 1330 und eine Reihe hiervon abhängiger Gemälde der Sieneser Schule; vergl. die Abb. der Tafel des Schnütgen-Museum zu Köln in Zeitschrift XXV [1912] S. 133, wo die zu Füßen Marias ruhende Eva durch einen achteckigen Nimbus ausgezeichnet ist). Noch bedeutsamer wirkt sich die Antithese aus, wenn im Rahmen der symbolischen Darstellungen der Kirche als Braut Christi, des Lebensbaumes oder des lebenden Kreuzes Eva und Maria einander gegenüberstehen, die eine als Repräsentantin der Sünde und des Todes, die andere als Typus der Erlösung und des Lebens. Näheres hierüber s. unter Nr. 1002 f., 1030 und 1038.

854. Der Thron Salomos. Nach 1. Kön. 10, 18 f. ließ Salomo einen Thron von Elfenbein und Gold bauen mit zwei Löwen an den Lehnen und zwölf weiteren zu beiden Seiten der sechs Stufen. Mittelalterliche Theologen wie Petrus Damiani (vergl. Migne P. lat. CXLIV, 736 f.) machten den Thron als Sitz der Weisheit zum Sinnbild der Maria, der Mutter des wahren Salomo, und es entwickelte sich daraus eine recht weitgehende aber nicht durchweg einheitliche Symbolik: Das Elfenbein wurde auf die Jungfräulichkeit der Maria, das Gold auf die sie überschattende Gottheit oder auch auf ihre vollkommene Liebe bezogen, das Löwenpaar an den Lehnen bald mit den beiden Johannes, bald mit Gabriel und dem Evangelisten Johannes oder auch mit den mosaischen Gesetzestafeln verglichen, während die zwölf weiteren Löwen auf die Apostel oder Altväter der Maria gedeutet werden, die Stufen auf die Tugenden, und die beiden Hände, die den Thron halten (III. Reg. 10, 19 nach der Vulgata), auf Gott Vater und den h. Geist.

Einwirkungen dieser Vorstellungen auf die Kunst scheinen sich vor der Wende des 12. zum 13. Jh. nicht bemerkbar zu machen. Verhältnismäßig einfach ist die Darstellung auf dem aus dem Ausgang des 12. Jh. stammenden Gemälde der Chorapsis der Neuwerkkirche zu Goslar, wo Maria mit dem Kinde, umgeben von sieben Tauben, den Gaben des h. Geistes, auf einem goldenen Throne sitzt, dessen sechs Stufen an jedem der beiden Enden einen Löwenkopf zeigen (Abb. im Archiv für Niedersachsens Kunstgeschichte hrsg. v. Mithoff III. Taf. 22). Später sind die Tugenden Marias mit in die Darstellung einbezogen, und auch das Motiv der Versöhnung der über das Schicksal des ersten Menschen in Streit geratenen Tugendpaare der Barmherzigkeit und Wahrheit wie der Gerechtigkeit und des Friedens (vergl. Nr. 46) hat gelegentlich Berücksichtigung gefunden (Wandgemälde in der Johannes-Taufkirche zu Brixen aus der Mitte des 13. Jh.; Abb. in Zeitschrift XXI [1908] S. 149). Unter den zahlreichen Zeugen und Verehrern der Weisheit, die den Thron umgeben, sieht man Propheten, Apostel, Kirchenväter, den König David und in der Gruppe der erleuchteten Heiden Virgil, Albumasar und die Sibyllen (Malerei im Nonnenchor des Doms zu Gurk aus der zweiten Hälfte des 13. Jh.; Abb. in Mitteilungen XVI [1871] Taf. 6 — Westfälisches Tafelgemälde aus dem ehem. Nonnenkloster Wormel aus dem 14. Jh.; jetzt im Kaiser-Friedrich-Museum zu Berlin, wo jedoch der eigentliche Thronsessel fehlt, und Maria auf der Mondsichel über den Stufen schwebt; Abb. in den Mitteilungen der „Graphischen Künste“ 1922 S. 14, vergl. dazu Jahrbücher für Kunstwiss. V [1873] S. 102). Zuweilen läßt man auch noch den Herrscher Salomo zu Füßen der Madonna sitzen, um den Beschauer nachdrücklicher darauf aufmerksam zu machen, daß es sich hier um die Darstellung seines Thrones handelt (Skulpturen am Mittelportal der Westfassade des Straßburger Münsters vom Ende des 13. Jh.; Abb. in den Elsässischen und Lothring. Kunstdenkmälern I. [1901] Taf. 71 — Gemälde im Sommerrefektorium zu Bebenhausen um 1335; Abb. bei Beissel S. 487).

Ist der Gesichtskreis der allegorischen Betrachtung bei den bisher gedachten marianischen Typen ein weiterer, so geht die stattliche Zahl der nun folgenden Symbole ausschließlich auf Vorstellungen von der Jungfräulichkeit der Mutter Gottes zurück. Als Hauptquelle dieser dem christlichen Altertum fremden Vergleiche kommt die Hymnendichtung bereits des frühen Ma. in Betracht. Was darin an neuen Beziehungen zu Maria dem Volksbewußtsein nahe gebracht wird, hat später seinen Niederschlag in den Marienlitaneien (seit dem 12. Jh.) gefunden und in dem zwischen 1493 und 1496 zu Zinna gedruckten Marienpsalter des Hermann Nitzschewitz die vollendetste Ausprägung erfahren. Die Verwertung des Inhalts jener Poesie im Bereiche der bildenden Künste blieb jedoch dem 14. und 15. Jh. vorbehalten.

Von den gebräuchlichsten Typen dieser Art seien zunächst diejenigen genannt, denen wir bereits unter den Sinnbildern der Verkündigung an Maria (Nr. 38 f.) und der Geburt Christi (Nr. 58 f.) begegnet sind:

855. Der brennende Busch des Moses. 2. Mos. 3, 2. (S. auch unsere Taf. 5, Reihe 5, Bild 2.)

Einzigartig ist ein Gemälde von Nic. Froment in der Kathedrale zu Aix um 1475, wo Maria selbst mit dem Kinde in dem feurigen Busch sitzt (Lafenestre: L'exposition des Primitifs français [1904] S. 55).

856. Der über Nacht erblühende Stab Aarons. 4. Mos. 17, 23. (S. auch unsere Taf. 5, Reihe 2, Bild 2.)

857. Gideons Vließ. Richt. 6, 36 f. (S. auch unsere Taf. 5, Reihe 2, Bild 3.)

858. Die verschlossene Pforte des Heiligtums. Hes. 44, 2. (S. auch unsere Taf. 5, Reihe 5, Bild 3.)

Unter den zahlreichen Denkmälern, die gerade für die Auswahl dieser vier Typen eine besondere Vorliebe zeigen, hebe ich eine Gruppe von Gemälden des 15. Jh. hervor, die ein völlig gleiches Schema für die Anordnung jener Symbole um das im Mittelfelde stehende Marienbild miteinander verbindet. Dahin gehört u. a. eine Tafel des Provinzialmuseum zu Bonn (Abb. in Zeitschrift XVII [1904] Taf. 5), eine solche in der Klosterkirche Neuwerk bei M.-Gladbach (Abb. bei Burger II. S. 398, Fig. 482), sowie der Hauptaltar der Kirche zum h. Kreuz in Rostock (Abb. in Zeitschrift VIII [1895] S. 178).

Für den Wechsel typologischer Vorstellungen ist es bezeichnend, daß von ursprünglich auf Christus bezogenen Sinnbildern mehrere später zugleich eine Deutung auf die Jungfräulichkeit der Maria erfahren haben und in diesem Sinne auch in der Kunst des 14. und 15. Jh. verwendet sind. Es betrifft dies folgende vier Symbole:

859. Der durch Gebrüll seine Jungen zum Leben erweckende Löwe; vergl. Nr. 519. (Chorstuhlwange aus Berchtesgaden vom Anfang des 14. Jh.; Abb. in Zeitschrift XVII [1904] S. 211 — S. auch die beigegebene Taf. 5, Reihe 4, Bild 3.)

860. Der Pelikan, mit seinem Blut die Jungen aufziehend; vergl. Nr. 426 und 517. (Ebenda — S. auch unsere Taf. 5, Reihe 3, Bild 3.)

861. Der Phönix, sich im Feuer verjüngend; vergl. Nr. 427 und 518. (Skulptur am Westportal von St. Lorenz in Nürnberg zwischen 1350 und 1360 — S. auch unsere Taf. 5, Reihe 3, Bild 2.)

862. Das Einhorn; vergl. Nr. 19, 45 und 65. (Ursprünglich ebenfalls am Berchtesgadener Chorgestühl — S. auch unsere Taf. 5, Reihe 4, Bild 2.)

863. Als gebräuchlicheres Tiersymbol für die Jungfräulichkeit der Maria findet sich im hohen Ma. noch der Strauß, der nach dem Physiologus seine Eier von der Sonne ausbrüten läßt. Die Sonne fehlt auch wohl angesichts der Vorstellung, daß der Vogel schon durch bloßes Anschauen der Eier die nämliche Wirkung erreicht (Chorgestühl aus Berchtesgaden vom Beginn des 14. Jh.; Abb. in Zeitschrift XVII [1904] S. 213 — S. auch die beigegebene Taf. 5, Reihe 6, Bild 4).

864. Weit ansprechender erweist sich die seit dem 14. Jh. (s. Speculum h. s. Taf. 6) vorkommende Bildform für den gleichfalls schon bei den frühmittelatlerlichen Hymnendichtern beliebten Vergleich der Jungfrau Maria mit dem v e r s c h l o s s e n e n G a r t e n (Hortus conclusus) des Hohenliedes (4, 12), dem in der Regel noch ein weiteres marianisches Symbol beigegeben ist, nämlich die ebendort erwähnte v e r s i e g e l t e Q u e l l e (Fons signatus). Beide Sinnbilder finden sich nicht selten in recht diskreter Weise im landschaftlichen Hintergrund von Darstellungen der Muter Gottes angebracht (vergl. das Titelbild bei Beissel mit Maria unter einem Tabernakel nach dem Gemälde eines niederländischen Meisters aus dem Ende des 15. Jh.).

Indes ist der verschlossene Garten nicht bloß ein für sich bestehendes Zeichen, er wird auch gern als Schauplatz gewählt für die Jagd nach dem Einhorn (vergl. Nr. 45), wobei das blumenreiche Beet, auf dem die Jungfrau mit dem Einhorn im Schoße sitzt, noch eine Reihe anderer marianischer Typen in seiner Umzäunung einschließt, wie Aaronsstab, Vlies Gideons, goldene Urne der Bundeslade mit dem Manna (2. Mos. 16, 33; Hebr. 9, 4) usw. Offenbar liegen dem Motiv des verschlossenen Gartens in dieser Form die nämlichen Vorstellungen zugrunde wie dem Thema der M a d o n n a i m R o s e n h a g. Sie wurzeln beide in der mystischen Naturverklärung des Ma., die Maria geradezu als Blumenfeld auffaßt, da in ihr allerhand Blumen sind, wie das Veilchen als Zeichen der Demut, die Lilie als Sinnbild der Keuschheit und die Rose in den Farben weiß und rot als Symbol reinen Magdtums und vollkommener Liebe. Wie daher die Bilder der Madonna im Rosenhag die Maria mit dem Kinde auf blumiger Wiese in einer Hecke von Rosen thronen lassen (am sinnigsten auf dem Gemälde Stephan Lochners in Köln), so ist auch der verschlossene Garten, in dem die Jungfrau mit dem Einhorn sitzt, ein einziges Beet von Blumen dieser Art (vergl. den niederrhein. Metallschnitt aus der Mitte des 15. Jh. bei Schreiber: Meisterwerke der Metallschneidekunst I [1914] Nr. 4 sowie eine Stickerei aus St. Martin in Oberlahnstein um 1500; Abb. in der Revue de l'art chrétien 1888. Taf. 3).

865. Einem anderen Typus der Vereinigung marianischer Sinnbilder begegnet man um die Wende des 15. zum 16. Jh. vorzugsweise im Bildschmuck der Erbauungsbücher. Die Absicht der Verherrlichung Marias geht hier weiter, indem neben der Jungfräulichkeit auch die unbefleckte Empfängnis der Mutter Gottes gewürdigt wird. So sieht man Maria ohne Kind mit gefalteten Händen in einer mehr schwebenden als auf dem Erdboden stehenden Haltung unter dem Bilde Gott Vaters, dem ein Spruchband die Worte des Hohenliedes (4, 7) in den Mund legt: „Du bist allerdinge schön, meine Freundin, und ist kein Flecken an dir". Rings um die Figur herum aber ist eine Reihe von Symbolen gestellt, die zumeist als Ausfluß der bilderreichen Schilderung der Vorzüge der Braut des Hohenliedes wiederum dank der vermittelnden Rolle der Hymnendichtung fest im Vorstellungskreise des Volkes wurzelten. Abgesehen von dem bereits erwähnten Sinnbild des verschlossenen Gartens handelt es sich dabei um folgende Typen:

866. Sonne (Electa ut sol).

867. Mond (Pulcra ut luna).

868. Stern (Stella maris. Beliebte Deutung des Namens Maria).

869. Himmelspforte (Porta coeli).

870. Lilie (Sicut lilium inter spinas).

871. Zeder (Cedrus exsaltata).

872. Rose (Plantatio rosae).

873. Olive (Oliva speciosa).

874. Brunnen des Gartens (Fons hortorum).

875. Brunnen lebenden Wassers (Puteus aquarum viventium).

876. Das blühende Reis aus Jesse (Virga Jesse floruit).

877. Spiegel (Speculum sine macula).

878. Stadt Gottes (Civitas Dei).

879. Turm Davids (Turris David cum propugnaculis).

Zur Darstellungsart dieser Vergleiche sei auf die beiden Holzschnitte unserer Taf. 4 verwiesen. Der linke, ein niederrheinisches Produkt des ausgehenden 15. Jh. bewegt sich noch ganz in den Bahnen der gotischen Buchillustration, während der rechte von Hans Weiditz aus dem Anfange des 16. Jh. in besonders interessanter Weise den Unterschied veranschaulicht, wie sich die Renaissance mit einem solchen Thema abzufinden wußte.

In höchst merkwürdiger Gestalt präsentiert sich das letztgenannte Sinnbild des Davidischen Turmes auf einem österreichischen Gemälde des Stiftes Klosterneuburg um 1500, das die Maria mit Helm und Panzer neben zwei engelischen Mächten darstellt, während der mit Waffen behängte Turm im Hintergrunde sichtbar ist (Abb. bei Drexler und List: Tafelbilder aus dem Museum des Stiftes Klosterneuburg [1902] Taf. 3).

880. Eine symbolische Tendenz hat man auch jenen Bildern beigelegt, die die Maria ohne Kind als Tempeljungfrau mit langem über den Rücken fallenden Haar wiedergeben in einem mit Ähren verzierten Gewande, dessen Halsausschnitt von einem Kranze flammender Strahlen umgeben ist. Das älteste Gnadenbild dieser Art war ein vor 1465 untergegangenes Gemälde im Mailänder Dom, als dessen Kopie sich u. a. ein süddeutscher Holzschnitt in der Graphischen Sammlung zu München aus der Mitte des 15. Jh. ausgibt (beste Abb. bei Hirth und Muther: Meister-Holzschnitte aus vier Jahrhunderten [1893] Taf. 10—11). Die mehrfach vertretene Deutung des Ährenmotivs entweder auf die gebenedeite Frucht des Leibes der Maria (Luk. 1, 42) oder auf den Heiland als Brot des Lebens (Joh. 6, 35) ist aber doch wohl nur als eine nachträgliche Erklärung der eigenartigen Erscheinung zu bewerten. Den eigentlichen Ursprung scheint vielmehr die neuerdings versuchte Ableitung des Sujets aus der Vorstellung des Sternbildes der Jungfrau zu berühren, deren sinnfälligstes Attribut die Ähre war.

Demnach würde die Darstellung der Ährenkleid-Madonna auf die nämliche astrologische Quelle zurückzuführen sein, der auch die auf dem Mond stehende und mit der Sonne bekleidete Jungfrau des Apokalyptikers (Off. 12, 1) entstammen (vergl. Rathe in den Mitteilungen der „Graphischen Künste“ 1922. S. 1 f.).

Sehr beträchtlich, aber wenig erfreulich ist die Bereicherung, die die marianische Typologie durch das Defensorium inviolatae virginis b. Mariae des Dominikaners und Professors der Theologie zu Wien Franz von Retz († 1427) erfahren hat. Trotz aller Willkür und Geschmacklosigkeit dieser Symbolik ist ihre Übertragung ins Figürliche nicht auf die illuminierten Handschriften des Werkes (etwa seit den vierziger Jahren des 15. Jh.) sowie seine Blockbuchausgaben (1470 und 1471; vergl. Schreiber: Manuel IV. S. 367 f.) und Drucke beschränkt geblieben, es haben aus der nämlichen Quelle auch einige Tafelbilder geschöpft, wie der Altar in Stams von 1426 (Abb. in Zeitschrift XVIII [1905] Taf. 10) und ein Gemälde zu Schleissheim aus der Mitte des 15. Jh. (vergl. die beigegebene Taf. 5). Man steht hier folgenden neuen Vorbildern gegenüber:

881. Der Vogel Carista (Charista) schwebt über einem auf einem Berge brennenden Feuer ohne zu verbrennen. (Vergl. die beigegebene Taf. 5, Reihe 1, Bild 2.)

882. Die Bärin, die nach der mittelalterlichen Naturgeschichte ihr neugeborenes Junges beleckt, um ihm bessere Formen zu geben. (Ebenda Reihe 1, Bild 3.)

883. Ein im Feuer umgestürzter aber nicht beschädigter Turm. (Ebenda Reihe 1, Bild 4.)

884. Der kranke König Hiskia liegt auf seinem Bette, während zum Zeichen seiner Genesung der Schatten auf der Sonnenuhr zurückweicht. 2. Kön. 20, 8 f. (Ebenda. Reihe 2, Bild 1.)

885. Der Vogel Charadrius [vergl. Nr. 578]. (Ebenda Reihe 2, Bild 4.)

886. Das sagenhafte Tier Bonofa, dessen Männchen das Weibchen durch Anhauchen befruchtet. Das Tier ist bald als gehörnter Vierfüßler (Rind), bald als Vogel gedacht. (Ebenda Reihe 3, Bild 1 — v. Schlosser Taf. 21 P 1.)

887. Geier, der ohne Zutun des Männchens Junge erbrütet. (Ebenda Reihe 3, Bild 4.)

888. Danae, die durch einen goldenen Regen Mutter wurde. (Ebenda Reihe 4, Bild 1.)

889. Eine Stute in Kappadokien, die dem Winde entgegeneilte und dadurch trächtig wurde. (Ebenda Reihe 4, Bild 4.)

890. Muscheln (Schnecken), durch auf sie fallenden Tau befruchtet. (Ebenda Reihe 5, Bild 1 — v. Schlosser Taf. 20 K 2.)

891. Der Vogel Isida (Ysida, Hispida), der nach seinem Tode ein neues Gefieder bekommt. (Ebenda Reihe 5, Bild 4.)

892. Wunderbare Eichbäume, die Trauben hervorbringen. (Ebenda Reihe 6, Bild 2.)

893. Wunderbäume, auf denen neben Früchten sogar Vögel (Karabas) wachsen. (Ebenda Reihe 6, Bild 3.)

Der Vollständigkeit halber seien nachstehend noch die in den Ausgaben des Defensorium vereinzelt gebliebenen Symbole aufgeführt sowie einige Typen von gleichfalls singulärer Bedeutung, die sich auf einem österreichischen Miniaturblatt aus der zweiten Hälfte des 15. Jh. im Wiener kunsthistorischen Museum finden:

894. Eine Frau mit neugeborenen Zwillingen, die Türen durch einfache Berührung zu öffnen vermögen. (v. Schlosser Taf. 18, A 2.) Doch findet sich auch nur e i n Kind, das ein Schloß öffnen will. (Waltherns Blockbuch des Defensorium Bl. 9.)

895. Die Kraft des Magneten, die sowohl Menschen wie Eisen anzieht. (v. Schlosser Taf. 18, B 1 und Taf. 21, O 1.)

896. Quelle, deren Wasser eine versteinernde Wirkung hat. (Ebenda Taf. 18, B 2.)

897. Der ewig brennende Stein Albeston. (Ebenda Taf. 18, C 1.)

898. Ein mit menschlicher Stimme redender Stier. (Ebenda Taf. 18, C 2.)

899. Ein in Stein verwandelter Mensch. (Ebenda Taf. 18, D 1.) Doch findet sich dafür auch Lots Weib (G. Reysers Inkunabeldruck des Defensorium Bl. 21b).

900. Durch Himmelskraft in Stein hervorgebrachte Menschenbilder. (v. Schlosser Taf. 18, D 2.)

901. Ein von der Sonne mit dem Dunst zu den Wolken gezogenes Kalb. (Ebenda Taf. 19, F 1.)

902. Der durch den Einfluß des Mondes leuchtende Selenitstein. (Ebenda Taf. 19, F 2.)

903. Die Vestalin Claudia macht zum Beweise ihrer Jungfrauschaft ein aufgefahrenes Schiff wieder flott. (Ebenda Taf. 19, G 1.)

904. Die Vestalin Aemilia, mit ihrem Schleier das Feuer entzündend. (Ebenda Taf. 19, G 2.)

905. In Blut verwandelter Wein. (Ebenda Taf. 20, J 1.)

906. In Blut verwandelter Strom. (Ebenda Taf. 20, J 2.)

907. Die Vestalin Tuccia trägt zum Beweise ihrer Jungfrauschaft Wasser in einem Sieb. (Ebenda Taf. 20, L 1.)

908. Versteinertes Vogelnest. (Ebenda Taf. 21, M 2.)

909. Cyrus von einer Hündin gesäugt. (Ebenda Taf. 21, P 2.)

910. Ein durch einen Windstoß von seiner Herde fortgetragener Schäfer. (Ebenda Taf. 22, Q 1.)

911. In eine Stute verzauberte Frau. (Ebenda Taf. 22, Q 2.)

912. Vom Himmel regnendes Getreide. (Ebenda Taf. 22, R 1.)

913. Vom Himmel fallende Meteorsteine. (Ebenda Taf. 22, R 2.)

914. Die Menschen in Tiere verwandelnde Circe. (Ebenda Taf. 22, S 1.)

915. Verwandlung der Genossen des Diomedes in Vögel. (Ebenda Taf. 22, T 2.)

916. Das ewig brennende Feuer im Venustempel. (Ebenda Taf. 23, X 1.)

917. Der „Ave" sprechende Papagei. (Ebenda Taf. 23, X 2.)

918. Jupiters Verwandlung vor der Europa in einen Stier. (Ebenda Taf. 23, Y 1.)

919. Die ewig grünenden Bäume der Insel Tylon. (Ebenda Taf. 23, Y 2.)

920. Sich in einem Brunnen entzündende Fackeln. (Waltherns Blockbuch des Defensorium Bl. 7.)

921. Der von Feuer sich nährende Salamander. (G. Reysers Inkunabeldruck des Defensorium Bl. 26a.)

922. Sich von Wasser nährende Heringe. (Ebenda Bl. 27a.)

923. Ein Fruchtbarkeit verleihender Brunnen. (Ebenda Bl. 27b und 28a.)

924. Der dem Feuer und Eisen widerstehende Diamant. (Ebenda Bl. 28b.)

925. Die Schiffer einschläfernde Sirene. (Österreichische Miniatur aus der zweiten Hälfte des 15. Jh.; Abb. bei v. Schlosser Taf. 16.)

926. Der sein in ein Glas eingeschlossenes Junges befreiende Strauß [vergl. Nr. 500]. (Ebenda.)

927. Das den Drachen tötende Wiesel [Ichneumon]. (Ebenda.)

928. Der von einem Krokodil über den Nil getragene Einsiedler. (Ebenda.)

929. Die nach der Laute hüpfende Quelle. (Ebenda.)

930. Arion auf dem Delphin. (Ebenda.) Auch am Ufer die Harfe spielend. (Waltherns Blockbuch des Defensorium Bl. 4.)

Die Auffassung der Maria als Mittlerin findet ihre bildliche Ausdrucksform in den aus rein individueller Religiosität heraus geborenen Darstellungen der sog. Mantelschaft und der Entblößung der Brust Marias. Liegt ersterem Vorwurf lediglich der Gedanke der Fürsprache bei Gott

Vater zugrunde, so zieht das letztgenannte Sujet auch eine Vermittlung Marias beim Sohne mit in Betracht.

931. Der Begriff der Mantelschaft geht von der ma. Anschauung aus, wonach es ein Zeichen des Schutzes und der Anerkennung war, wenn jemand einen anderen unter seinen Mantel nahm. Die Anwendung der Idee auf Maria ist ursprünglich zisterziensisch und findet sich zuerst bei Cäsarius von Heisterbach in seinem Dialogus miraculorum (VII, 59 und XII, 37) aus dem ersten Drittel des 13. Jh. Danach kam einst ein Zisterziensermönch in den Himmel, fand aber dort keinen seiner Ordensgenossen. Auf seine Frage nach dem Grunde dieser befremdenden Wahrnehmung erhält er von Maria die Antwort: Alle, die zum Zisterzienserorden gehören, sind mir so lieb und wert, daß ich sie auf meinen Armen tragen möchte. Bei diesen Worten öffnet Maria ihren weiten Mantel und zeigt ihm darunter eine zahllose Menge Mönche und Nonnen seines Ordens. Noch in demselben Jahrhundert wird die Legende aber auch von anderen Ordensgemeinschaften wiederholt, insbesondere von den Dominikanern, und bald tritt die Beschränkung auf die Klosterleute überhaupt zurück gegenüber der verallgemeinernden Deutung, daß jeder, der den Schutz Marias sucht, auch einen Platz unter ihrem Mantel findet.

Die Behandlung des Gegenstandes in der Kunst, wofür nach einer der Akklamationen des Salve Regina auch der Name Mater misericordiae gebräuchlich wurde, ist vor dem 14. Jh. nicht nachweisbar. Der ursprüngliche Typus wird wohl der gewesen sein, daß unter dem von Maria selbst oder von Engeln und Heiligen ausgebreiteten Mantel nur Ordensleute stehen, wobei Maria bald als Königin, bald als Gottesmutter mit dem Kinde wiedergegeben ist (vergl. die Zisterziensersiegel aus Frankreich um die Mitte des 14. Jh.; Abb. bei Perdrizet: La vierge de miséricorde [1908] Pl. 2). Sehr bald indes erweitert sich der Kreis der Schutzbefohlenen zur Civitas Dei, indem außer weiteren Vertretern des geistlichen Berufs zur Rechten Marias, wie Bischöfen, Kardinälen und Papst, zu ihrer Linken noch die Repräsentanten des weltlichen Standes mit dem Kaiser an der Spitze unter dem Mantel gruppiert werden. Bereits in der zweiten Hälfte des 14. Jh. begegnet man solchen Mater-omnium-Darstellungen (Gemälde von Bartolo di Fredi zu Pienza), als deren schönstes wohl die Retabel des Locherer Altars im Münster zu Freiburg i. Br. aus dem Beginn des 16. Jh. zu gelten hat (Abb. in den Münsterblättern I [1905] S. 31). Nur selten ist das Schutzmantelbild mit Motiven des Jüngsten Gerichts versetzt oder in die Wiedergabe des letzteren mit einbezogen worden (Wandgemälde des 15. Jh. zu Gerény und Sepsi-Kilény in Ungarn; Abb. in Zeitschrift XXVI [1913] S. 353 f.).

932. Die Vorstellung, daß Maria durch Entblößung ihrer Brust, die den Heiland genährt, das Erbarmen des Sohnes oder Vaters mit der sündigen Menschheit zu erwecken sucht, findet sich in der Literatur erstmalig bei dem Abt Arnold von Bonneval um die Mitte des 12. Jh. (Migne P. lat. CLXXXIX 1726). In der Kunst taucht das Motiv jedoch erst im 15. Jh. auf, um bis ins 17. wirksam zu bleiben vornehmlich bei Schilderungen des Jüngsten Gerichts und bei Pestbildern, jenen Darstellungen, auf denen Gott Vater aus den Wolken Pfeile gegen die Menschheit schleudert. Dabei wird jedoch in der Regel die Mittlerschaft Marias mit derjenigen Christi in der Weise verbunden, daß beide vor Gott Vater knien, und erstere auf die entblößte Brust hinweist, letzterer dagegen auf seine Wundmale (vergl. Nr. 32—34) — eine Bildform für die die Bezeichnung Treppe des Heils üblich geworden ist. Zu den ältesten Beispielen dieser Art gehört die Miniatur in einem Gebetbuche des Herzogs Jean von Berry († 1416) im Louvre sowie das Pestbild des Benozzo Gozzoli in S. Gimignano von 1464 (Abb. von beiden in der Ausgabe des Speculum humanae salvationis von Lutz und Perdrizet Taf. 138; vergl. dazu die ikonographische Studie im Textband S. 297 f.).

Ohne Entblößung der Brust vollzieht sich die vermittelnde Tätigkeit der Mutter Gottes in recht eigenartiger Weise auf einem Gemälde des Meisters von Göttingen aus dem Jahre 1424 im Provinzialmuseum zu Hannover. Hier kniet Maria im Verein mit Heiligen vor dem aus Wolken Pfeile schleudernden Christus und breitet mit beiden Händen ihr Gewand aus, um die Geschosse aufzufangen, während zwischen ihr und den Heiligen eine Anzahl Menschen bereits zu Boden gestreckt liegen. (Abb. bei Heise: Norddeutsche Malerei. 1918. Fig. 39).

Zur Mittlerschaft Marias sind in vereinzelt gebliebenen Fällen folgende Vorgänge in typologische Beziehung gesetzt:

933. Ein Weib von Thebez rettet die Stadt, indem sie auf Abimelech einen Mühlstein wirft. Richt. 9, 50 f. (Sp. Taf. 76.)

934. Michal läßt den David vor Sauls Boten durch das Fenster entkommen. 1. Sam. 19, 11 f. (Ebenda.)

935. Abigail fällt vor David nieder und besänftigt seinen Zorn gegen Nabal. 1. Sam. 25, 14 f. (Sp. Taf. 73.)

936. Das Weib von Thekoa stimmt den David zur Milde gegen Absalom. 2. Sam. 14, 2 f. (Sp. Taf. 74.)

937. Ein kluges Weib von Abel-Beth-Maacha besänftigt den Joab. 2. Sam. 20, 16 f. (Ebenda.)

938. Tarbis rettet die von Moses belagerte Stadt Saba. Petrus Comestor: Hist. schol. bei Migne P. lat. CIIC, 1144. (Sp. Taf. 75.)

939. Der Adler, der seine Jungen der Sonne entgegenhält (Chorgestühl in der St. Johanneskirche in Osnabrück um 1400). Das Bild, das sonst als Typus für die Scheidung der Guten und Bösen beim Jüngsten Gericht gewählt wird (vergl. Nr. 807), dient hier analog der Auffassung in Konrads von Würzburg „Goldener Schmiede“ dem Vergleich, daß wie der Adler seine Jungen der Sonne entgegenbringt, so Maria uns dem wahren Licht, d. i. Christus, zuführt (s. Zeitschrift XVII [1904] S. 214 f.).

SYMBOL UND TYPUS IN DARSTELLUNGEN DES LEBENS DER MARIA.

Verkündigung der Geburt Marias.

940. Der Engel hält Bileams Eselin an. [Der Stern in der Weissagung Bileams 4. Mos. 24, 17 auf Maria gedeutet.] (Sp. Taf. 6.)

941. Der verschlossene Garten mit der versiegelten Quelle. Hohel. 4, 12. (Ebenda.)

942. König Astyages schaut im Traum, wie aus seiner Tochter ein Weinstock hervorwächst, weil sie Mutter des Königs Cyrus werden sollte, des Befreiers der Kinder Israels aus der Gefangenschaft. Petrus Comestor: Hist. schol. bei Migne P. lat. CIIC, 1470. (Sp. Taf. 5.)

Geburt der Maria.

943. Jakob ringt mit dem Engel. 1. Mos. 32, 25 f. (Teppich der Kathedrale zu Reims um 1500. Mâle II. S. 252, Anm. 2.)

944. Der Engel hält Bileams Eselin an. [Der Stern in der Weissagung Bileams 4. Mos. 24, 17 auf Maria gedeutet.] (Bp. 50. Bl. 1.)

945. Der Tempel Salomos. 1. Kön. 6 f. (Sp. Taf. 8.)

946. Die Wurzel Jesses. Jes. 11, 1 f. (Sp. Taf. 7.)

947. Die verschlossene Pforte des Tempels. Hesek. 44, 2. (Sp. Taf. 8.)

Marias Darstellung im Tempel.

948. Jephthah opfert Gott seine Tochter. Richt. 11, 30 f. (Sp. Taf. 10.)

949. Fischer finden eine goldene Tafel im Meer und schenken sie dem Tempel der Sonne Valerius Maximus IV, 1, 7. (Sp. Taf. 9.)

950. Semiramis blickt von einem hängenden Garten nach ihrer Heimat. Petrus Comestor: Hist. schol. bei Migne P. lat. CIIC, 1453. (Sp. Taf. 10.)

Vermählung mit Josef.

951. Isaak nimmt Rebekka zum Weibe. 1. Mos. 24, 67. (Bp. 50 Bl. 2.)

952. Der mit Schilden bedeckte Turm Davids. Hohel. 4, 4. (Sp. Taf. 12.)

953. Vermählung des jungen Tobias mit Sara, der Tochter Raguels. Tob. 7. (Sp. Taf. 11.)

954. Der „Baris" genannte Turm, der so fest war, daß zwei Wächter zu seiner Verteidigung genügten. Petrus Comestor: Hist. schol. bei Migne P. lat. CIIC, 1527. (Sp. Taf. 12.)

Verkündigung der Geburt Christi.

s. unter Christus Nr. 35—52.

Heimsuchung.

955. Aaron küßt Moses auf dem Berge. 2. Mos. 4, 27. (Ct. Heider S. 114.)

956. Jethro besucht den Moses. 2. Mos. 18, 6 f. (Bp. 50 Bl. 4.)

957. Die beiden mit ihren Flügeln den Gnadenstuhl bedeckenden Cherubim. 2. Mos. 37, 7 f. (Ct. Heider S. 114.)

958. Der Levite besucht seinen Schwiegervater. Richt. 19, 3 f. (Bp. 50. Bl. 4.)

959. Barmherzigkeit und Wahrheit begegnen sich, Gerechtigkeit und Friede küssen sich. Ps. 85, 11. (Glasgemälde der Kathedrale zu Canterbury aus dem 14. Jh.; vergl. Sp. S. 277 und oben Nr. 46.)

960. Die drei Männer im feurigen Ofen. Dan. 3. (Teppich der Kathedrale zu Reims um 1500. Mâle II. S. 252, Anm. 2.)

961. Habakuk und Daniel. Dan. 14, 33 f. in der Vulgata. (Ebenda.)

Die sieben Schmerzen der Maria.

Die übliche Zusammenstellung umfaßt: 1. Simeons Weissagung, 2. Flucht nach Ägypten, 3. Verlust des zwölfjährigen Jesus, 4. Christi Gefangennahme mit Kreuztragung, 5. Kreuzigung, 6. Abnahme vom Kreuz, 7. Grablegung.

962. Soweit die bildliche Gestaltung der seit dem 13. Jh. beliebten Andacht der fünf, später sieben Schmerzen Marias sich an eine rein sachliche Wiedergabe der entsprechenden neutestamentlichen Begebenheiten hält, kommt ihre Berücksichtigung hier ebensowenig in Frage wie die Illustrationen der schon im 12. Jh. aufgekommenen Betrachtung der Freuden der Jungfrau (Verkündigung, Geburt Christi, Anbetung der Könige, Auferstehung, Himmelfahrt, Ausgießung des h. Geistes, Krönung). Das gleiche gilt auch von der Aufnahme dieser Szenen in die Rosenkranzbilder gegen Ende des 15. Jh. Anders verhält es sich hingegen mit jenen Darstellungen, bei denen durch eine entsprechende Anzahl Schwerter nur eine sinnbildliche Beziehung zu den Schmerzen Marias gegeben ist. Als Ausgangspunkt dieser Symbolik diente die Weissagung Simeons (Luk. 2, 35): „Es wird ein Schwert durch deine Seele dringen", auf Grund deren man seit dem Ende des 13. Jh. häufig auf Kreuzigungsbildern als drastisches Ausdrucksmittel des Schmerzes der Maria ein Schwert vom Gekreuzigten aus gegen ihr Herz gezückt sieht. (Gewebte Retabel im Domschatz zu Regensburg zwischen 1277 und 1296; Abb. in Zeitschrift I [1888] Taf. 18). Aus dieser Vorstellung entwickelte sich ganz am Ende des 15. Jh. der Typus, der seltener von fünf, gewöhnlich von sieben Schwertern umgebenen Schmerzensmutter. Die Anordnung ist in der Regel eine fächerförmige unter Vereinigung der Spitzen an der Brust oder dem Haupte Marias. Als ältestes Beispiel dieser Darstellungsform gilt ein Titelholzschnitt der Mater dolorosa mit sieben Schwertern aus Antwerpen vom Jahre 1494 (s. Speculum humanae salvationis Text S. 241 f. und Beissel S. 404 f.). Bisweilen erfährt die Symbolik der Schwerter auch noch durch die Illustrationen der schmerzhaften Begebenheiten selbst eine Erläuterung, so z. B. mit Beziehung auf die Siebenzahl der Leiden beim Altar zu Hohen-Bud-

berg um 1500 (Abb. bei Münzenberger — Beissel: Zur Kenntnis der ma. Altäre II [1895] Taf. 46) und unter Zugrundelegung von nur fünf Betrachtungen auf der Predella des Hedwigaltars in der Schöppenkapelle der Katharinenkirche zu Brandenburg etwa aus derselben Zeit (vergl. Bergau: Inventar der Bau- und Kunstdenkmäler in der Prov. Brandenburg. 1885. S. 258).

Maria besiegt den Teufel durch ihre Teilnahme an dem Leiden ihres Sohnes.

963. Der Gedanke, daß auch Maria durch ihre gewissermaßen als Wiederholung der Passion in seelischer Beziehung aufzufassende Teilnahme an dem Leiden Christi gleichfalls den Teufel überwunden habe, findet sich im Speculum humanae salvationis ausführlich behandelt. Die zugehörige Abbildung (Taf. 59) zeigt die Mutter Gottes auf dem am Boden liegenden Teufel stehend, in der Hand ein Myrrhenbüschlein, in das sie alle Leiden ihres Sohnes sammelte; außerdem trägt sie noch Passionswerkzeuge und ist auch von solchen umgeben. In dieser Auffassung erscheint Maria wesentlich unmittelbarer am Erlösungswerk beteiligt als in der Rolle der neuen Eva mit dem Heiland auf dem Arme und der Schlange zu ihren Füßen (vergl. Nr. 853).

In vorbildliche Beziehung zu dieser Darstellung sind folgende Begebenheiten gesetzt:

964. Jael tötet Sisera. Richt. 4, 21. (Sp. Taf. 60.)

965. Judith enthauptet den Holofernes. Jud. 13, 9. (Sp. Taf. 59.)

966. Tomyris schlägt dem König Cyrus das Haupt ab. Petrus Comestor: Hist. schol. bei Migne P. lat. CIIC, 1474. (Sp. Taf. 60.)

Maria besucht nach Christi Himmelfahrt die heiligen Orte.

967. Die Legenda aurea (II. S. 1) weiß zu berichten, daß Maria nach Trennung der zwölf Apostel „mit großer Andacht alle Zeit ihres Lebens die Stätten durchlaufen, da ihr Sohn getauft

war, da er fastete und betete, da er litt und begraben ward, auferstund und gen Himmel fuhr". Für die Darstellung dieser Erzählung hat der Miniator des Speculum humanae salvationis (Taf. 69) eine äußerst prägnante Bildform gefunden. Die Gottesmutter steht in einer Umrahmung voll von sinnbildlichen Andeutungen auf jene Stätten des heiligen Landes, die im Leben Jesu eine bedeutsame Rolle spielen. Die Symbole sind folgende: Ein Engel (Verkündigungsort), Ochs und Esel (Geburtsstätte), Kelch und Brot sowie eine Waschschale mit einem Fuß darüber (Abendmahlssaal), verschiedene Passionswerkzeuge neben dem Antlitz Christi mit verbundenen Augen (Orte der Gefangennahme, des geistlichen und weltlichen Gerichts sowie der Verhöhnung), Kreuz mit Lanze und Schwamm (Golgatha), Grab mit Kreuzfahne (Ort der Bestattung und Auferstehung), Fels mit zwei Fußspuren (der Ölberg als Stätte der Himmelfahrt).

Als V o r b i l d e r dieser symbolischen Darstellung dienen:

968. Hanna, die Mutter des Tobias, trauert um ihren fernen Sohn. Tob. 10, 4 f. (Sp. Taf. 69.)

969. Die Frau, die den verlorenen Groschen sucht. Luk. 15, 8 f. (Sp. Taf. 70.)

970. Michal, Davids Weib, trauert, weil sie einen anderen Mann heiraten muß. Nach freier Deutung von 1. Sam. 25, 44. (Ebenda.)

Tod der Maria.

971. Tod der Sara, des Weibes Abrahams. 1. Mos. 23, 1 f. (Teppich der Kathedrale zu Reims um 1500; vergl. Mâle II. S. 252, Anm. 2.)

972. Tod Mirjams, der Schwester des Moses. 4. Mos. 20, 1. (Ebenda.)

Marias Aufnahme in den Himmel und Krönung.

973. Zur Darstellung der Krönung Marias selbst ist zu bemerken, daß sie im 15. Jh. vielfach insofern eine symbolische Färbung zeigt, als mit dem Thema gern eine bildliche Einkleidung des Geheimnisses der Trinität verbunden wird, und somit die Krönung als gemeinschaftlicher Akt der drei Offenbarungen des göttlichen Wesens erscheint, während die ursprüngliche etwa seit 1100 nachweisbare Bildform die Mutter Gottes durch den Sohn allein krönen läßt. Die Anordnung ist dann bei der erweiterten Szene in der Regel derart, daß der auf einem gemeinsamen Thron sitzende Vater und Sohn der vor ihnen knieenden Maria die Krone aufs Haupt setzen, über der der h. Geist in Gestalt der Taube schwebt (vergl. den Holzschnitt vom Anfang des 15. Jh. bei Hirth und Muther: Meisterholzschnitte aus vier Jhh. [1893] Nr. 3). Nebenher geht aber noch eine Reihe von Darstellungen, auf denen auch der h. Geist in menschlicher Gestalt dem Vorgang beiwohnt, wie beispielsweise auf einer Miniatur Jean Fouquets im Gebetbuche des Etienne Chevalier in Chantilly um 1452 (Abb. bei Beissel S. 656). Hier hat der Sohn den Sitz der Dreifaltigkeit verlassen, um seine Mutter zu krönen, während Vater und h. Geist vom Thron aus ihrer Beteiligung an der Handlung durch eine Segensgeste Ausdruck verleihen.

Als Vorbilder kommen in Betracht:

974. David bringt die Bundeslade nach Jerusalem. 2. Sam. 6, 1 f. (Sp. Taf. 71.)

975. Die schöne Jungfrau Abisag wird zu David gebracht. 1. Kön. 1, 3. (Bp. W. Taf. 46.)

976. Salomo läßt seine Mutter Bathseba zur Rechten sitzen. 1. Kön. 2, 19. (Bp. Taf. 36.)

977. Ahasverus neigt sein Zepter gegen Esther und schenkt ihr Gehör. Esth. 8, 4. (Ebenda.)

978. Das mit der Sonne bekeidete apokalyptische Weib. Off. 12, 1. (Sp. Taf. 72.)

VII.

EVANGELISTEN, APOSTEL UND PROPHETEN.

Sinnbilder der Evangelisten.

979. Unter Evangelistensymbolen versteht man schlechthin vier nach den Visionen des Propheten Hesekiel (1, 4 f.) und des Evangelisten Johannes (Off. 4, 6 f.) kombinierte geheimnisvolle Wesen mit Flügeln, die als Adler, Löwe, Stier und Mensch (Engel) charakterisiert sind. Nach der formalen Seite werden die Bilder auf den Orient zurückgehen, ihre Verwendung im Sinne von Symbolen der Evangelisten dürfte aber der Ideenwelt des Abendlandes entsprungen sein. Das älteste erhaltene Beispiel bietet das Mosaik der Taufkirche des h. Johannes in Neapel aus der zweiten Hälfte des 4. Jh. (Abb. bei Wilpert III. Taf. 39).

Indes ist im christlichen Altertum die Verteilung der Zeichen an die einzelnen Evangelisten eine schwankende, und erst seit dem 7. Jh. steht in der Regel der Adler dem Johannes zu wegen der Erhabenheit des Prologs seines Evangeliums, der Löwe dem Markus, der mit der Predigt des Täufers in der Wüste beginnt, der Stier dem Lukas, weil sein Evangelium mit dem Opfer des Zacharias anhebt, und der Mensch (später Engel) dem Matthäus im Hinblick auf den von ihm zu Anfang aufgestellten Stammbaum Christi. In vereinzelten Fällen ist mit den Sinnbildern zugleich auch noch ein Hinweis auf die die Welt durchdringende Kraft des Evangeliums in der Weise verbunden, daß man die Begleitfiguren in Posaunen blasen läßt (Cuthbert-Evangeliar aus Lindisfarne vom 8. Jh.; Abb. bei Kuhn: Malerei I. S. 164).

Aber nicht nur als Attribute der Evangelisten kommen die apokalyptischen Wesen, sei es in ganzer, sei es in halber Figur in Betracht (s. unsere Taf. 6 und 7), sie ersetzen, wie schon die erwähnten ältesten Denkmäler zeigen, sehr oft geradezu deren Personen. In dieser Auffassung geben die Symbole besonders im Abendlande die bevorzugte Umgebung des erhöhten Christus oder auch seines Sinnbildes, des Lammes, ab. Etwas Ungewöhnliches aber bleibt es, wenn die Zeichen auf Grund mystischer Interpretation des Hohenliedes mit Maria als der Quelle des Evangeliums in Zusammenhang gebracht werden (Siegburger Kathedra aus dem 12. Jh.; s. Zeitschrift XXXIV [1921] S. 45 f.). Wiederholt hat die Phantasie selbst zu Zwitterbildungen gegriffen, indem sie die einzelnen Tierköpfe mit je einem Menschenleibe verwachsen ließ (s. Zimmermann: Vorkarolingische Miniaturen [1916] Taf. 144, 154 und 155; vergl. auch die beigegebene Taf. 10).

980. Um unter Verwendung der nämlichen Symbolik dem Gedanken der Einheit in der Vierheit des Evangeliums eine knappe Bildform zu geben, griff man auf den Tetramorph zurück, dessen Vereinigung der vier Köpfe der hesekielischen bezw. apokalyptischen Lebenden an einem Leibe mit vier oder sechs Flügeln ursprünglich doch wohl nur als ein viergesichtiger hesekielischer Engel aufgefaßt sein will (vergl. die Tetramorph-Cherube neben dem thronenden Gott Vater auf einer der vorderen Ciboriumsäulen in S. Marco zu Venedig, wahrscheinlich syrisch-palästinensische Arbeit des 5.—6. Jh.; Abb. bei Venturi I. S. 285). Daß dann diesem vereinfachten Bilde der hesekielischen Vision gleichfalls die Bedeutung eines Symbols der Evangelisten beigelegt wurde, lag allerdings nahe genug (vergl. Neuß S. 162 f. mit den einschlägigen Abb.). Den Beweis für die Übereinstimmung der Evangelistenlehre soll weiterhin auch die Behandlung des dem Tetramorph-Cherub beigegebenen Rades (Hesek. 1, 15 f.) erbringen, wenn sich dazu ein zweites gesellt, bald das erste umschließend, bald schneidend, oder wenn vier Räder ineinander verschlungen sind zum Zeichen

dafür, daß die einzelnen Teile der h. Schrift (A. T. mit Gesetz und Propheten — N. T. mit Evangelien und apostolischen Schriften) die gleiche Wahrheit verkünden (vergl. unsere Taf. 6).

Singulär gebliebene Anklänge an Tetramorphbildungen hat die Evangelistensymbolik irischer Miniaturen des 8. und 9. Jh. gezeitigt. In Abweichung von der üblichen Verbindung der Köpfe findet sich hier einmal eine solche der Extremitäten der vier geheimnisvollen Wesen der hesekielischen Vision mit dem Oberkörper eines Mannes (Abb. bei Neuß S. 195), während ein anderes Mal die Zusammenfassung der Evangelistensymbole in der Weise erfolgt, daß im Adler oder Stier die Köpfe der übrigen Gestalten als Rundbilder eingezeichnet sind (Abb. ebenda S. 196).

Eine besonders monströse Form bietet der Tetramorph als Reittier der personifizierten Kirche (vergl. Nr. 1004 und 1037), indem die Köpfe der vier Lebenden mit entsprechenden Füßen dem Leibe eines Pferdes angegliedert sind. Das älteste Beispiel hierfür scheint in der Miniatur der Herrad von Landsberg auf Taf. 38 des Hortus deliciarum vorzuliegen.

981. In diesem Zusammenhange ist auch der sog. Wagen (quadriga) des Aminadab zu erwähnen als Sinnbild der vier Evangelisten, die Christus in alle Welt hinausfahren sollen. Die auf Mißverständnis biblischer Stellen (vergl. Neuß S. 244) beruhende Symbolik bringt ein auf Anregungen des Abtes Suger (1081—1151) zurückgehendes Glasgemälde in St. Denis zum Ausdruck: In der als vierrädriger Wagen gedachten Bundeslade mit den Gesetzestafeln und dem Stabe Aarons steht, von Gott Vater gehalten, ein mächtiges Kreuz mit dem daranhängenden Christus, eine Kombination, die die vorbereitende Bedeutung des Alten Bundes für den Neuen veranschaulichen soll. Die Fortbewegung des Gefährtes erfolgt durch die Evangelisten, deren Symbole in halber Gestalt den Wagen umschweben (vergl. die Abb. bei Mâle I. S. 205). Indes ist das Motiv auch in dem Sinne behandelt, daß die die Kirche repräsen-

tierende Braut des Hohenliedes, Sulamith, ihrem Bräutigam Christus, dem wahren Salomo, in einem Wagen entgegeneilt, dessen Räder die Evangelistensinnbilder zeigen (Miniatur einer Handschrift der Wiener Nationalbibliothek aus dem 12. Jh.; Abb. bei Swarzenski: Salzburger Malerei [1913] Fig. 401).

Zur Deutung der vier Evangelistensymbole auf vier verschiedene Offenbarungen der Wesenheit Christi vergl. Nr. 26.

982. Vielfach sind der Gleichzahl halber die Evangelisten in Parallele gesetzt zu den vier Paradiesströmen (Pison, Gihon, Tigris, Euphrat), doch ist das Verhältnis zueinander im einzelnen kein feststehendes. Die Beziehung, die schon bei altchristlichen Denkmälern vorliegt (Mosaik der Gesetzesübergabe an Petrus und Paulus in Gegenwart der durch vier Lämmer repräsentierten Evangelisten im Mausoleum von S. Costanza zu Rom aus dem 4. Jh.; Abb. bei Wilpert III. Taf. 4), entwickelt sich in der ma. Kunst zu einem ungemein beliebten Motiv, das insbesondere den Schmuck der Evangelienbücher sowohl im Inneren wie Äußeren wesentlich beeinflußt hat (vergl. die beigegebene Taf. 6 und die Abb. des Deckels vom Echternacher Evangeliar aus dem Ende des 10. Jh. bei Clemen: Rheinische und westfälische Kunst auf der kunsthist. Ausstellung zu Düsseldorf. 1902. S. 21). Aber auch bei der Ausstattung von Taufsteinen erwies sich die Idee recht fruchtbar; es sei nur an das an Gegenstücken zu den Evangelisten so reiche Becken im Hildesheimer Dome aus dem 13. Jh. erinnert (Abb. in Zeitschrift XIII [1900] Taf. 6 und 7).

983. Auf der Symbolik der Vierzahl beruht weiterhin die Gegenüberstellung der Evangelisten mit den vier Kardinaltugenden, der Klugheit, Mäßigkeit, Tapferkeit und Gerechtigkeit (Bernwardspatene aus dem 11. Jh. im Welfenschatz; Abb. bei Bergner S. 328) und ebenso die Verbindung mit den vier großen Propheten Jesaja, Jeremia, Hesekiel, Daniel (Miniatur der Alkuinbibel zu Bamberg aus dem Anfang des 9. Jh.; Abb. bei Leitschuh: Aus den Schätzen der Kgl. Bibliothek zu Bamberg. 1888. Taf. 2 — Besonders

eigenartig auf den Glasgemälden der Kathedrale zu Chartres aus dem 13. Jh., wo die vier großen Propheten die Evangelisten auf ihren Schultern tragen; Abb. bei Mâle I. S. 19). Daneben werden aber auch noch die vier Kirchenväter Ambrosius, Hieronymus, Augustinus und Gregor d. Gr. zum Vergleich herangezogen (Miniatur im Cod. lat. 14 159 der Münchener Staatsbibliothek aus dem 12. Jh. — Gewölbemalereien in der Oberkirche zu Assisi aus der Werkstatt Cimabues vom Anfang des 14. Jh.; Abb. bei Aubert: Cimabuefrage. 1907. Taf. 29, 30 und 55). Die zuletzt genannte Beziehung führte sogar zu Darstellungen der großen Kirchenlehrer, auf denen diesen die vier Evangelistensymbole beigelegt sind (Skulpturen am Hochaltar der Kirche zu Bibra aus der Werkstatt Riemenschneiders um 1500; Abb. in den Bau- und Kunstdenkmälern Thüringens: Sachs.-Meiningen I, 1 [1909] Taf. zu S. 313).

Über Parallelisierungen der vier Evangelisten mit den vier Elementen und den vier Himmelsrichtungen s. Nr. 1146 und 1151.

Sinn- und Vorbilder der Apostel.

984. Zwölf Lämmer (Luk. 10, 3). Dieses in der altchristlichen Kunst weit verbreitete Symbol, das auf einigen Sarkophagen sogar noch zu der persönlichen Darstellung der Apostel hinzutritt (vergl. Garrucci: Storia dell'arte cristiana V. Tav. 327,2 und 328,1), trifft man auch noch im Ma. an (Römische Apsismosaiken aus der Mitte des 12. Jh. in S. Clemente und S. Maria in Trastevere; Abb. bei Wilpert II. S. 1167 und 1201).

985. Zwölf Tauben (Matth. 10, 16), gleichfalls aus der altchristlichen Kunst übernommenes Sinnbild, das schon Paulinus von Nola († 431) bei der Beschreibung eines Kreuzes seiner Kirche auf die Apostel deutet (vergl. Kraus: Realenzyklopädie der christl. Altertümer I. S. 64). Auch in der Ornamentik des Altartisches spielt diese Symbolik eine gewisse Rolle (Mensa des Altars zu Auriol aus dem 5.—6. Jh.; Abb. bei Jos. Braun: Der christliche Altar I [1924] Taf. 41). Aus

dem hohen Ma. ist wohl als schönstes Beispiel das Kreuz Christi mit zwölf Tauben am Stamme auf dem vorher erwähnten Apsismosaik der Basilika des h. Clemens in Rom zu nennen (Abb. bei Wilpert III. Taf. 117—118).

986. Die zwölf Löwen am Throne Salomos (vergl. Nr. 854, insbesondere das dort mit angeführte westfälische Tafelgemälde aus Wormel im Kaiser-Friedrich-Museum zu Berlin aus dem 14. Jh.; wo den Löwen die Namen der Apostel mit den Artikeln des Glaubensbekenntnisses beigesetzt sind).

987. Am häufigsten werden die Apostel in Beziehung gesetzt zu den Propheten, eine Auffassung, die bereits auf dem nicht mehr vorhandenen Mosaik der Severusbasilika zu Neapel (um 400) in der Anbringung von Propheten unterhalb der Darstellung der Apostel zum Ausdruck gekommen zu sein scheint (vergl. Kraus: Realenzyklopädie der christlichen Altertümer II. S. 662). Im Ma. ist die Verbindung außerordentlich beliebt, insbesondere als Portalschmuck und zeigt die mannigfaltigste Anordnung. Nur lose ist die Beziehung bei den Skulpturen am Dom zu Modena aus dem Beginn des 12. Jh., wo die Propheten an der Porta Maggiore, die Apostel an der Porta dei Principi ihren Platz haben. Bei direkter Gegenüberstellung wird in der Regel ein altes Gesetz der Symbolik des Kirchengebäudes beachtet, das dem alttestamentlichen Bilderkreis die Nord-, dem neutestamentlichen die Südseite einräumt (vergl. die dramatisch belebten Gruppen der sich unterhaltenden Propheten- und Apostelpaare an der Nord- bezw. Südschranke des Georgenchors im Dom zu Bamberg aus dem Beginn des 13. Jh., Abb. bei Weese: Die Bamberger Domskulpturen [1914] Taf. 2, 3 und 15). Eine Formierung übereinander mit sitzenden Aposteln und unter ihnen stehenden Propheten bringt das Wandgemälde der Apsis in St. Peter und Paul zu Niederzell auf der Reichenau aus dem 11. oder 12. Jh. (Abb. in der Veröffentlichung von Künstle und Beyerle 1901). Zu wesentlich engerer Verknüpfung führte die nachdrücklichere Betonung des Gedankens, daß die Offenbarungen des A. T. ihre Erfüllung im N. T. gefunden haben. So

läßt Benedetto Antelami am Nordportal des Baptisterium zu Parma (begonnen 1196) jeden der zwölf Propheten ein Medaillon mit dem Brustbilde eines Apostels halten (Abb. bei Zimmermann S. 119). In besonders drastischer Weise aber kommt diese Anschauung auf jenen Denkmälern zum Ausdruck, bei denen die Apostel entweder von den Propheten getragen werden (Kapitäl der Abteikirche zu Payerne wohl aus dem 12. Jh. und Taufstein im Dom zu Merseburg aus derselben Zeit; Abb. von beiden bei Weese Taf. 28) oder mit direkter Übersetzung eines Sprachbildes in die Bildsprache auf den Schultern der letzteren stehen (Skulpturen am Fürstenportal des Bamberger Doms aus dem Beginn des 13. Jh.; Abb. bei Weese Taf. 31 und 32 — vergl. auch die auf den Schultern der vier großen Propheten sitzenden Evangelisten unter Nr. 983). Im übrigen ist zu beachten, daß für die Gewinnung der Zwölfzahl von Propheten als Vorbildern der Apostel weniger die Liste jener im biblischen Kanon maßgebend war als der typologische Gesichtspunkt. Aus diesem Grunde scheiden als unbrauchbar für den genannten Zweck manche der Propheten aus und werden durch andere mit dem Geiste der Weissagung erfüllte Männer des alten Bundes wie Moses, Hiob, Elias, Elisa und David ersetzt. Wie die Zusammenstellung von zwölf Propheten je nach dem Zwecke wechselt, so schwankt auch die Auswahl der Worte aus ihren Prophezeiungen, falls solche den Sehern beigegeben sind.

988. Lediglich auf Zahlensymbolik beruht die Zusammenstellung der zwölf Apostel mit den zwölf Zeichen des Tierkreises (Elfenbeinreliquiar, Ausläufer der Liuthardgruppe aus dem 10. Jh. im Schatz der Stiftskirche zu Quedlinburg; Abb. bei Goldschmidt I. Nr. 58, wozu auch die Nummern 59—62 daselbst zu vergleichen sind).

989. In eigenartiger Weise wird auf die Mission der Apostel angespielt auf einem Tragaltar Kölner Herkunft vom Ende des 12. Jh. im Museum zu Darmstadt. Hier hält jeder der Sendboten eine runde Scheibe mit der Abbreviatur eines Stadtbildes und umlaufender Bezeichnung des Landes, in

dem er das Evangelium verkündete (Abb. bei Goldschmidt III. Nr. 87).

Über die Verbindung der Propheten mit den Aposteln auf Darstellungen des Glaubesbekenntnisses s. Nr. 1022 f.

Typen der Propheten.

Berührungspunkt mit den alttestamentlichen Propheten glaubte die Kirche mehrfach bei den Philosophen des Altertums und den Sibyllen zu finden. Von der Voraussetzung ausgehend, daß bei manchen heidnischen Lehrern Spuren wahrer Gotteserkenntnis bemerkbar seien, erfuhr die antike Lebensweisheit und Prophetie eine Auslegung, die eine Verbindung ihrer Vertreter mit den Sehern des Alten Bundes auch in der Kunst zu rechtfertigen schien.

990. Aus der Zahl jener Erleuchteten, deren Darstellung im Kirchenschmuck — wenn auch nur sehr selten — Berücksichtigung fand, sind zunächst die sieben Weisen zu erwähnen: Thales, Bias, Pittakus, Solon, Kleobulus, Periander und Chilon (Gravierung im Gipsfußboden der Ludgerikapelle zu Helmstedt um 1150; Abb. in den Bau- und Kunstdenkmälern des Herzogt. Braunschweig I [1896] S. 26). Indes nahm man auch noch andere Geisteshelden in diesen Kreis auf wie Secundus, Quintilian, Seneca, Ptolomäus, Terenz, Cicero, Pythagoras, Epiktet, Aristoteles, Euripides, ja selbst Hermes Trismegistus zog man heran (Paviment der Kathedrale zu Siena aus dem 14. Jh.). Die Grenzen sind also recht weit gesteckt, und man findet hier schon den Keim jener Gedankenentwicklung, die in Raffaels Schule von Athen ihren Abschluß fand. Zu einer individuellen Gestaltung ist es begreiflicherweise bei keiner der genannten Personen gekommen; ihre Charakterisierung erfolgt lediglich durch beigefügte Benennungen oder vermittelst des Textes der Spruchbänder. Von allen Sehern der Antike genoß jedoch Virgil im Ma. das größte Ansehen, den man auf Grund einer Stelle der 4. Ekloge: Jam redit et virgo, en nova progenies coelo dimittitur alto als Prophet der Ge-

burt Christi in Anspruch nahm und daher gelegentlich auch in der Kunst der Gemeinschaft der alttestamentlichen Propheten für würdig erachtet sieht (erstmalig wohl im Chor der Kathedrale zu Zamora in Spanien aus dem 12. Jh.).

991. Weit häufiger als die Weisen des Altertums sind die Sibyllen mit den Propheten in Verbindung gebracht. Obwohl die Patristik schon ein frühes Zurückgreifen auf die sibyllinischen Bücher erweist, hat doch die altchristliche Kunst eine Befruchtung durch diesen Stoff nicht erfahren, und von den erhalten gebliebenen ma. Bildwerken gehört das älteste auch erst dem 11. Jh. an (Fresko von S. Angelo in Formis bei Capua, wo eine Sibylle den Propheten vorangeht; Abb. im Jahrbuch XIV [1893] Taf. vor S. 18). Mit dem 13. Jh. nehmen die Darstellungen erheblich zu, ohne jedoch die schon im Atertum schwankende Zahl und Benennung der Seherinnen zu regeln. Bald konzentriert sich das Interesse nur auf eine einzige Sibylle, bald kommen zehn in Betracht, weit häufiger aber zwölf mit Rücksicht auf die gleiche Zahl der Propheten und Apostel, und schließlich gesellt sich noch eine dreizehnte hinzu, Nichaula oder Nichacela, die mit der Königin von Saba identifiziert wurde.

Mit besonderer Vorliebe hat die Kunst die Wiedergabe jener Sibylle gepflegt, die dem Kaiser Augustus am Tage der Geburt Christi in einer Vision die Jungfrau mit dem Kinde auf dem Schoße zeigte, wobei eine Stimme die Worte ertönen ließ: Haec ara filii Dei. Augustus betete die Erscheinung an und errichtete auf dem Kapitol dem Deus primogenitus einen Altar, wo später die Kirche S. Maria in Araceli erbaut ward (vergl. Legenda aurea I. S. 67 f.). Heute pflegt man jene Sibylle die tiburtinische zu nennen, während der Name in den verschiedenen Berichten vielfach wechselt; nicht selten wird z. B. der Vorgang mit der cimmerischen Seherin in Verbindung gebracht. Als älteste Darstellung gilt das zerstörte Fresko Cavallinis zu Assisi aus der zweiten Hälfte des 13. Jh.; vom Jahre 1285 datiert eine italienische Miniatur, die Muratori in den Antiquitates Italicae III zu S. 880 wiedergibt. Am bekanntesten ist wohl das Gemälde Rogiers van der Weyden im Kaiser Friedrich-Museum zu Berlin.

992. Bei Darstellungen m e h r e r e r S i b y l l e n , insbesondere bei Zusammenstellungen mit den Propheten und Aposteln war die Charakterisierung der einzelnen der Phantasie des Künstlers anheimgegeben, da die Überlieferung über die Persönlichkeiten der Seherinnen nach dieser Richtung hin nicht den geringsten Anhalt bot. Man begnügt sich daher meist mit der Beigabe eines Buches und der Nennung des Namens. Erst im 15. Jh. werden die Gestalten individueller behandelt durch Differenzierung der Attribute. Es steht dies im engsten Zusammenhange mit der damals einsetzenden und besonders in Frankreich weit verbreiteten typologischen Betrachtungsweise des Sibyllenkreises. Beruhte die Bedeutung der Seherinnen bislang lediglich auf Beziehungen zur Geburt Christi, insofern als die ihnen in den Mund gelegten Weissagungen fast ausschließlich dem Erscheinen des Heilandes galten, so gewinnen nunmehr infolge stärkerer Betonung ursprünglich weniger beachteter Aussprüche die sibyllinischen Prophezeiungen eine Vorbedeutung auch für weitere Momente des Lebens Jesu, nämlich für die Passion, Auferstehung und das jüngste Gericht. Zum ersten Male macht sich diese Tendenz in der Kunst geltend bei dem berühmten Chorgestühl des Ulmer Münsters von Jörg Syrlin d. Ä. aus den Jahren 1469—74, wo den Spruchbändern der zehn Sibyllenbüsten der erweiterte Inhalt der Orakel zugrunde liegt. Indes bleibt die typologische Auffassung nicht dabei stehen, ihre Gedanken bloß im Wortlaut der Legenden zum Ausdruck zu bringen, sie setzt sie auch in Bilder um, indem nach Art der Biblia pauperum die Gestalten der einzelnen Seherinnen verknüpft werden mit Darstellungen der von ihnen vorausgesagten Begebenheiten des Lebens Christi zugleich unter Heranziehung entsprechender Zeugnisse der Propheten und Evangelisten (Blockbuch der Oracula Sibyllina aus den siebenziger Jahren des 15. Jh. hrsg. von Heitz und Schreiber [1903], deutsche Kopie nach einem verloren gegangenen niederländischen Original —

Über die nämliche Typologie im Buchschmuck der Livres d'Heures des 15. Jh. sowie auf französischen Glasgemälden der gleichen Zeit s. Mâle II. S. 293, Anm. 1).

993. Nachstehend folgt eine Übersicht der Attribute der Sibyllen zugleich unter Berücksichtigung der Beziehungen, die die einzelnen Seherinnen zum Lebensgange Christi in dem Blockbuche der Oracula Sibyllina gefunden haben:

Persische Sibylle: Mit einer Laterne in der Hand, den Fuß auf eine Schlange setzend. — Die Seherin zeigt dem Kaiser Augustus die Erscheinung der Jungfrau mit dem Kinde am Himmel.

Libysche Sibylle: Mit Fackel, auch mit Rosen- oder Lorbeerkranz und einer zerrissenen Kette. — Augustus betet die Jungfrau mit dem Kinde an.

Erythräische Sibylle: Mit Ring und Rose oder mit Schwert und Lamm und auf einem Globus stehend. — Verkündigung der Geburt Christi.

Auf diese drei Seherinnen findet sich jetzt der Stoff der Erzählung von der Vision des Augustus verteilt, der ursprünglich nur mit einer (der cimmerischen oder tiburtinischen) verknüpft war.

Cumanische Sibylle: Mit einem unklaren, ovalen Gegenstande in der Hand (als Brot, Napf, Kästchen, Krippe, Wickelkind gedeutet), doch findet sich dafür auch ein Buch. — Geburt Christi.

Samische Sibylle: Mit Wiege oder Rosen und Dornen sowie einem Rohrstab in der Hand und auf ein Schwert tretend. — Maria legt das Kind in die Krippe.

Cimmerische Sibylle: Mit Trinkhorn oder bekränzt einen Lorbeerzweig und Buch haltend, daneben auch mit Passionskreuz. — Maria stillt das Kind. (Über die frühere Auffassung s. oben.)

Europäische Sibylle: Mit Schwert oder Brief in der Hand. — Flucht nach Ägypten.

Tiburtinische Sibylle: Eine Hand oder einen Rohrstab haltend. — Verspottung Christi. (Über die frühere Auffassung s. oben.)

Sibylle Agrippa: Mit Geißel oder Fackel. — Christi Geißelung.

Delphische Sibylle: Mit Dornenkrone oder Horn. — Christi Dornenkrönung.

Hellespontische Sibylle: Mit Kreuz oder Blütenzweig. — Christus am Kreuz.

Phrygische Sibylle: Mit Siegesfahne, doch auch mit Lampe und Griffel. — Auferstehung Christi.

VIII.

KIRCHE UND SYNAGOGE (JUDENTUM).

Die Kirche.

An sinnbildlichen Vorstellungen der Kirche (Ecclesia) finden sich:

994. Das Schiff, ein — ebenso wie die Arche Noahs — in der altchristlichen Kunst beliebtes Sinnbild. Von den frühesten Monumenten, bei denen diese Beziehung außer Zweifel steht, sei das Fragment eines Marmorsarkophags zu Spoleto aus dem 4. Jh. hervorgehoben, auf dem eine Barke mit Christus und den vier Evangelisten dem Leuchtturm zusteuert (Abb. bei Kraus I. S. 98, Fig. 29). Das Ma. griff das Symbol auf, ohne jedoch einen ausgiebigeren Gebrauch davon zu machen. Unter den Denkmälern dieser Zeit ist das bekannteste die sog. Navicella des Giotto von 1298 in der Vorhalle der Peterskirche zu Rom. Es zeigt in Anlehnung an Matth. 14, 22—33 das die Kirche bedeutende Schiff Petri in sicherer Fahrt auf stürmischem Meer (Abb. bei Kraus II. 2. S. 104).

995. Das Netz. Auf den in der frühchristlichen Zeit sich findenden Darstellungen des wunderbaren Fischfangs (Luk. 5, 1—11) wird das Netz auf die Kirche gedeutet (s. Kraus: Realenzyklopädie der christl. Altertümer II, S. 172). Im Ma. begegnet man dieser Symbolik seltener. Besonders deutlich kommt die Beziehung zum Ausdruck auf einem Wandgemälde der Laurentiuskirche zu Brandeis a. E. aus dem 13. Jh. (Topographie der historischen und Kunst-Denkmale Böhmens XV [1903] S. 148, Fig. 135). Hier ist

Christus in einem Schiffe stehend dargestellt, wie er mit den Aposteln das Netz aus dem Wasser zieht. Darin liegen zwei kleine Fische, der eine von einem Heiligenschein umgeben, als Vertreter der guten Glieder der Kirche, der andere mit einem fratzenhaften Tierkopfe als Typus der schlechten. Außerdem sieht man noch die Gestalt eines Bischofs mit Nimbus als Repräsentanten der lehrenden Kirche.

996. Gebäude. Auf altchristlichen Bildwerken sind es zwei sich gegenüberstehende Häuser (Nischenmosaik in S. Costanza zu Rom aus dem 4. Jh.; Abb. bei Wilpert III. Taf. 4) oder zwei Städte mit der Bezeichnung Jerusalem und Bethlehem als Hinweis auf die beiden Elemente, Judenchristen und Heidenchristen, aus denen sich die Kirche konstituierte. Nicht selten sieht man noch Lämmer als Repräsentanten der Apostel oder Gläubigen aus den Toren kommen (Triumphbogenmosaik von S. Maria Maggiore zu Rom zwischen 432 und 440; Abb. bei Wilpert I. S. 475 und III. Taf. 73). An dieser auf baulichen Vorstellungen beruhenden Versinnbildlichung der Ecclesia ex circumcisione und der Ecclesia ex gentibus hielt auch das Ma. bis ins 12. Jh. fest. (Mosaik in S. Clemente zu Rom; Abb. bei Wilpert II. S. 1201).

Nur ein Gebäude umfaßt die Kirche im Hortus deliciarum der Herrad von Landsberg (Taf. 59). In seiner Mitte thront die Ecclesia als weibliche Gestalt, die, wie der Text besagt, zugleich die Jungfrau Maria darstellt, mit einer Krone auf dem Haupte und mit ausgebreiteten Händen segnend oder betend; daneben und darunter die Vertreter des geistlichen und weltlichen Standes sowie die fünf klugen Jungfrauen. Auf dem Dache kämpfen Engel mit Teufeln, und das Ganze umgeben die vier Evangelistensymbole im Verein mit den vier großen Propheten.

997. Die Sonne im Gegensatz zu dem die Synagoge versinnbildlichenden Mond. Diese bereits bei den Vätern der alten Kirche sich findende Symbolik ist in der ma. Theologie ungemein verbreitet und auch auf die Kunst nicht ohne Einwirkung geblieben (vergl. Sauer S. 224, Anm. 1). Indes

darf auf Denkmälern die Beigabe der zwei Himmelskörper nur dann eine solche Interpretation erfahren, wenn auch noch andere Momente zu einer derartigen Auslegung zwingen. So will auf den Darstellungen des rein historischen Aktes der Kreuzigung Christi die Anbringung der Gestirne jedenfalls weiter nichts als eine durch Luk. 23, 44 f. angeregte Illustration der Teilnahme der Natur an dem großen Ereignisse sein. Anders verhält sich jedoch die Sache bei den allegorischen Kruzifixusbildern. Hier kann im Zusammenhang mit den sonstigen Versinnbildlichungen der Gegensätze zwischen A. und N. T. auch der Mond und die Sonne nur die gleiche Antithese zum Ausdruck bringen. Als Beispiele dieser Art führe ich an das aus dem Bamberger Domschatz in die Münchener Staatsbibliothek gekommene Elfenbein der Liuthardgruppe um 870 (Abb. bei Goldschmidt I. Nr. 41) ferner ein Glasgemälde der Kathedrale zu Bourges aus dem 13. Jh. (Abb. bei Mâle I. S. 226), vor allem aber die Miniatur der Herrad von Landsberg (Taf. 38), letztere insofern noch besonders interessant, als daselbst nur die Sonne und nicht auch der Mond ihre Trauer kundgibt.

998. Longinus, der Mann, der Christus mit dem Speer die Seite öffnete, im Gegensatz zu dem Schwammhalter Stephaton, der die Synagoge repräsentiert (vergl. Walahfrid Strabos Glossa ordinaria zu Luk. 23, 47 bei Migne P. lat. CXIV, 349). Für die Auslegung der beiden Personen auf Kreuzigungsbildern in solchem Sinne gelten die gleichen Voraussetzungen wie für die entsprechende Deutung von Sonne und Mond (s. Nr. 997). Das bedeutsamste Beispiel dieser Symbolik liefert auch hier wieder die Miniatur der Kreuzallegorie der Herrad von Landsberg (Taf. 38).

999. Das geöffnete Auge, während das geschlossene die Synagoge bedeutet. Für die Anwendung dieser Symbolik auch im Bereiche des Figürlichen scheint allerdings ein vom Bischof Nitzger von Freising (1035—42) dem Kaiser Heinrich III. geschenkter Schrein als einziger Beleg in Betracht zu kommen (Abb. bei Rohault de Fleury: La messe 1887. Pl. 357; vergl. Zeitschrift XVII [1904] S. 163, Anm. 193).

Die bisher genannten Arten der Versinnbildlichung der Kirche treten jedoch stark zurück gegenüber ihrer Personifikation in weiblicher Gestalt.

1000. In der altchristlichen Kunst sind von den häufig vorkommenden Oranten, wie man die stehenden, Arme oder Hände zum Gebet ausbreitenden Figuren zu benennen pflegt, manche weibliche aus der jüngeren Zeit als Sinnbilder der Kirche angesprochen worden. Da den Personen aber eine Charakterisierung nach dieser Richtung hin fehlt, bleibt die Entscheidung im einzelnen Falle ungewiß. Sehr wohl möglich, aber gleichfalls nicht beweisbar ist die Deutung eines Katakombengemäldes mit der von zwei Wölfen bedrohten Susanna in Lammesgestalt auf die von Juden und Heiden verfolgte Ecclesia (Abb. bei Wilpert: Malereien der Katakomben Roms [1903] Taf. 251). Eine unzweideutige Personifikation der Kirche liegt dagegen in den beiden Frauengestalten des Mosaiks von S. Sabina zu Rom (zwischen 422 und 432) vor. Zwar fehlen auch hier, abgesehen von der Beigabe eines Buches, das jede in den Händen hält, bestimmtere Attribute, doch sind die Figuren durch Beischriften ausdrücklich als Ecclesia ex circumcisione und Ecclesia ex gentibus bezeichnet (Abb. bei Wilpert: Römische Mosaiken III. Taf. 47).

Mit der Geste einer betenden oder segnenden weiblichen Person erscheint die Mater Ecclesia regelmäßig unter den Miniaturen der italienischen Exultet-Rollen des 11. und 12. Jh., die das für die Weihung der Osterkerze am Samstag vor Ostern bestimmte liturgische Gebet: Exultet jam angelica turba coelorum etc. illustrieren (vergl. die Abb. bei Kraus II, 1. S. 59).

1001. Weiter geht die Symbolik, wenn sich auf einigen Denkmälern die Kirche als eine Hühnern das Futter streuende Frau zeigt, ein Motiv, das vermutlich auf frühchristlicher Überlieferung beruht (Miniatur der Bibel Karls des Kahlen, sog. Viviansbibel, aus den Jahren 845 bis 851 — Erztüren des Augsburger Doms um 1060; Abb. bei Kraus II, 1. S. 213), oder wenn eine weibliche Gestalt mit der Mitra auf dem Haupt an ihren Brüsten einen Bischof und Laien säugt (Miniatur der aus der Zeit des Abtes Frowin [† 1178] stammenden Handschrift Nr. 48 zu Engelberg i. d. Schw.).

1002. Der bereits vom Apostel Paulus angestellte Vergleich des Wechselverhältnisses zwischen Christus und Kirche mit der Ehe (Eph. 5, 32) wurde in der ma. Theologie namentlich unter Zugrundelegung des Hohenliedes weiter ausgesponnen, und auch an Bildwerken mit recht detaillierten Ausmalungen dieser mystischen Beziehungen fehlt es nicht. Die reichste Quelle solcher Illustrationen bieten die französischen Miniaturen der Bible moralisée des 13. Jh. (vergl. die Veröffentlichung von De Laborde [1911 f.], insbesondere Taf. 6 und 410). Hier tritt die Ecclesia als nackte, gekrönte weibliche Gestalt mit dem Kelche in den Händen aus der Seite des Gekreuzigten hervor, während darunter der Akt der Erschaffung Evas aus dem Körper Adams durch Gott Vater wiedergegeben ist. Zur Linken Christi steht Moses mit den Gesetzestafeln, zur Rechten entsteigt ein Täufling dem Taufbecken. Sucht man nach einer Interpretation des Bildes, so kann man sich an Worte wie die Brunos von Segni († 1123) zu 1. Mos. 2 (s. Migne P. lat. CLXIV, 165 f.) halten, daß der Erlöser seinen himmlischen Vater und seine Mutter, die Synagoge, verlassen, daß er mit der Kirche am Kreuze bei Öffnung seiner Seite jenes enge Verhältnis angeknüpft habe, das Adam und Eva umschlang, nachdem letztere aus der der Seite Adams entnommenen Rippe gebildet war (vergl. Sauer S. 305 f. nebst Abb. 7).

1003. Nur schüchtern und fast ausschließlich in der Hymnenliteratur hat erst das frühe Ma. den Versuch gemacht, in dem gedachten Ehebund Christi und der Ecclesia an Stelle der mehr ideellen Braut des Hohenliedes die konkrete Gestalt der Maria treten zu lassen; einen um so wichtigeren Faktor aber bildet die Gleichung Maria = Braut Christi = Kirche in den typologischen Gedankengängen der großen Symboliker des 12. und 13. Jh. mit Honorius von Autun an der Spitze. Zugleich vertieft sich die Vorstellung noch durch Heranziehung weiterer Typen aus dem Alten wie Neuen Bunde, indem als Brautzeugen der geheimnisvollen Vermählung Christi mit Maria als Ecclesia nicht nur die Vorfahren des Herrn aufgerufen werden, sondern auch Propheten, Apostel, Märtyrer und andere hervorragende Glieder der christlichen Kirche. In der Kunst wirkt sich diese Substitution der Maria vornehmlich beim plastischen Kirchenschmuck des 13. Jh. aus durch Einräumung eines Ehrenplatzes für die Mutter Gottes an Portalpfeilern, wie beispielsweise an den Kathedralen zu Laon und Paris. Vor allem aber ist auf die Skulpturen der Vorhalle des Münsters zu Freiburg i. B. (zwischen 1260 und 1275) zu verweisen, wo an dominierender Stelle inmitten des Türpfeilers Maria als Ecclesia steht, während die Archivolten die Vertreter des alten Bundes tragen, die samt dem Engelchor als Zeugen der mystischen Vermählung Christi mit seiner Braut, der Kirche, berufen sind. Unter der Mutter Gottes aber sitzt der schlafende Jesse, von dem der Baum ausgeht, der die Darstellung der ganzen Heilsgeschichte von der Geburt des Erlösers an bis zum Abschluß im jüngsten Gericht umspannt (vergl. die Abb. in: Unser l. Frauen Münster zu Freiburg i. B. hrsg. vom Münsterbauverein [1896] Taf. 20 f. und dazu Sauer S. 324 f. und 359 f.). Daß man dabei auch auf den schlafenden Jesse mit zurückgriff, entspricht ganz dem Parallelismus der Gedanken an den schlafenden Adam, aus dessen Rippe Eva entstand, sowie an den Gekreuzigten, aus dessen Seitenwunde die Ecclesia hervorging.

1004. Wurde bei der Auffassung der Kirche als Braut Christi die Institution des Alten Bundes noch als eine der beiden Entwicklungsstufen der Ecclesia universalis gewürdigt, so macht sich ein entschiedener Gegensatz zum Judentum geltend bei der am meisten populär gewordenen Personifikation der Kirche in Gestalt einer triumphierenden weiblichen Person. Derart erscheint sie als Einzelfigur namentlich im plastischen Schmuck der Kirchenportale (am bekanntesten die Figur am Straßburger Münster), weniger monumental, dafür aber bestimmter charakterisiert als Nebenperson auf Kreuzigungsbildern zur Rechten Christi gegenüber der Synagoge. Zum ersten Male begegnet uns die Ecclesia in dieser Auffassung auf einer Miniatur des um 850 in Metz entstandenen Drogosakramentars (Abb. bei Weber S. 16): In der Linken hält sie die Siegesfahne, die anderwärts durch den Kreuzstab auch mit Velum ersetzt wird, in der Rechten den Kelch zur Aufnahme des aus der Seitenwunde Christi fließenden Blutes, dem zuweilen noch Hostien beigegeben sind; das Haupt, dessen hinteren Teil der hochgezogene Mantel bedeckt, ist nimbiert. Die gegenüberstehende männliche Figur darf man, wenn nicht als den Hauptmann, so vielleicht als Personifikation des Judentums ansprechen. Die genannten Abzeichen, zu denen sich alsbald noch die Krone gesellt, bleiben auch für die Folgezeit die gebräuchlichsten Attribute der Kirche. Daneben findet sich in vereinzelten Fällen ein Buch (Gunhildenkreuz um 1075 im Kopenhagener Museum; Abb. bei Goldschmidt III. Nr. 124a), ein Kirchenmodell (Kanzel der Pisani im Dome zu Siena zwischen 1266 und 1268 — Glasmalerei in der Kathedrale zu Chartres aus dem 13. Jh.; Abb. bei Weber S. 88), ferner die Erdscheibe oder Weltkugel mit daraufstehendem Kreuz (Deckengemälde des 12. Jh. zu Prüfening bei Regensburg; Abb. bei Clemen S. 355) sowie der Schlüssel (Kirchengestühl und Gewölbemalerei zu Siena, vergl. Annales archéol. XVI [1856] S. 289 und XIX [1859] S. 303). Letzteres Attribut scheint jedoch erst dem ausgehenden Ma. eigen zu sein, denn die Inanspruchnahme desselben für die Ecclesia bereits auf dem spätestens aus dem Anfang des 13. Jh. stammenden Einbanddeckel des Gebetbuches der h. Elisabeth zu Cividale (s. Weber S. 126), wo die Kirche zum ersten Male das Blut der F u ß wunden sammelt, wird durch die Abbildung bei Wlah (Miniaturen aus dem Psalterium der h. Elisabeth. 1898. Taf. 53) nicht gerechtfertigt. Nur ausnahmsweise hält die Ecclesia statt des Kelches einen Zweig mit drei herzförmigen Blättern (Elfenbein aus Lüttich im Domschatz zu Tongern aus der ersten Hälfte des

11. Jh.; Abb. bei Goldschmidt II. Nr. 57), während der Dreizack auf dem Elfenbein im South-Kensington-Museum zu London aus dem 9. Jh. (Abb. bei Weber Taf. 2) doch wohl nur als mißverstandene Kopie einer Fahne anzusehen ist. Mehrfach erscheint die triumphierende Kirche in Verbindung mit den fünf klugen Jungfrauen (Skulpturen des Westportals der Liebfrauenkirche zu Trier, bald nach 1274). Ist sie reitend dargestellt, so sitzt sie auf dem Tetramorph (vergl. Nr. 980; ältestes Beispiel bei Herrad von Landsberg Taf. 38), und wo der Gegensatz zur Synagoge verschärft wird, zeigt sie sich sogar gewappnet mit Helm und Schild (Einbanddeckel einer Hildesheimer Handschrift im Trierer Domschatz um 1160; Abb. bei Falke und Frauberger Taf. 103).

1005. Lediglich ein Wechsel der Person vollzieht sich in der Vorstellung von der triumphierenden Ecclesia, wenn bisweilen an Stelle der weiblichen Gestalt der Papst zum Träger der Attribute gemacht wird (Gemälde des Lebensbrunnen im Prado zu Madrid, Kopie eines Frühwerks der van Eyck; Abb. im Klass. Bilderschatz Nr. 25).

Zur Vervollständigung des Bildes der triumphierenden Kirche vergleiche auch die nachstehenden Ausführungen über ihre Gegenüberstellung mit der Synagoge sowie die Allegorie des lebenden Kreuzes unter Nr. 1037 f.

Die Synagoge.

1006. Als üblichste Repräsentation des Judentums gilt der ma. Kunst die Synagoge in der fast ausschließlichen Auffassung einer weiblichen Person, die aber im Unterschied zu der majestätischen Gestalt der Kirche durch die üblichen Attribute der Augenbinde, der zerbrochenen Lanze oder Fahne und der herabfallenden Krone als abgetane Größe gekennzeichnet wird. Es ist für diese Art der Versinnbildlichung charakteristisch, daß sie von vornherein einen polemischen Zug an sich trägt im Gegensatz zu anderen Vorstellungen, die beweisen, daß selbst das ganze Ma. hindurch die Beziehungen zwischen Kirche und Synagoge trotz der stark antisemitischen Strömung nebenher doch auch noch eine wesentlich mildere Beurteilung erfahren haben, bei der mehr das Einigende als das Trennende beider Religionen hervorgehoben ist. Es sei hier nur auf eine Miniatur der Herrad von Landsberg (Taf. 22) verwiesen, die eine zweiköpfige Gestalt zeigt, zur einen Hälfte Christus mit dem Kelch, zur anderen Moses mit dem Sprengwedel des jüdischen Opfers und dazu die Beischrift: Vetus et novum testamentum in simul junctum.

1007. Der Typus der der Ecclesia unterlegenen Synagoge tritt mit dem 9. Jh. zunächst in Frankreich und den Rheinlanden in die Kunst ein und erfährt in der Folgezeit vornehmlich unter Einwirkung des geistlichen Schauspiels eine Charakterisierung, die an Fülle von Einzelheiten alle anderen derartigen Personifizierungen übertrifft. In der Regel gibt die Darstellung der Kreuzigung den Rahmen ab für die Gegenüberstellung von Kirche und Synagoge, wobei letztere ausnahmslos ihren Platz zur Linken Christi hat. Immerhin behandeln die Bildwerke des ersten Jahrtausend die Synagoge noch glimpflich und belassen ihr wenigstens einen Rest von Majestät. So erscheint sie auf einer Reihe von Elfenbeinarbeiten der Liuthardgruppe bezw. der Metzer Schule aus dem 9. bis 10. Jh. (s. Weber Taf. 2—4) thronend, eine Krone auf dem Haupte tragend oder von einem Mauernimbus umgeben (Anspielung auf die Stadt Jerusalem), mit Fahne, Erdscheibe und Beschneidungsinstrument in den Händen, auch von einem Krieger mit Lanze und Schild begleitet. Gegenüber steht im Wortgefecht mit ihr die Kirche, die durch eine Handbewegung ihrer Gegnerin bedeutet, daß das wahre Volk Gottes im Gegensatz zu dem äußerlichen Merkmal der Beschneidung das Zeichen des Heils, nämlich das Kreuz an der Stirn trägt, während sie ein andermal nach der Erdscheibe der Synagoge greift, um ihren unnmehrigen Anspruch auf die Herrschaft der Welt geltend zu machen. Bisweilen lauscht unter dem Kreuze zwischen den Personifikationen der Erde und des Meeres die Gestalt der Roma als Herrin der Welt dem Streite der Parteien (vergl. die beigegebene Taf. 7).

1008. Bald jedoch geht man zur Verächtlichmachung der Synagoge über, wobei sich der Einfluß des geistlichen Schauspiels mehrfach wirksam erweist. Während die Kirche in jugendlicher Schönheit strahlt, zeigt die Synagoge die Züge einer alten Frau und den Ausdruck innerlicher Vernichtung (Miniatur eines Trierer Evangeliars um 1200; Abb. in Zeitschrift I [1888] S. 134), und wie jene mit der Personifikation des Lebens in Verbindung gebracht wird, so tritt neben diese der Tod (Evangeliar der Uta aus Regensburg vom Anfang des 11. Jh.; Abb. bei Swarzenski: Regensburger Buchmalerei [1901] Fig. 30). Im 11. Jh. fängt man an, der Synagoge zum Zeichen ihrer Verstocktheit die Augen zu verhüllen (wahrscheinlich schon im Uta-Evangeliar), wobei die sonst übliche Binde gelegentlich auch durch eine Schlange oder einen Drachen ersetzt wird (ursprünglich an der Skulptur der Westfassade von Notre-Dame zu Paris aus dem Anfang des 13. Jh.). Zum Zeichen, daß die Synagoge ihre Rolle ausgespielt, fällt ihr die Krone vom Haupte, die auf dem Glasgemälde der Kathedrale zu Chartres aus dem 13. Jh. (Abb. bei Weber S. 88) ihre Linke noch aufzufangen sucht. Um 1100 wird der Synagoge zuerst statt der Krone der Judenhut aufgesetzt (Miniatur eines Missale aus Essen in der Düsseldorfer Landesbibliothek, Cod. D. 4). Auf den Mantel muß sie verzichten (Uta-Evangeliar). Mit entblößtem Oberkörper rauft sie sich in zusammengekauerter Stellung die Haare (Gunhildenkreuz um 1075 im Kopenhagener Museum: Abb. bei Goldschmidt III. Nr. 124a), und immer häufiger werden die Darstellungen mit der Beigabe einer zerbrochenen Lanze oder Fahne (Kölner Elfenbeinskulptur des 11. Jh. im South-Kensington-Museum zu London; Abb. bei Goldschmidt II. Nr. 67), als deren Wappen späterhin Bockskopf, Totenschädel, Skorpion und Judenhut beliebt sind.

Durch eine Reihe von Objekten, die die Synagoge in der Hand hält oder ihr entfallen, soll die Verwerfung oder Wegnahme der alttestamentlichen Heilsvollmachten anschaulich gemacht werden. Dahin gehören die Gesetzestafeln (Gunhildenkreuz), das Beschneidungsinstrument (s.

o.), der Widderkopf (Einbanddeckel des Gebetbuches der h. Elisabeth zu Cividale, spätestens aus dem Anfange des 13. Jh.; Abb. in der Veröffentlichung von Wlah [1898] Taf. 53), der Aronsstab (Skulptur am Magdeburger Dom aus dem 13. Jh.), der Kelch mit nach unten gekehrter Schale (Kanzel der Pisani im Dome zu Siena zwischen 1266 und 1268), der Beutel der Habsucht (Statue an Notre-Dame zu Paris vom Anfang des 13. Jh.) und das Ochsenjoch als Zeichen der Knechtschaft unter dem Gesetze (Miniatur eines Antiphonars von St. Peter zu Salzburg aus der Mitte des 12. Jh.; Abb. bei Swarzenski: Salzburger Malerei [1913] Fig. 341). Einmal stürzt auch hinter ihr ein Götzenbild zusammen (Relief am Hauptportal von St. Martin in Landshut von 1432). Der Schuld am Tode Christi klagen sie die Leidenswerkzeuge wie Lanze, Schwamm und Dornenkrone an (Tragaltäre des Kölner Eilbertus um 1135 zu M.-Gladbach und aus der Werkstatt des Niederlothringers Godefroid de Claire um 1150 im Museum zu Brüssel; Abb. bei Falke und Frauberger Taf. 23 und 78). Steht auf älteren Darstellungen die Synagoge erregt neben dem Kreuze (Elfenbein aus der Schule von Tournai im Schatze der dortigen Kathedrale um 900; Abb. bei Goldschmidt I. Nr. 160a), oder wendet sie sich von demselben weg (Elfenbein im Stile der Metzer Schule um die Wende des 9. zum 10. Jh. im Museo Nazionale zu Florenz; Abb. bei Goldschmidt I. Nr. 114), so fällt sie auf späteren Bildern in Ohnmacht (Glasgemälde des 13. Jh. zu Le Mans, wo sie Aaron in die Arme sinkt; Abb. bei Kuhn: Malerei I. S. 227, Fig. 241) oder liegt entseelt am Boden (Miniatur der Historienbibel der Jeanne d'Evreux aus dem 13. Jh. in der Pariser Nationalbibliothek; Abb. bei Weber S. 109). Seit dem 12. Jh. erscheint sie zuweilen auf einem Esel reitend (ältestes Beispiel bei Herrad von Landsberg Taf. 38). Analog dem Zusammengehen der Kirche mit den fünf klugen Jungfrauen sind der Synagoge die fünf törichten zugesellt (Skulpturen am Westportal der Liebfrauenkirche zu Trier bald nach 1274). Vielleicht darf man auch auf Grund dieser üblichen Verbindung die gelegentlich neben den beiden Jungfrauengruppen angebrachten Bäume — einen grünenden und einen verdorrten mit der Axt an der Wurzel — gleichfalls als Sinnbilder der Ecclesia und Synagoge auffassen (z. B. am Portal der Kirche zu Longpont von 1227; Abb. bei Mâle I. S. 428); jedenfalls legt die Symbolik der unter Nr. 1031 angeführten, allerdings erheblich späteren Darstellungen des Lebensbaumes eine solche Deutung nahe.

1009. Mehrfach greifen außer der Ecclesia auch andere Personen in das Geschick der Synagoge ein. So nimmt ihr Christus einmal den Schleier von den Augen, ohne daß sie jedoch die Erfüllung der Zeit erkennen will, während er der Kirche die Krone aufs Haupt setzt (Glasgemälde in St. Denis aus dem 12. Jh.; Abb. bei Mâle I. S. 204). Ein andermal zieht er der Synagoge die Binde über die Augen (Taufstein im Museum zu Amiens aus dem 12. Jh.) oder zerreißt ihr die Gesetzesrolle, indem er über die Ecclesia das Buch der Gnade hält (Miniatur der oben erwähnten Historienbibel der Jeanne d'Evreux; Abb. bei Weber S. 109). Für letzteren Vorgang bietet die Entziehung der Gesetzesrolle durch den h. Hieronymus aus den Händen der unter ihm mit verhüllten Augen kauernden Synagoge am Südportal der Kathedrale zu Chartres gleichfalls aus dem 13. Jh. eine einzigartige Parallele (Abb. bei Mâle I. S. 330). In ähnlicher Weise beteiligen sich auch Engel an dem Strafgericht. Auf dem Relief der Kreuzabnahme von Antelami im Dome zu Parma (von 1178) drückt der Erzengel Raphael der Synagoge das Haupt nieder, während Gabriel die Ecclesia zu Christus leitet (Abb. bei Zimmermann S. 107; damit berührt sich die Altartafel um 1230 aus der Marienkirche zu Soest im Kaiser-Friedrich-Museum zu Berlin, wo der Engel die Synagoge mit einem Stabe wegstößt; Abb. bei Janitschek: Deutsche Malerei [1890] Taf. zu S. 162). Noch weiter geht darin der Figurenfries der Cluniazenserkirche zu St. Gilles aus dem 12. Jh., auf dem die Synagoge von einem Engel zu Boden geworfen wird. Selbst der Teufel ist wiederholt zum Kampf gegen sie aufgeboten, in besonders drastischer Weise auf dem schon erwähnten Glasgemälde zu Chartres

(Abb. bei Weber S. 88), wo er der Synagoge einen Pfeil ins Gesicht schießt.

1010. Gegenüber derartigen Bildern muß die versöhnliche Auffassung einer Darstellung um so mehr überraschen, auf der der Leichnam der Synagoge mit der Krone auf dem Haupte und den unversehrten Gesetzestafeln in den Händen, von Propheten, die auch sonst mehrfach zu ihrer Begleitung gehören, in einen Sarg gelegt wird, während Christus die Tote segnet, und die Ecclesia am Kopfende trauert (Miniatur einer burgundischen Historienbibel des 15. Jh. in der Pariser Nationalbibliothek; Abb. bei Weber S. 110).

1011. Wie der Papst zuweilen die Person der triumphierenden Kirche ersetzt, so geht in einzelnen Fällen auch die Charakteristik der Synagoge auf Moses oder den Hohenpriester über (Miniatur einer Handschrift der Seminarbibliothek zu Poitiers aus dem 15. Jh.; vergl. Weber S. 98 — Lebensbrunnen im Prado zu Madrid, Kopie eines Frühwerks der van Eyck; Abb. im Klass. Bilderschatz Nr. 25).

Über einige besondere Züge in der Darstellung der Synagoge auf Bildern des lebenden Kreuzes s. Nr. 1037 f.

Im Vergleich zur Repräsentation des Judentums durch die Synagoge treten die folgenden Versinnbildlichungen stark in den Hintergrund:

1012. Stephaton, der Mann, der Christus am Kreuz den mit Essig getränkten Schwamm reicht, s. Nr. 998. Der Essig bedeutet die alte Lehre, die nun verdorben.

1013. Der vordere der beiden aus dem Lande Kanaan zurückkehrenden Kundschafter, der der Traube d. i. Christus den Rücken zukehrt, während der Hintermann, der auf die Traube schaut, ein Sinnbild des dem Erlöser sich zuwendenden heidnischen Volkes ist — eine Interpretation von 4. Mos. 13, 23, die sich schon bei den Vätern der alten Kirche findet (vergl. Isidor von Sevilla im Anschluß an Augustin bei Migne P. lat. LXXXIII, 346 f.). In der Kunst macht sich diese Vorstellung dadurch bemerkbar, daß dem vorderen Träger der Judenhut aufgesetzt wird

(Reliquiar zu Tongern aus dem Anfang des 13. Jh.; Abb. bei Cahier I. Taf. 8—Bp. Taf. 9).

1014. Der Mond s. Nr. 997.

1015. Das geschlossene Auge s. Nr. 999.

1016. Die Eule, die das Sonnenlicht nicht vertragen kann und daher von anderen Vögeln verspottet und verfolgt wird, wenn sie sich an den Tag wagt. Die Gestaltung dieser aus dem ma. Bestiarien stammenden Vorstellung im Bereich der Kunst zeigt u. a. eine Kapitälskulptur der Kathedrale zu Le Mans aus dem 13. Jh. (Abb. bei Cahier I. S. 141, woselbst noch weitere Beispiele angeführt sind).

1017. Als Ausdruck ma. Antisemitismus begegnet man mehrfach der Darstellung einer Sau, an der Juden saugen (eins der ältesten Beispiele an einem Kapitäl im Dom zu Magdeburg aus dem 13. Jh., Abb. bei Bergner S. 572, Fig. 483; besonders derb ein Holzschnitt aus dem dritten Viertel des 15. Jh. in der Öffentlichen Kunstsammlung zu Basel; Abb. in der Veröffentlichung von Major [1908] Nr. 18). Auch als Reittier der Synagoge im Kampfe mit der Ecclesia kommt die Sau in Betracht (Turnier der beiden Gegnerinnen an einer Wange des Chorgestühls im Erfurter Dom zwischen 1400 und 1410; Abb. bei Overmann: Ältere Kunstdenkmäler der Stadt Erfurt [1911] S. XXVII, Fig. 12).

IX.

DOGMEN.

DIE ZEHN GEBOTE.

1018. Die Vermittlung der Kenntnis des Dekalogs durch die Bildersprache gehört erst dem späteren Ma. an. Unter den Versuchen steht an erster Stelle die Illustrierung der einzelnen Gebote entweder — und das ist das üblichere — durch Wiedergabe eines Vorgangs, der die Übertretung zum Ausdruck bringt, oder durch Vorführung zweier Szenen, von denen die eine die Befolgung, die andere die Verletzung der göttlichen Vorschrift veranschaulicht. Derartige Darstellungen wie Anbetung Gottes oder eines Götzenbildes, Ablegen eines Eides oder Fluchen am Spieltisch, Besuch des Gottesdienstes oder des Wirtshauses u. dergl. sind ohne weiteres verständlich. Zu beachten ist nur, daß die Reihenfolge des 5., 6. und 7. Gebots im Ma. schwankt. Das interessanteste Beispiel für die zuerst genannte Illustrationsweise bietet der Grabstein des 1468 gestorbenen Pfarrers Johannes Lupi im Historischen Museum der Stadt Frankfurt a. M., wo unter jedem Übertretungsbilde auch noch eine oder zwei Hände angebracht sind, die durch die Anzahl der aufgehobenen Finger dem Betrachter die richtige Reihenfolge der Gebote vermitteln sollen (C. Wolff und R. Jung: Baudenkmäler in Frankfurt a. M. I [1896] Taf. 24, s. auch Zeitschrift IX [1896] S. 5). Von Paralleldarstellungen, die zugleich von der Befolgung wie Verletzung der einzelnen Gebote eine Vorstellung geben, sei das Fenster im Chor des Münsters zu Thann aus dem ersten Viertel des 15. Jh. genannt (Bruck: Die Elsässische Glasmalerei [1902] Taf. 50). Wie die ma. Kunst bei der Einkleidung paränetischer Gedanken in bildliche Ausdrucksformen überhaupt mit Vorliebe auf die Einwirkung von Engeln und Teufeln zurückgreift, so ist auch in den Dekalogillustrationen dem Einfluß der guten Geister auf Befolgung der Gebote die Verführung des Satan zu deren Übertretung gegenübergestellt (Blockbuch der Heidelberger Univ.-Bibliothek aus den vierziger Jahren des 15. Jh., hrsg. in der 4. Veröffentlichung der Graphischen Gesellschaft. Berlin 1907).

1019. Im Gegensatz zu der breiteren Behandlung der zehn Gebote durch Vorführung entsprechender Szenen steht eine denkbar kürzeste Ausdrucksweise mittelst symbolischer Zeichen. Auf diesem Wege hat vornehmlich die primitive Graphik des 15. Jh. die Kenntnis des Dekalogs im Volke zu verbreiten gesucht. Es finden sich folgende Sinnbilder:

Zum 1. Gebot ein Rosenkranz;
„ 2. „ eine Schwurhand;
„ 3. „ eine Glocke;
„ 4. „ ein Elternpaar;
„ 5. „ ein Speer, auch in Verbindung mit zwei sich kreuzenden Schwertern;
„ 6. „ ein Hahn (Symbol der Unkeuschheit);
„ 7. „ ein Galgen mit oder ohne Strang (Hinweis auf die Bestrafung der Diebe);
„ 8. „ eine abgeschnittene Zunge oder eine Schreibfeder;
„ 9. „ ein Herz mit einem Frauenkopf oder mit einem Mann und einer Frau darin;
„ 10. „ ein Herz mit einem Geldstück oder einer Geldkiste darin.

(Holzschnitt aus Tegernsee; Abb. bei Bouchot: Les 200 incunables xylograph. de la Bibliothèque Nationale [1903] Pl. 94, Nr. 173 — Schreiber: Holzschnitte der Fürstenberg. Sammlungen zu Donaueschingen [1907] Nr. 17, doch ist die Darstellung von Schreiber irrtümlich auf die Passion

Christi bezogen. Der letztgenannte Holzschnitt ist auf unserer Taf. 8 wiedergegeben.)

1020. Das Heranziehen biblischer Belege beweisen die Bruchstücke einer Tafel des 15. Jh. im Provinzialmuseum zu Hannover, wo sich zum 4. Gebot Tobias, zum 7. Josua und Achan (Jos. 7) finden (s. Bergner S. 552).

1021. Lediglich auf Zahlensymbolik ist es zurückzuführen, wenn die zehn Gebote gelegentlich in Verbindung gebracht sind mit den zehn ägyptischen Plagen (Reihe von Tafelbildern aus der zweiten Hälfte des 15. Jh. an den südlichen Chorschranken der Liebfrauenkirche zu Friedberg i. H. — Metallschnitt aus dem letzten Drittel des 15. Jh.; Abb. bei W. Schmidt: Früheste Druckdenkmale Nr. 68).

DAS APOSTOLISCHE GLAUBENSBEKENNTNIS (CREDO).

1022. Die bildliche Darstellung des Glaubensbekenntnisses verläuft nach zwei Richtungen hin. Das älteste Beispiel, das in einer Miniatur des aus der Schreibstube von Hautvillers zu Beginn des 9. Jh. hervorgegangenen Utrechter Psalters vorliegt, gibt eine Illustration des sachlichen Inhalts des Credo (vergl. die Abb. bei Springer: Die Psalterillustrationen im frühen Ma. [1880] Taf. 10). So veranschaulicht der über Wolken in der Glorie thronende Gott Vater den ersten Artikel. Dem zweiten ist zunächst eine Darstellung der von der Taube beschatteten Maria mit dem neugeborenen Christkinde gewidmet, daran schließt sich die Gerichtsszene vor Pilatus an, dann die Kreuzigung, und so geht die Bilderfolge weiter bis zum letzten Glaubenssatze. Diese Behandlungsweise fand indes zunächst keine Nachahmung. Vielmehr begnügte sich die Kunst der folgenden Jahrhunderte damit, die Kenntnis des Credo lediglich durch Verteilung der einzelnen Artikel auf die den Bildnissen der Apostel beigegebenen Spruchbänder oder Bücher zu vermitteln, wie z. B. auf dem um 1130 von Eilbertus in Köln gefertigten Tragaltar des Welfenschatzes zu Wien

(Abb. bei Falke und Frauberger Taf. 17—19). Doch ist die Reihenfolge in der Darstellung der Apostel keineswegs eine feststehende, da die Legende in der Zuweisung des Anteils des einzelnen an der Abfassung des Symbolums vielfach schwankt, wenngleich die auf eine pseudoaugustinische Predigt (Nr. 240, bei Migne P. lat XXXIX, 2188 f.) zurückgehende Verteilung bis zu einem gewissen Grade traditionell geworden ist (vergl. das folgende Schema). In der Regel haben derartige Credovorführungen noch eine Erweiterung auf Grund typologischer Betrachtungen erfahren, indem den Aposteln mit ihren Glaubenssätzen Propheten gegenübergestellt sind mit Aussprüchen, in denen man Beziehungen zum Inhalt des Apostolikums zu finden meinte. Hierbei ist allerdings hinsichtlich der Zahl und Auswahl der alttestamentlichen Seher wie ihrer Legenden mit großer Willkür verfahren worden. So erscheinen auf dem erwähnten Tragaltar des Eilbertus außer den zwölf Propheten auch David, Melchisedek, Salomo, Bileam und Jakob, sämtlich mit Spruchbändern. Noch weiter ist der Kreis der Vorbilder gezogen bei den Apostelstatuen im Chor der Klosterkirche zu Blaubeuren um 1490, wo den Standbildern der Zwölfboten nicht nur die Büsten der Propheten, sondern auch die der Patriarchen mit entsprechenden Legenden beigegeben sind, während auf dem 1424 vom Meister von Göttingen gemalten Flügelaltar, jetzt im Provinzialmuseum zu Hannover, jeder der zwölf Apostel sowohl von einer biblischen Person wie einem kirchlichen Schriftsteller der patristischen oder ma. Zeit begleitet wird, gleichfalls unter Beigabe von Textstellen einer mehr oder weniger gezwungenen Auswahl. Am weitesten ist man in der Heranziehung solcher Parallelen wohl bei den Wandmalereien der Marienkirche zu Memmingen gegen Ende des 15. Jh. gegangen.

1023. Einzigartig ist der Ersatz der Apostel durch Löwen mit dem Text des Credo auf einem westfälischen Gemälde des Thrones Salomos aus dem 14. Jh. im Kaiser-Friedrich-Museum zu Berlin (vergl. Nr. 854), und in besonders sinniger Weise ist die vorbereitende Bedeutung der alttestamentlichen Prophetie für das Symbolum apostolicum in den Miniaturen einer Gruppe von Livres d'Heures aus dem 14. und 15. Jh. zum Ausdruck gebracht. Hier sind auf jeder der zwölf Darstellungen ein Apostel mit seinem Credosatze und ein Prophet mit seinem vorbedeutenden Ausspruch gegenübergestellt, und zwar befindet sich neben letzterem ein Gebäude, das als Repräsentation der Synagoge oder der alttestamentlichen Heilsanstalt überhaupt gelten darf. Aus dem Mauerwerk nimmt allemal der Prophet einen Stein, scheinbar in der Absicht, ihn dem Apostel zum Aufbau der Kirche zu übergeben. So geht die Zerstörung schrittweise vor sich, bis auf dem letzten Bilde der alte Bau in sich zusammenbricht. Als Gegenstück zu dieser Symbolik dient die sich immer wiederholende Handlung der Apostel, dem Propheten den Schleier wegzuziehen. Auf diese Weise wird im Bilde ausgedrückt, was die Theologie mit Worten dahin formulierte: In novo Testamento patet, quod in veteri latet (vergl. Mâle II. S. 262 f. und Fig. 118).

Lediglich auf didaktische Erwägungen ist es zurückzuführen, wenn einmal auf einem französischen Holzschnitt aus der Mitte des 15. Jh. der Darstellung der Apostel mit dem Credo der gereimte Text der zehn Gebote beigegeben wird (Abb. bei Bouchot: Les 200 incunables xylograph. de la Bibliothèque Nationale [1903] Nr. 77). Daß auch das im Reiche der Symbolik eine hervorragende Rolle spielende Motiv des Baumes herangezogen ist, beweist ein Wandgemälde im Chor der Leonhardikirche zu Frankfurt a. M. um 1500 (C. Wolff und R. Jung: Baudenkmäler in Frankfurt a. M. I [1896] Taf. 3). Hier wachsen in den Zweigen eines Stammes nach Art des Jessebaumes aus Blätterkelchen die Büsten der Apostel mit ihren Attributen hervor, umgeben von Spruchbändern mit den Sätzen des Symbolums, während in der Spitze der Heiland thront.

1024. Aus der großen Zahl der wechselnden Verbindungen der Apostel mit den Credoworten und der Propheten mit ihren vorbedeutenden Aussprüchen ist das nachstehende Schema als Probe wiedergegeben. Es folgt hinsichtlich der Verteilung der Artikel des Symbolums an die einzelnen Zwölfboten der oben erwähnten pseudoaugustinischen Predigt. In der Prophetenreihe sind die häufiger vorkommenden Parallelen an den Anfang gestellt, und die Varianten in kleinerem Druck beigefügt:

Apostel.	*Propheten.*
Petrus: Credo in patrem omnipotentem creatorem coeli et terrae.	Jeremia: Patrem vocabis me. 3, 19. —: Qui fecit terram in fortitudine sua, praeparavit orbem in sapientia sua, et prudentia sua extendit coelos. 51, 15. Joel: Ego Dominus Deus vester, et non est amplius. 2, 27. Moses: In principio creavit Deus coelum et terram. Gen. 1, 1. David: Pater meus es tu, Deus meus. Ps. 88, 27.
Andreas: Et in Jesum Christum, filium eius unicum, dominum nostrum.	David: Dominus dixit ad me: Filius meus es tu, ego hodie genui te. Ps. 2, 7. Baruch: Hic est Deus noster, et non aestimabitur alius adversus eum. 3, 36.
Jacobus Major: Qui conceptus est de spiritu sancto, natus ex Maria virgine.	Jesaja: Ecce virgo concipiet et pariet filium. 7, 14.
Johannes: Passus sub Pontio Pilato, crucifixus, mortuus et sepultus.	Daniel: Post hebdomades sexaginta duas occidetur Christus. 9, 26. Sacharja: Aspicient ad me, quem confixerunt, et plangent eum planctu quasi super unigenitum. 12, 10. Nahum: Non est obscura contritio tua, pessima est plaga tua. 3, 19. Habakuk: Cornua in manibus eius, ibi abscondita est fortitudo eius. 3, 4 f.
Thomas: Descendit ad inferna, tertia die resurrexit a mortuis.	Hosea: Ero mors tua, o mors, morsus tuus ero, inferne. 13, 14. Jona: Dixit Dominus pisci, et evomuit Jonam in aridam. 2, 11. —: Scio, quia tu Deus clemens et misericors es. 4, 2.

Apostel.	*Propheten.*
	Sacharja: Ecce ego levo manum meam super eos, et erunt praedae his, qui serviebant sibi; et cognoscetis, quia Dominus exercituum misit me. 2, 9. David: Caro mea requiescet in spe. Ps. 15, 9.
Jacobus Minor: Ascendit ad coelos, sedet ad dexteram patris omnipotentis.	Amos: Qui aedificat in coelo ascensionem suam. 9, 6.
Philippus: Inde venturus est judicare vivos et mortuos.	Maleachi: Accedam ad vos in judicio, et ero testis velox maleficis. 3,5. Joel: Congregabo omnes gentes, et deducam eas in vallem Josaphat. 3, 2.
Bartholomäus: Credo in spiritum sanctum.	Joel: Effundam spiritum meum super omnem carnem. 2, 28. Haggai: Spiritus meus erit in medio vestrum. 2, 6. Salomo: Spiritus Domini replevit orbem terrarum. Sap. 1, 7. Ezechiel: Spiritum novum tribuam. 11, 19.
Matthäus: Sanctam ecclesiam catholicam, communionem sanctorum.	Zephanja: Reddam populis labium electum, ut invocent omnes in nomine Domini, et serviant ei humero uno. 3, 9. — : Haec est civitas gloriosa, habitans in confidentia. 2, 15. Micha: Omnes populi ambulabunt unusquisque in nomine dei sui, nos autem ambulabimus in nomine Domini Dei nostri in aeternum et ultra. 4, 5. Joel: Congregate populum, sanctificate ecclesiam. 2, 16.
Simon: Remissionem peccatorum.	Micha. Deponet iniquitates nostras et projiciet in profundum maris omnia peccata nostra. 7,19. Jeremia: Invocabitis me et ibitis et orabitis me, et ego exaudiam vos. 29, 12. —: Obducam cicatricem tibi, et a vulneribus tuis sanabo te. 30, 17.

Apostel.	*Propheten.*
	Tobias: Benedictum est nomen tuum Deus patrum nostrorum, qui cum iratus fueris, misericordiam facies, et in tempore tribulationis peccata dimittis his, qui invocant te. 3, 13.
Judas Thaddäus: Carnis resurrectionem.	Ezechiel: Ossa arida, audite verbum Domini: Ecce, ego intromittam in vos spiritum, et vivetis. 37, 4 f. —: Educam vos de sepulcris vestris. 37, 12. Sacharja: Ecce ego salvabo populum meum. 8, 7. —: Suscitabo filios tuos, Sion. 9, 13. Hiob: Scio, quod Redemptor meus vivit, et in novissimo die de terra surrecturus sum. Et rursum circumdabor pelle mea, et in carne mea videbo Deum meum. 19, 25 f.
Matthias: Et vitam aeternam.	Daniel: Evigilabunt alii in vitam aeternam, et alii in opprobrium. 12, 2. Ezechiel: Dabo super vos nervos, et succrescere faciam super vos carnes, et superextendam in vobis cutem et dabo vobis spiritum, et vivetis. 37, 6. Obadja: Ascendent salvatores in montem Sion, judicare montem Esau, et erit Domino regnum. 21.

(Vergl. Wernicke im Christl. Kunstblatt 1887—1889 u. 1893.)

1025. Erst im 15. Jh. scheint man auf die Illustrierung des Credo nach seinem sachlichen Inhalt in der Art des Utrechter Psalters zurückgekommen zu sein. Als Beispiele aus der großen Kunst nenne ich das Tafelbild des Taddeo Bartoli in der Domopera zu Siena, bald nach 1400, sowie die Deckenmalereien von Vecchietta und Benvenuto di Giovanni im Baptisterium zu Siena um die Mitte des 15. Jh. (vergl. v. d. Gabelentz S. 199). Im besonderen ist es aber der Bilddruck, der das Thema in diesem Sinne behandelt hat (Holzschnitt aus der Mitte des 15. Jh. [Schreiber: Manuel II. Nr. 1853], teilweise abgebildet bei Weigel und Zestermann: Anfänge der Druckerkunst. 1866. Nr. 36), und in seinem Bereich ist auch eine Verbindung beider Bildformen angestrebt worden. In den auf uns gekommenen Blockbuchausgaben des Symbolums aus der Zeit um 1440 (vergl. die Veröffentlichungen der Graphischen Gesellschaft IV. Berlin 1907 und XXIII. 1917) ist neben die gegenständliche Darstellung jedes Glaubenssatzes die Gestalt des für seine Entstehung in Frage kommenden Apostels gesetzt unter Gegenüberstellung eines Propheten, wobei ersterer den Wortlaut des Artikels verkündet, letzterer die ihm entsprechende alttestamentliche Weissagung.

ZUR ERLÖSUNGSLEHRE.

Der Lebensbaum.

1026. Bereits die Väter der alten Kirche sehen im Lebensbaum (1. Mos. 2,9) ein Mysterium, ein Sinnbild der durch den Kreuzestod Christi erfolgten Erlösung, doch ist es in der frühchristlichen Periode zu einer figürlichen Behandlung des Symbols nicht gekommen. Erst im Zeitalter Karls d. Gr. zieht die abendländische Kunst den Lebensbaum in den Bereich der Darstellung durch Vermittlung orientalischer Gewebe, in deren Ornamentik das Motiv des altheiligen, von Tieren verehrten Baumes Hom eine hervorragende Rolle spielt. Bei der Vielseitigkeit der mystischen Beziehungen, die die ma. theologische Spekulation über die Heilsbedeutung des Todes Christi zum Baum des Lebens fand, kann auch dessen Vielgestaltigkeit im Bilde nicht wundernehmen. Die beste Übersicht über die wenig einheitlichen und keineswegs immer ganz klaren Darstellungen hat Bergner (Monatschrift für Gottesdienst und kirchliche Kunst III [1898] S. 333 f. und im Handbuch der kirchlichen Kunstaltertümer S. 547 f.) gegeben, an dessen Ausführungen sich die folgenden Zusammenstellungen im wesentlichen anlehnen.

1027. Die älteste Gruppe der Denkmäler zeigt überhaupt nur den heiligen Baum, entweder allein oder inmitten anbetender Tiere. Für den ersteren Fall ist auf das Mosaik im Chor der 806 errichteten Kirche von Germigny-des-Prés zu verweisen, das ein besonders lehrreiches Beispiel dafür bietet, wie sich der Übergang des orientalischen Motivs ins Abendland vollzog (vergl. Clemen Fig. 475 auf S. 715 mit Fig. 476 auf S. 717). Von Darstellungen des heiligen Baumes in Verbindung mit Tieren sei das romanische Tympanonrelief aus Alsleben, jetzt in Gernrode, hervorgehoben (Abb. bei Bergner S. 564).

1028. Zahlreicher sind die Monumente mit z w e i Bäumen, dem des Lebens und dem der Erkenntnis, wobei letzterer den Verlust des Paradieses andeutet. Diese Gegenüberstellung bietet in der Regel den Anlaß zu weiterer symbolischer Ausschmückung. So findet man neben dem Baum der Erkenntnis zum Zeichen, daß das Paradies verschlossen ist, ein Rad, das übliche Attribut der Cherubim, die nach 1. Mos. 3, 24 vor dem Garten Eden lagern. Zwischen beiden Bäumen aber steht gewöhnlich das Kreuz als Hinweis auf die Wiedergewinnung des Paradieses durch den Tod Christi. Dieser Gedanke ebnete nun den Weg für den weiteren Schritt, den Lebensbaum geradezu durch das Kreuz, den Kruzifixus oder das Lamm zu ersetzen, ja selbst die Gestalt des thronenden Christus an seine Stelle treten zu lassen. In letzterem Falle wird die Darstellung noch durch Heranziehung von Elementen der Deesis (s. Nr. 783) erweitert. Die Häufung der Zeichen führt z. T. zu recht komplizierten Gebilden; als eines der charakteristischsten ist auf der beigegebenen Tafel 9 der Lebensbaum von dem Bogenfelde aus Elstertrebnitz aus dem 12. Jh., jetzt im Museum des Sächs. Altertumsvereins zu Dresden, abgebildet. Die Deutung der einzelnen Momente ist folgende:

Rad als Symbol des verschlossenen Paradieses.	**Maria als Fürbitterin mit der Lilie als Begütigungsmittel.**	**Baum der Erkenntnis.**	**Der segnende Rex gloriae auf dem Throne mit dem Buche des Lebens.**	**Das Kreuz als Lebensbaum mit dem Kruzifixus als dessen Frucht.**	**Johannes d. T. als Fürbitter**	**Taube als Symbol des h. Geistes.**

1029. Bei der Auffassung des Kreuzes als Lebensbaum und des Gekreuzigten als dessen edler Frucht lag es nahe, diese Frucht nun auch als Hostie darzustellen. Indes sind es nur wenige Bildwerke, auf denen diese Beziehung zum Abendmahlsdogma zum Ausdruck gekommen ist und zwar in der Weise, daß dem Hostien tragenden Lebensbaum der Baum der Erkenntnis gegenübersteht mit Totenschädeln in den Zweigen. Einmal ist auch ein Taubenpaar als Trägerin der Hostien hinzugefügt, und ein andermal die Szene durch Wiedergabe des Sündenfalls wie Bezugnahme auf die Trinität erweitert (Türsturz im Straßburger Museum, eines der ältesten Denkmäler dieser Art, wohl noch aus dem 13. Jh.; Abb. bei Bergner S. 548, Fig. 463 — Relief eines Pietafragments zu Orlamünde um die Wende des 14. zum 15. Jh.; Abb. ebenda Fig. 464).

1030. Späterhin macht sich der Einfluß der Marienverehrung geltend, indem die Jungfrau mit in die Darstellung aufgenommen wird als Gegenbild der Eva. Steht diese unter dem mit Totenköpfen besetzten Baum der Erkenntnis, um dessen Stamm sich die Schlange windet, so erscheint Maria neben dem Baum des Lebens, einem Trauben und Hostien tragenden Weinstock, in dessen Zweigen die Taube des h. Geistes sitzt, und stellt den Fuß auf den Kopf einer herabgefallenen Schlange (Miniatur eines in Burgund um 1477 entstandenen Meßbuchs der Universitätsbibliothek Jena; Abb. bei Bergner S. 548, Fig. 465). Zuweilen sind die beiden Bäume zu einem einzigen vereinigt, der als Früchte Äpfel und Hostien zeigt und in seinen Blättern auf der einen Seite einen Totenschädel, auf der anderen den Kruzifixus birgt. Neben dem Baum verteilen Maria und Eva Hostien bezw. Äpfel an die Vertreter der der Erlösung oder der Sünde sich zuwendenden Menschheit. Steht hinter letzteren der Tod, so werden erstere von einem Engel beschirmt (Miniatur des Regensburger Buchmalers Berthold Furtmeyr im 3. Bande des 1481 vollendeten Missale der Münchener Staatsbibliothek; Abb. bei Kobell: Kunstvolle Miniaturen und Initialen [1892] Taf. 38).

1031. Verwandte Klänge löst die Vorstellung vom zwiespältigen Charakter des einen Baumes auch noch bei einer anderen Gruppe von Bildwerken aus, die den Gegensatz zwischen Gesetz und Evangelium behandeln und an dieser Stelle mit erwähnt seien, obgleich die bekanntesten derselben erst der Werkstatt Cranachs entstammen. Hier teilt der halb grünende, halb verdorrte Baum eine Landschaft, die in der dem blühenden Lebensbaume zugekehrten Partie eine Reihe von Szenen als Illustrationen des gnadenreichen Evangeliums in sich vereinigt, während die andere Hälfte mit dem verdorrten Baum der Erkenntnis die gegensätzlichen Typen des Alten Bundes untereinander verbindet. In der Regel greift die Antithese zu folgenden Motiven: Sündenfall, Tod, Moses mit den Gesetzestafeln und eherne Schlange auf der einen Seite, Verkündigung, Kreuzigung, Auferstehung, Überwindung des Todes durch Christus und Lamm Gottes auf der anderen Seite. (Beschreibende Darstellung der älteren Bau- und Kunstdenkmäler der Prov. Sachsen XXV [1904] Taf. 14 — Schlesiens Vorzeit N. F. V [1909] S. 126 f.).

1032. Auf den Einfluß der Legende vom Holz des Kreuzes Christi als Schößling des paradiesischen Baumes ist es zurückzuführen, wenn der zuweilen auf Kruzifixusdarstellungen sich findende unbehauene und grünende Kreuzesstamm geradezu die Gestalt des Lebensbaumes annimmt. In solchen Fällen hängt an den Zweigen eines Blätter, Blüten und Hostien tragenden Baumes der Körper Christi in der Lage des Gekreuzigten, gelegentlich auch von Vögeln umgeben. Indes begegnet man daneben noch einem anderen Typus, einer Abwandlung des auf dem Kreuze ruhenden Schmerzensmannes in der Weise, daß Christus auf einem Ast in dem grünenden Baum sitzt, an dessen Zweigen die Passionswerkzeuge hängen (Tafelbilder eines oberdeutschen Meisters in der Städtischen Gemäldesammlung zu Straßburg i. E. nach 1500 — Ulmer Holzschnitt zur „Geistlichen Auslegung des Lebens Jesu Christi“ um 1485; Abb. bei Muther: Deutsche Bücherillustration. 1884. Taf. 61 und 62).

Ins Gebiet der Moral, speziell der Askese greifen diese Darstellungen über, wenn im Anschluß an Bonaventuras Betrachtungen im „Lignum vitae" aus dem mit dem Lebensbaum identifizierten Holz, an dem der Gekreuzigte hängt, Tugenden als Früchte hervorgehen, die die Seelenspeise des Christen bilden sollen — eine Bildform, deren Ausführung im einzelnen durch das Motiv des Jessebaumes stark beeinflußt ist (Miniatur einer Darmstädter Bonaventurahandschrift des 14. Jh.; Abb. bei Kraus II, 1. Fig. 192 zu S. 279 — Fresko im Refektorium von S. Croce zu Florenz aus derselben Zeit).

1033. Der Charakter des Lebensbaumes ist auch dem Peridexion benannten Wunderstrauch des Physiologus beigelegt, in dessen Zweigen die Tauben nisten und sich von den Früchten, die die süßesten sind, nähren, während am Fuße des Stamms ein Drache lauert. Zwar werden die Vögel vor ihrem Feinde insofern gewarnt, als der Drache aus Furcht vor dem Schatten des Baumes immer die diesem gegenüberliegende Seite aufsucht; verirrt sich aber einmal im Dunkel ein Vogel vom Baum, so fällt er dem Ungetüm zum Opfer. Die Beziehung zum Lebensbaum ist bereits im Physiologus gegeben. Eine Einwirkung dieser auch in die ma. Bestiarien übergegangenen Legende auf die Kunst läßt sich an einem Kapitäl von St. Urbain in Troyes aus dem 13. Jh., jetzt im Museum des Louvre nachweisen (vergl. Mâle I. S. 59 und Cahier I. S. 140).

Über Anklänge an den Lebensbaum auf Darstellungen des Paradieses vergl. Nr. 808.

Wenn sich gelegentlich neben dem Baum der Erkenntnis zwei Lebensbäume finden (z. B. in Hildesheim an den Domtüren von 1015 und an der Decke der Michaeliskirche um 1186), so dürfte die nächstliegende Erklärung für solche Wiederholungen wohl immer noch in der Rücksichtnahme auf den Raum zu suchen sein.

Der Lebensbrunnen.

In ähnlicher Weise wie der Lebensbaum dient auch der Lebensbrunnen der Versinnbildlichung des Erlösungswerks.

1034. Das im letzten Grunde altorientalische Motiv des mystischen Borns mit den sein Wasser aufsuchenden Tieren hat das Ma. aus dem Bilderschatze der frühchristlichen Kunst übernommen, wo sich der Lebensbrunnen nicht nur andeutungsweise als von Gräsern eingefaßter Wasserspiegel mit zwei Hirschen daneben findet, sondern auch schon in Gestalt einer zierlichen Fontäne (Mosaikpaviment im Baptisterium der Basilika im Asklepieion zu Milet um 500; Abb. bei Wulff S. 318). Die Versinnbildlichung bewahrt selbst bei stärkerer Betonung der dekorativen Momente noch lange Zeit den Charakter eines Idylls, ohne Ursprung und Wirkung jener Lebenskraft mit in Betracht zu ziehen. Allenfalls gibt ein Kreuz auf der Spitze des oft als Tempel behandelten Brunnenhauses eine Andeutung nach dieser Richtung hin (Karolingische Miniaturen im Godescalc-Evangeliar zwischen 781 und 783 und im Evangeliar von Soissons aus dem Jahre 827, beide in der Pariser Nationalbibliothek; Abb. bei Kuhn: Malerei I. S. 173 und in den Elsäss. und Lothring. Kunstdenkmälern II [1901] Taf. 33).

1035. Erst die spätma. Darstellungen des Lebensborns legen den Schwerpunkt der Symbolik auf die Heilsbedeutung des Blutes Christi, wobei dann allerdings die Form des Brunnens ihres wesentlichen Charakters mehr oder weniger verlustig geht. Ein wirklicher Brunnen ist es noch, dem das Wasser des Lebens auf der Tafel der Gebrüder van Eyck in Gent (vollendet 1432) entspringt, während dahinter durch das auf einem von Passionswerkzeugen umgebenen Altar stehende Lamm, aus dessen Brust das Blut in einen Kelch fließt, auf das Sakrament hingewiesen wird, das erst dem Quell seine geheimnisvolle Kraft verleiht. In ganz ähnlicher Weise ist das Thema behandelt auf einem Gemälde im Prado zu Madrid, der Kopie eines Frühwerks der van Eyck, wo unter dem zu Füßen Gott Vaters ruhenden Lamm mit Hostien vermischter Wein in das Brunnenbecken fließt, neben dem auf der einen Seite die Christenheit steht, voran der Papst mit Siegesfahne, auf der anderen die Judenschaft mit dem zusammenbrechenden Hohenpriester an der Spitze (Abb. im Klass. Bilderschatz Nr. 25).

1036. Weit häufiger begegnet man jedoch der direkten Verbindung des Gekreuzigten mit dem Brunnen. So steht auf einer Miniatur eines flämischen Gebetbuchs vom Ende des 15. Jh. im Britischen Museum (Reproductions from illum. Manuscripts III [1908] Pl. 41) Christus als Schmerzensmann in einem tabernakelähnlichen Aufbau des Brunnens und füllt mit dem Blut seiner Wundmale das Becken, um das die Gläubigen anbetend herumknien. Noch beliebter aber ist eine Bildform geworden, bei der sich aus einem meist pokalartigen Becken das Kreuz erhebt mit dem daranhängenden Christus, dessen Blut in das Bassin fließt zu einem Bad für die der Erlösung bedürftige Menschheit (Glasgemälde der Jakobskirche zu Rothenburg o. d. T. um 1410; Abb. bei Burger II. S. 285, Fig. 351, wo die sakramentale Bedeutung des Blutes noch insofern unterstrichen ist, als von dem aus den Handwunden laufenden Blut ein Strahl in dem vom Priester erhobenen Kelch aufgefangen wird, während ein anderer einen über das Taufbecken gehaltenen Täufling benetzt). Dieser Typus des Lebensbrunnen mit dem Kruzifixus in der Mitte und den sich im Blute des Heilandes badenden Gläubigen ist dann im 16. Jh. noch weiter ausgebildet worden. So stehen neben dem Gekreuzigten anstatt Maria und Johannes auch die vier Evangelisten mit Petrus und Paulus als die vornehmsten Verbreiter der Lehre vom Erlösungstode Christi, während anderwärts Maria Magdalena und Maria von Ägypten herangezogen sind als zwei Hauptzeugen, die die Heilswirkung des Blutes in der Sündenvergebung an sich erfahren haben. Unter den Badenden aber, denen gelegentlich die Tugenden beim Einsteigen in das Becken behilflich sind, pflegen Adam und Eva besonders hervorzutreten (Abb. derartiger Bilder bei Mâle II. S. 107 f.).

Das lebende Kreuz.

1037. Gleichfalls recht weit holt die allegorische Behandlung des Erlösungstodes Christi auf den Darstellungen des lebenden Kreuzes aus, das gewissermaßen selbsttätig in den Streit der

Gegensätze von Himmel und Hölle, Leben und Tod, Kirche und Synagoge, Maria und Eva eingreift. Das charakteristische Merkmal dieser mit Beginn des 15. Jh. aufkommenden, mit Ablauf des folgenden aber wieder verschwindenden Bilder besteht in den vier menschlichen Armen, die aus dem zuweilen auch grünenden Stamme des Kreuzes, an dem Christus hängt, herauswachsen, und von denen der oberste mit einem Schlüssel den Himmel öffnet, während der unterste mit einem Hammer gegen die Hölle schlägt, in der der Satan gefesselt liegt, und Adam und Eva nebst anderen Auserwählten des Alten Bundes wie Noah und David der Erlösung harren. Der aus dem Querbalken zur Rechten Christi hervorgehende dritte Arm krönt die von den Evangelisten umgebene oder auf dem Tetramorph reitende Kirche, die mit dem Kelche das Blut des Erlösers auffängt, während der vierte Arm mit dem Schwerte die Synagoge schlägt, die auf einem Esel mit zerschnittenen Sprunggelenken und von Ratten zernagtem Hinterteil reitet. Am Fuße des Kreuzes repräsentiert ein menschliches Gerippe den Tod (Italienisches Tafelbild des 15. Jh. im Musée Cluny zu Paris; Abb. bei Du Sommerard: Les arts au moyen âge. Album I. Pl. 37).

1038. Neben diese Züge, von denen die meisten regelmäßig wiederkehren, treten jedoch eine Reihe von Varianten. So gewinnt die Beziehung zur Messe noch einen deutlicheren Ausdruck, wenn die Stelle der Kirche ein das Hochamt zelebrierender Priester einnimmt (Relief am Hauptportal von St. Martin zu Landshut von 1432 — Gemälde von Hans Friess im Kantonal-Museum zu Freiburg i. d. Schw. um 1506; Abb. bei Weber Taf. 6), oder das Blut der Seitenwunde Christi sich aus der Hand der Ecclesia über die darunter dargestellten Sakramente der Taufe, Beichte und Messe ergießt (Fresko des Garofalo von 1532 in der Städtischen Gemäldesammlung zu Ferrara sowie dessen Werkstattkopie, abgebildet bei Miethke: 74. Auktionskatalog [Sammlung Bossi in Wien 1886] Nr. 53). Wie neben der Kirche mehrfach Maria steht, auch im Typus des Schutzmantelbildes (s. Nr. 931), so auf Seiten der Synagoge Eva in Verbindung mit Motiven des Sündenfalls und Todes (Fresko zu Brunneck in Tirol zwischen 1520 und 1530; Abb. in Mitteilungen XIII [1868] S. XXVI). Wiederholt ist der Eingriff des Kreuzes in das Reich des Hades zu einer Darstellung der Höllenfahrt Christi erweitert (z. B. bei dem erwähnten Gemälde von Friess). Um so bemerkenswerter bleibt, daß auf dem Fresko in S. Petronio zu Bologna aus dem zweiten Viertel des 15. Jh. (s. Weber S. 119, Nr. 8) der untere Arm das Höllentor nicht zertrümmert, sondern verriegelt; zu beachten ist auch, daß auf diesem Bilde die Synagoge ausnahmsweise auf einem Ziegenbock anstatt auf einem Esel reitet.

1039. In einigen Fällen weicht die Anzahl der Arme von der Vierzahl ab. Sechs Arme bedient sich die Symbolik des lebenden Kreuzes auf den oben genannten Darstellungen des Garofalo jedoch ohne Erweiterung der Funktionen. Nur drei Hände hingegen zeigt das Kreuz auf einem Gemälde der altkölnischen Malerschule (Abb. bei Scheibler und Aldenhoven Taf. 25). Hier segnet die aus dem Querbalken zur Rechten Christi hervorragende Hand einen Kelch, unter dem sich die Christenheit schart, im Vordergrunde an Stelle der Ecclesia der Papst mit Siegesfahne und dem das Blut sammelnden Kelch, umgeben von Kaiser, Kardinälen, Bischöfen, Mönchen und Laien (Civitas Dei, vergl. Nr 931). Die Hand am entgegensetzten Querholz hält dagegen einen Pfeil über die Judenschaft, an deren Spitze statt der Synagoge der zusammengebrochene Hohepriester steht mit verhüllten Augen, Gesetzesrolle und geknicktem Stab, den ein Halbmond bekrönt, während die untere Hand des Kreuzes mit einem Knüppel auf den Tod als verdorrten Leichnam schlägt. Schließlich sei noch wegen der besonderen Beziehungen zum geistlichen Schauspiel auf ein altkölnisches Bild im Museum zu Sigmaringen (s. Weber S. 120, Nr. 9) hingewiesen, wo die Synagoge männlich erscheint, aber nicht in Gestalt des Hohenpriesters, sondern in der Bühnenfigur eines alten häßlichen Juden, dem die sonst üblichen Attribute der Synagoge beigelegt sind.

Das Kreuz und die Tugenden.

1040. Eine stark mystisch gefärbte Betrachtungsweise des Opfertodes Christi liegt jenen vereinzelt gebliebenen Bildwerken zu Grunde, auf denen der Erlöser von den Tugenden ans Kreuz geschlagen wird. Beteiligt sind dabei vornehmlich Misericordia, Sapientia, Oboedientia, Justitia, Patientia, Fides, Humilitas, Caritas und Spes, doch ist die Ausübung der einzelnen Akte der Kreuzigung bald dieser bald jener der Genannten übertragen. Auf einer der ältesten Darstellungen, der Miniatur eines Lektionars des Heiligenkreuzklosters zu Regensburg, wohl eher aus dem 13. als aus dem 14. Jh. (Abb. in Mitteilungen X [1865] S. LXXXIII) verteilt sich die Handlung auf nur vier Tugenden, von denen Barmherzigkeit, Weisheit und Gehorsam die Hände und Füße Christi ans Kreuz nageln, während der Glaube das Blut der Seitenwunde in einem Kelch auffängt, und gegenüber ein Engel die Synagoge fortstößt. Unter dem Kreuze aber steht die „Sponsa" und führt den Lanzenstich aus. Es kehren hier also ähnliche Vorstellungen wieder, wie sie uns beim Streit der Tugenden unter Nr. 46 begegnet sind. Nur spinnt die Spekulation den Gedanken noch weiter dahin aus, daß Christus durch die Tugenden, deren Besitz ihn zum Erlösungswerk befähigte, um der Tugenden willen stirbt. Nebenher ist dann auch durch die Sponsa auf das mystische Verhältnis Christi zur Kirche als seiner Braut Bezug genommen (vergl. Nr. 1002). Gleichfalls mit vier Tugenden operiert der Miniator des Psalters der öffentlichen Bibliothek zu Besançon vom Ende des 13. Jh. (Abb. bei Michel: Histoire de l'art II, 1 [1906] S. 366). Sieben Tugenden dagegen sind unter Hinweis auf Jes. 4, 1 herangezogen auf dem Gemälde des Fronleichnamsaltars in Doberan aus dem 14. Jh., von denen sechs die Kreuzigung vollziehen, während die Caritas als siebente die Seite des Herrn mit dem Speer öffnet (Kunst- und Geschichtsdenkmäler des Großh. Mecklenburg-Schwerin. 2. Aufl. III [1900] Taf. zu S. 607). Mit der Übertragung dieser Funktion auf die Caritas wird in symbolischer Weise angespielt auf die seit Bernhard von Clairvaux von den Mystikern verbreitete Anschauung von dem geheimnisvollen Liebesbunde der menschlichen Seele mit Christus. Wie die menschliche Seele wund ist von der Sehnsucht nach völliger Liebesgemeinschaft mit Gott, wird dadurch wiederum auch die Liebe Christi zur menschlichen Seele derart in Mitleidenschaft gezogen, daß er um ihretwillen das Opfer der Erlösung bringt.

Gewissermaßen als Gegenstück zu solchen dem subjektiven Gefühlsleben entsprungenen Darstellungen kann ein Wandgemälde der St. Nikolaikirche zu Wismar aus dem 15. Jh. gelten, auf dem in Anlehnung an Jes. 53, 5 vierzehn personifizierte und durch Attribute kenntlich gemachte Laster mit ihren Lanzen nach dem Schmerzensmann stechen (Kunst- und Geschichtsdenkmäler des Großh. Mecklenburg-Schwerin. 2. Aufl. II [1899] Abb. S. 151).

DIE TAUFE.

1041. Die Wiedergeburt durch die Taufe findet ihren symbolischen Ausdruck in dem Hirsch, der nach dem Physiologus die durch seinen Hauch aufgescheuchte Schlange zertritt und verschlingt. Um aber an dem Gifte nicht zu sterben, sucht er eilends frisches Wasser auf, worin er sein Geweih verliert und zu neuem Leben geboren wird.

Zahlreiche altchristliche Darstellungen des Hirsches an der Quelle bringen neben dem Verlangen nach der göttlichen Gnade überhaupt (Ps. 42, 2) offenbar auch den Bezug auf die Taufe zum Ausdruck (besonders nachdrücklich auf dem Gemälde im Baptisterium der Pontiankatakombe zu Rom um 600, wo neben dem von Johannes getauften Christus ein Hirsch am Jordan trinkt; Abb. bei Wilpert: Malereien der Katakomben Roms [1903] Taf. 259). Dem Ma. ist das Symbol weniger geläufig. Eine deutliche Anspielung auf die Vernichtung der Schlange durch den Hirsch gibt die Skulptur des Taufsteins zu Freudenstadt aus dem 11. Jh. mit der Inschrift am Rande der Schale: Emovit infusum homo cervus ab angue venenum (s. Kunst- und Altertumsdenkmale Württembergs. Schwarzwaldkreis [1897] S. 87 mit Abb.). Doch ist anzunehmen, daß die Beziehung zur Schlange wohl schon früher mit in den Bereich der Darstellung gezogen ist. Jedenfalls legt die Absonderlichkeit, daß sich auf dem Apsismosaik der Basilika des hl. Clemens in Rom aus dem 12. Jh. unter dem Kreuze Christi statt der Schlange ein Band um den seine Nahrung suchenden Hirsch windet, während zwei andere an der Quelle trinken, die Vermutung nahe, daß hier eine wesentlich ältere Vorlage nicht mehr verstanden wurde (vergl. Wilpert III. Taf. 117—118 und S. 517 f.).

1042. Als beliebtes Sinnbild der Getauften finden sich auf altchristlichen Denkmälern Fische (Matth. 4, 19); bei ihrem gelegentlichen Vorkommen auch auf späteren Bildwerken ist jedoch eine solche Beziehung nicht erwiesen, vielmehr scheint das Ma. von der Verwendung dieser Symbolik wenigstens in der Kunst Abstand genommen zu haben, wie es ja auch auf das in der frühchristlichen Epoche wichtigste Sinnbild Christi, den Fisch, nicht mehr zurückgekommen ist.

Dagegen zeigt sich auf ma. Taufsteinen nicht selten eine Klasse von Tieren, deren Anbringung nicht ohne Bedeutung sein dürfte. Wenn beispielsweise auf einem Becken zu Aldekerk von 1218 vier Schweine zu sehen sind (Abb. bei Aus'm Weerth: Kunstdenkmäler des christlichen Ma. in den Rheinlanden 1859. Taf. 22, Nr. 3), oder an den Taufsteinen in St. Katharina und im Dom zu Brandenburg aus dem 15. Jh. Löwen und Drachen sowie Bär, Hase, Bock und andere unreine Tiere erscheinen (s. die Abb. bei Kuhn: Plastik II. S. 466 und in den Kustdenkmälern der Prov. Brandenburg Bd. II. Teil 3 [1912] S. 277), so wird man das Prinzip einer derartigen Auswahl doch wohl mit den rituellen Taufhandlungen des Exorzismus und der Abrenuntiation in Verbindung bringen müssen, wie sich ja auch auf Darstellungen des Taufaktes gelegentlich ein den Täufling verlassendes Teufelchen zeigt.

DIE BUSSE.

1043. Die Darstellungen des Bußsakraments entbehren fast ganz der allegorischen Züge; sie begnügen sich mit der Wiedergabe der B e i c h t e , die auf älteren Bildwerken öffentlich abgehalten wird (Miniatur des Sacramentarium Fuldense in der Göttinger Univ.-Bibliothek aus dem 10. Jh.; Abb. in der Veröffentlichung von Richter und Schönfelder [1912] Taf. 40), auf jüngeren Denkmälern hingegen eine private ist. Unter letzteren verdient das Fresko der Incoronatakirche zu Neapel von 1352 hervorgehoben zu werden wegen der Versinnbildlichung der Bußwirkung. Hier peitschen abseits einer vor dem Priester die Beichte ablegenden vornehmen Frau drei Angehörige einer Geislerbruderschaft ihre entblößten Rücken, während oberhalb der Gruppe die bösen Gelüste in Gestalt von Teufelchen entweichen (Abb. bei Rolfs: Geschichte der Malerei Neapels [1910] Fig. 26 und 35).

Erst der nachma. Zeit gehört eine rein allegorische Behandlung der Beichte an, die sog. S ü n d e n w ä s c h e, die sich in einem Holzschnitt vom Anfang des 16. Jahrhunderts erhalten hat. In höchst geschmackloser Weise ist auf dem Blatte der nackte Jesusknabe dargestellt, wie er vor einem Tische Wäsche klopft und dann gemeinsam mit einer Nonne ausringt (Katalog der im German. Museum zu Nürnberg vorhandenen Holzstöcke [1892] Nr. 8b).

1044. Den Ruf zur Buße überträgt die Kunst dem H a h n , den schon die Väter der alten Kirche insbesondere Aurelius Prudentius (bei Migne P. lat. LIX, 775 f.) mit Beziehung auf Matth. 26, 74 f. zum Symbol einer nach den verschiedensten Richtungen hin sich betätigenden Wachsamkeit gemacht haben (vergl. Sauer S. 143 f.).

DAS ABENDMAHL (TRANSSUBSTANTIATIONSLEHRE).

1045. Zur Veranschaulichung der Entstehung des eucharistischen Brotes hat die spätma. Kunst besonders in Niederdeutschland eine Reihe von Darstellungen gezeitigt, in denen die Wandlungslehre unter dem Bilde der Mühle, der sog. H o s t i e n m ü h l e eine allegorische Behandlung erfuhr. Die Anregung dazu boten die Vorstellungen, in denen sich die seit etwa 1300 nachweisbaren Mühlenlieder bewegen. Der Vorgang ist im wesentlichen folgender: Ausgehend von der Schriftstelle „Das Wort ward Fleisch" (Joh. 1, 14) läßt man das Wort mittels Spruchbändern von den durch die Köpfe ihrer Symbole näher charakterisierten Evangelisten in einen Mühltrog einschütten, um es nach dem Mahlgange als Hostien aufzufangen. Dabei wird der Gedanke der Transsubstantiation noch stärker betont durch die Erscheinung des Christkindes über dem das Fleisch gewordene Wort aufnehmenden Kelche, den die vier Kirchenväter halten, um dann die Weitergabe der Hostien an die Gläubigen zu vermitteln. Mit Vorliebe ist auch die Verkündigung der Menschwerdung Gottes an Maria durch den Engel Gabriel mit in das Bild aufgenommen, und gelegentlich als Pendant hierzu die in der Vorhölle der Erlösung harrenden Stammeltern der Menschheit. Das Mahlen wird bald mit der Hand ausgeführt, indem die neben den Evangelisten stehenden Apostel die Mühlwelle an Kurbeln drehen (Altarbild des Meisters von Göttingen aus dem Jahre 1424 im Provinzialmuseum zu Hannover vergl. Zeitschrift II [1889] S. 214 f. — Tafelgemälde aus derselben Zeit in Doberan; Abb. in den Kunst- und Geschichtsdenkmälern des Großh. Mecklenburg-Schwerin III [1900] Taf. zu S. 606), bald übernimmt das Wasser die Arbeit, und die Zwölfboten ziehen nur die Schützen auf. Dem Wasser wird dann auch noch eine mystische Bedeutung beigelegt, indem es als Zusammenfluß der vier Paradiesströme gedacht ist (Triebseeser Altar um 1450 s. die beigegebene Taf. 10), oder sein Ursprung mit dem Quellwunder des Moses in Zusammenhang steht (Glasgemälde im Berner Münster c. 1480; vergl. Haendcke und Müller: Das Münster in Bern [1894] S. 149 f. mit teilw. Abb.). Eine Ausnahme bleibt es, wenn gleich fertige Hostien von den Evangelisten in den Trog eingefüllt werden (Schlüsselfeldersches Fenster von 1549 in St. Lorenz zu Nürnberg), oder Gott Vater den Leichnam des Sohnes der Mühle zur Verarbeitung übergibt (Wandgemälde zu Mundelsheim um 1455; Abb. in den Kunst- und

Altertumsdenkmalen Württembergs. Neckarkreis [1906] S. 392).

1046. Ist die Hostienmühle der bildliche Ausdruck für die Lehre von der Umwandlung der Substanz des Brotes in die Substanz des Leibes Christi, so findet sich als Sinnbild der Wandlung der Substanz des Weines in die Substanz des Blutes die Darstellung Christi in der Kelter.

Den biblischen Anhalt bot die Stelle Jes. 63, 3: „Ich trete die Kelter allein, und ist niemand unter den Völkern mit mir. Ich habe sie (die Edomiter) gekeltert in meinem Zorn und zertreten in meinem Grimm. Daher ist ihr Blut auf meine Kleider gespritzt, und ich habe all mein Gewand besudelt." Der Sinn dieser Worte ist, daß Jehova der Heilszeit für die Seinen ein furchtbares Strafgericht über die dem Gottesvolke feindlichen Weltmächte vorangehen lassen werde, deren Repräsentant hier Edom ist, wie sonst Babel. Dieser Gedanke wurde nun durch die mittelalterliche Schriftauslegung geradezu in das Gegenteil umgedeutet durch Beziehung der Worte nicht auf den göttlichen Zorn, sondern auf das stellvertretende Leiden Christi.

In der Darstellung Christi in der Kelter machen sich zwei Auffassungen bemerkbar, je nachdem der Vorgang als unblutiger oder als blutiger gedacht ist. In ersterem Falle steht Christus in der Kelter und tritt die Trauben. Die Wirkung der Presse auf seine Person kommt dabei gar nicht zur Geltung, mag er selbst oder ein anderer den Balken herabdrücken. Gekeltert werden lediglich Trauben, ohne daß die Wundmale Christi in Mitleidenschaft gezogen sind, und es fließt daher auch nur Traubensaft ab (Älteste Darstellungen bei Herrad von Landsberg Taf. 61 und auf dem Wandgemälde in Klein-Komburg aus dem 12. Jh.; Abb. bei Lübke: Geschichte der Deutschen Kunst [1890] S. 281). Im anderen Falle wird hingegen Christus selbst gekeltert, dessen Wunden unter der Einwirkung der Presse von Blut triefen, das ein Meßkelch auffängt. Hier ist also der Opfertod Christi am Kreuze in weit handgreiflicherer Weise mit seiner Wiederholung im Meßopfer in Verbindung gesetzt

(Deutsche Stickerei aus dem 14. Jh.; Abb. in Zeitschrift IV [1891] Taf. 2). Gelegentlich sind beide Momente, das Treten der Trauben und die Kelterung Christi, verbunden, wobei auch noch weitere Vorgänge mit einbezogen werden, die sich auf die Aufbewahrung und Verwertung des Blutes durch Organe der Kirche beziehen (Votivtafel der Familie Stör um 1480 in der Lorenzkirche zu Nürnberg; spätere Darstellungen aus dem 16. und 17. Jh. bei Mâle II. S. 116f.). Ausnahmsweise kommen auch einmal an Stelle des Blutes Christi Hostien aus dem Troge heraus (Gedenktafel des Matthäus von Gulpen im Chor der Gumbertuskirche zu Ansbach bald nach 1500). Eine solche Vorstellung war möglich auf Grund der Lehre von der Konkomitanz, wonach unter jeder Gestalt, sowohl des Brotes wie Weines, der ganze ungeteilte Christus gegenwärtig ist.

(Vergl. Wernicke im Christlichen Kunstblatt 1887. S. 36 f. und 53 f.)

1047. Als Sinnbild der Wandlung des Brotes zugleich mit der des Weines kommt vor allem die sog. Messe Gregors in Betracht. Zur Erklärung dieser erst dem 15. Jh. eigenen Darstellungen wird gewöhnlich auf zwei Legenden verwiesen. Nach der einen ließ Papst Gregor I. aus Mitleid mit einem verstorbenen Mönch, der das Armutsgelübde gebrochen und deshalb der Fürbitte seiner Brüder verlustig gegangen war, dreißig Tage hindurch eine Messe lesen, wodurch er dessen Seele aus dem Fegfeuer erlöste. Die andere Legende weiß von einer Römerin zu berichten, die dem Papste das von ihr für die Messe hergestellte Brot ablieferte und dann lachte, wie es ihr bei der Kommunion als Leib Christi gereicht wurde. Auf das Gebet Gregors verwandelte sich alsbald die Hostie in einen blutigen Finger und überzeugte die Frau von der Wandlungslehre. Die Kunst ging jedoch über die Überlieferung insofern hinaus, als sie statt des Fingers den Herrn selbst erscheinen ließ.

Die zahlreichen Darstellungen lassen den von einer größeren oder kleineren Anzahl geistlicher Personen umgebenen Papst Gregor vor dem Altar knien, auf dessen Mensa der Schmerzensmann bald in ganzer Figur steht, bald nur mit dem Oberkörper aus dem Sarge hervorragt. Daneben sieht man — aber keineswegs durchgängig — die Hostie oder den Kelch, öfter auch beides, wobei sich das Blut der Wundmale in letzteren ergießt. Diese Willkür in der Behandlung der Abendmahlselemente, die beispielsweise auf dem Wandgemälde in der Pfarrkirche zu Karlsstadt a. M. aus der ersten Hälfte des 15. Jh. (Abb. in Zeitschrift XXX [1917] S. 149) ganz fehlen, steht ebensowenig in Einklang mit den erwähnten Erklärungsversuchen wie die Seltenheit der Bezugnahme auf die Befreiung der Seelen aus dem Fegfeuer (Altarbild von 1496 auf dem Katharinenchor zu Lübeck; Abb. bei Goldschmidt: Lübecker Malerei und Plastik [1889] Taf. 22). Noch befremdlicher aber will es erscheinen, daß ein so wichtiger Faktor wie die ungläubige Frau bei der Umsetzung der Legende in die Bildform völlig in Vergessenheit geraten konnte. Angesichts dieser Unstimmigkeiten wird die Herkunft der Gregorsmesse wohl weniger in der Anlehnung an einen bestimmten Vorgang zu suchen sein als vielmehr in dem auf seine Quellen hin schwer zu kontrollierenden Volksglauben, der sich in diesen Bildern zunächst nur eine besondere Ausdrucksform für das seit dem 14. Jh. so ungemein beliebte Thema des Schmerzensmannes (vergl. Nr. 30) schuf. Daß dabei außer dem Gedanken an die Eucharistie auch noch andere Vorstellungen mit wirksam gewesen sind, legt die Ausfüllung des Hintergrundes mit auf die Passion Christi bezüglichen Personen und Werkzeugen, den sog. Waffen Christi, nahe. Denn die meist etwas aufdringliche Hervorkehrung dieser Dinge, deren eins der ältesten Denkmäler, nämlich ein im Berliner Kupferstichkabinett befindlicher Holzschnitt vom Anfang des 15. Jh. (Abb. in der Publikation von Lehrs [1908] Nr. 3) nicht weniger als dreißig bringt, ist eigentlich nur eine Illustration der dem Leiden Christi gewidmeten sog. sieben Gregorianischen Gebete, an deren Übung der Papst einen Ablaß über vierzehntausend Jahre geknüpft haben sollte, eine Indulzenz, die dann auch auf die Verehrung der Bilder übertragen wurde.

(Vergl. Endres in Zeitschrift XXX [1917] S. 146 f.)

1048. Als recht knappe Form einer allegorischen Darstellung der Transsubstantiation findet sich ein stehender Schmerzensmann mit erhobenen Händen. Aus der einen Fußwunde sproßt ein Halm, aus der anderen eine Rebe, die durch die entsprechenden Handwunden wachsen und Ähren mit Hostien bezw. Trauben tragen. (Epitaph des Paul Straus [† 1469] aus der Werkstatt Friedrich Herlins in der Nördlinger Stadtgalerie; vgl. Haack: Friedrich Herlin [1900] S. 60 — Miniatur des Regensburger Berthold Furtmeyr in dem 1481 vollendeten Missale der Münchener Staatsbibliothek T. III. Fol. 76a).

Über Beziehungen zur Eucharistie auf Bildern des lebenden Kreuzes s. Nr. 1038.

Die Darstellungen des Meßopfers sind mit folgenden Vorgängen in typologische Beziehung gebracht worden:

1049. Mannalese. 2. Mos. 16, 16. (Glasgemälde in der Jakobskirche zu Rothenburg o. d. T. um 1410; Abb. bei Burger II. S. 285, Fig. 352.)

1050. Elias fährt gen Himmel. 2. Kön. 2, 11. (Cc. Tietze Nr. 129.)

1051. David verteilt Brot, Fleisch und Wein an das Volk Israel. 2. Sam. 6, 19. (Ebenda.)

Vergl. auch Nr. 288—297.

X.

ETHISCHE UND WISSENSCHAFTLICHE BEGRIFFE.

SINNBILDER DER TUGENDEN.

An symbolischen Ausdrucksformen, die der Allgemeinheit der Tugenden gelten, finden sich:

1052. Die Tugendleiter. Zu dieser Übertragung der Vision Jakobs (1. Mos. 28, 12) ins Moralische, wie man ihr bei Honorius von Autun (Migne P. lat. CLXXII, 1239 f.) begegnet, hat Herrad von Landsberg auf Taf. 56 des Hortus deliciarum eine recht anschauliche Illustration geliefert: Von der Erde führt eine Leiter zum Himmel, der durch eine Wolke angedeutet ist, und aus dem eine Hand eine Krone entgegenstreckt. Die einzelnen Sprossen sind mit Personen besetzt, von denen jedoch nur eine einzige das Ziel erreicht; die anderen fallen von einer tieferen oder höheren Stufe wieder herab, da sie den Versuchungen der auf der Erde zurückgebliebenen Laster gegenüber zu schwach sind. So verlegt gleich am Anfang die als lächelnde Frau erscheinende Unkeuschheit einigen den Weg zur Tugend, während andere den Lockungen der als Bett versinnbildlichten Trägheit oder dem Reize irdischen Besitzes nicht zu widerstehen vermögen.

1053. Auch das für allegorische Zwecke gern gewählte Bild des Baumes ist für die Darstellung der Tugenden herangezogen. Aus dem Haupte einer weiblichen Gestalt, der Humilitas, die nach ma. Auffassung die Wurzel aller Tugenden bildet, entspringt ein Stamm mit nach oben gerichteten Zweigen, deren Blätter aufwärts streben und die Namen der einzelnen Tugenden tragen. Bekrönt wird der Baum mit dem Bilde Christi als novus Adam. (Deutsche Miniatur aus der Mitte des 13. Jh.; Abb. bei Bruck: Die Malereien in den Handschriften des Königr. Sachsen [1906] S. 89. Als Gegenstück vergl. den Baum der Laster Nr. 1073.)

1054. Eine höchst merkwürdige symbolische Beziehung zwischen Tugenden und *Pflanzen* ist unter Zugrundelegung einer Stelle im Jesus Sirach (24, 17—23) an einem Emailreliquiar des 13. Jh. im Museum zu Darmstadt zum Ausdruck gekommen. Die Verbindungen, denen noch Spruchbänder beigegeben wurden, sind folgende:

Fortitudo = Rosenstrauch — Et quasi plantatio rosae in Jericho.

Temperantia = Weinranke — Ego quasi vitis fructicavi suavitatem odoris.

Humilitas = Zeder — Quasi cedrus exaltata sum in Libano.

Scientia = Palme — Quasi palma exaltata sum in Cades.

Pietas = Zypresse — Quasi cypressus in monte Sion.

Sapientia = Terebinthe — Ego quasi terebinthus extendi ramos meos. (Bergner S. 562.)

Weitaus mächtiger erwies sich jedoch bei der Versinnbildlichung der ethischen Begriffe der Gedanke der *Personifikation*:

1055. So gut wie ausschließlich ist der Repräsentation der einzelnen Tugenden die weibliche Gestalt zugrunde gelegt, eine Allegorisierung, die aus der Antike in die altchristliche Kunst überging (vergl. das Kuppelfresko in El-Kargeh um die Wende des 4. zum 5. Jh.; Abb. bei Kaufmann S. 246). Für die weitere Entwicklung war die Dichtung der Psychomachia des Prudentius mit ihren eingehenden Schilderungen der Kämpfe zwischen Tugenden und Lastern von besonderem Einfluß. Doch bot die Darstellung des *Gesamtkampfes*, wozu die Miniatur der Herrad von Landsberg (Taf. 43—52) das interessanteste Beispiel liefert, eine weniger dankbare Aufgabe als die Behandlung des *Einzelkampfes*, für den mit Vorliebe der Moment des

Triumphes der gepanzerten Tugend über das zu ihren Füßen liegende Laster gewählt ist, eine Bildform, die namentlich in Frankreich weiteste Verbreitung fand (vergl. das Elfenbein der Adagruppe aus dem 9. Jh.; Abb. bei Goldschmidt I. Nr. 10). Im Zeitalter der Gotik tritt der kriegerische Zug zurück, die Rüstung wird abgelegt und durch Beigabe friedlicher Attribute eine mehr individuelle Charakterisierung der Tugenden angestrebt. Nebenher geht jedoch auch die einfachste Art der Differenzierung der zuweilen mit Krone und Nimbus ausgezeichneten Gestalten lediglich durch Benennung auf Spruchbändern.

Die attributive Ausstattung der Tugenden ist eine ungemein reiche, im einzelnen aber keineswegs feststehende, und die folgende Übersicht kann nicht den Anspruch auf Vollständigkeit erheben. Sie stützt sich in erster Linie auf Denkmäler des plastischen Schmuckes gotischer Gotteshäuser insbesondere der französischen Kathedralen des 13. Jh. Für das 14. und 15. Jh. ist außerdem die in Italien gepflegte Ausstattung der Grabmonumente mit derartigen, z. T. wesentlich anderen Vorstellungen entsprungenen Personifikationen berücksichtigt, während die mehr singulären Elemente der Charakterisierung hauptsächlich den Erzeugnissen der Miniaturmalerei entnommen sind. Nachweise von Belegen finden sich in größerer Zahl u. a. bei Sauer S. 233 f. — Mâle I. S. 133 f. und II. S. 331 f. — v. d. Gabelentz S. 217 f. — Kraus II, 1. S. 391 f. — Otte I. 496 f. sowie im Archäologischen Wörterbuch von Müller und Mothes II. S. 564 f.

Die drei theologischen Tugenden.

1056. Der Glaube (Fides) hat gewöhnlich folgende Attribute: Kelch (zugleich das übliche Wappenbild) mit oder ohne Hostie, auch das Blut des Lammes auffangend (Chartres, Nordportal der Kathedrale) — Kreuz, oft inmitten des Kelches (Amiens, Kathedrale) — Buch (h. Schrift) oder statt dessen eine Schriftrolle mit dem Apostolikum (Giottos Gemälde in der Arena zu Padua) sowie die Gesetzestafeln

(Mâle II. Fig. 159) — Flamme oder brennende Kerze (ebenda).

Vereinzelt findet sich ein Weihrauchschiffchen (Kanzel in Siena) oder ein Kirchenmodell (Mâle II. Fig. 159). Das Haupt schmückt zuweilen eine Krone oder Tiara (Giotto), und einmal trägt die Gestalt auch Blumen in den Händen, aus deren Kelchen zwei Mädchen, die Personifikationen des Friedens und der Gerechtigkeit, hervorkommen (Parma, Baptisterium). Gelegentlich sitzt sie auf dem Einhorn, und unter ihren Füßen sieht man ein Idol (Giotto), die Synagoge (Chartres, Nordportal), den Erzketzer Arius (Mâle II. S. 361) oder auch Muhammed (ebenda Fig. 173) liegen. Das Farbensymbol ist Weiß.

Nebenher läuft noch eine Reihe von Anspielungen auf bestimmte Eigenschaften der Fides; so soll der Schild mit Beziehung auf Eph. 6, 16 auf die Glaubensstärke hinweisen, das Dreieck oder der Dreifuß auf die Dreieinigkeitslehre als Hauptinhalt des Glaubens, der Ring, Schlüssel oder Hund auf die Treue und Zuverlässigkeit, und das Sieb auf die Scheidung der wahren Lehre von der falschen.

1057. Die Hoffnung (Spes). In der Regel mit vertrauensvoll gen Himmel gerichtetem Blick und erhobenen Händen (Giotto); in der Höhe erscheint öfter eine Krone als Symbol der künftigen Seligkeit (Amiens) oder die Hand Gottes (Chartres, Nordportal).

Weiterhin werden ihr beigelegt der Phönix — Biene oder Bienenkorb, Segelschiff, Sichel oder Spaten (Mâle II. Fig. 159) — Käfig mit Vogel, der auf Befreiung hofft (ebenda S. 335) — Pilgerstab (ebenda Fig. 163). Auf italienischen Denkmälern findet man auch einen Blütenzweig oder ein Füllhorn (Mâle II. S. 344), und in der Regel hat hier die Gestalt Flügel (Giotto). Erst später zeigen sich die bekannten Attribute des Ankers (Hebr. 6, 18 f.) und des Kompaß.

Ihre Töchter sind die Klugheit und Bescheidenheit (Parma, Baptisterium). Unter ihren Füßen liegt der Selbstmörder Judas Ischarioth (Mâle II. Fig. 173). Im Wappen führt sie eine Taube, häufiger jedoch die Auferstehungsfahne (Amiens). Ihre Farben sind Blau und Grün.

1058. Die L i e b e (Caritas). Wird die Personifikation — was allerdings seltener der Fall ist — im Sinne der geistigen Lebensgemeinschaft mit Gott aufgefaßt, so ist das übliche Kennzeichen ein Herz, das sie Gott übergibt (Giotto), zuweilen in Verbindung mit einer Flamme (Florenz, Tabernakel in Or San Michele); auch findet sich ein strahlendes Anagramm Jesu in ihrer Hand (Mâle II. S. 335).

Häufiger ist jedoch die Liebe als Mildtätigkeit gedacht, wie sie einem Bettler einen Mantel reicht (Amiens), Kinder im Arm hält oder ein Kind stillt (Florenz s. o.). Die nämliche Vorstellung soll durch die auch gern als Wappenbilder benutzten Attribute des Pelikan (Mâle II. Fig. 159) und des Lammes (Amiens) vermittelt werden, seltener durch Beigabe eines Brotes, Ofens, einer Löwin mit Jungen oder durch das Bild der Speisung eines Vogels. Auf italienischen Denkmälern begegnet man dem Füllhorn oder einer Schale mit Früchten als Gaben für Arme (Giotto).

Am Boden liegen zuweilen Geldbeutel (Giotto), und unter ihren Füßen der neidische Herodes (Mâle II. S. 361). Als Farbensymbol ist Rot gewählt.

Die vier Kardinaltugenden.

1059. Die Allegorie, die die vier Kardinaltugenden mit den vier P a r a d i e s f l ü s s e n in Verbindung setzt, ist bereits von den Vätern der alten Kirche insbesondere von Ambrosius (Migne P. lat. XIV, 280 f.) und Augustinus (ebenda XLI, 394) durchgeführt. Zu einer wirklich treffenden Kennzeichnung der Personifikationen der vier Ströme, in der sich das Wesen der einzelnen Tugenden widerspiegelt, hat es die Kunst jedoch erst im 13. Jh. gebracht beim plastischen Schmuck des Hildesheimer Taufbeckens. Hier wird teils durch die Art der Ausstattung der Figuren, teils durch Prägung eines entsprechenden Gesichtsausdrucks in meisterhafter Weise der Pison als Klugheit, der Gihon als Mäßigkeit, der Tigris als Tapferkeit und der Euphrat als Gerechtigkeit charakterisiert (vergl. die Abb. in Zeitschrift XIII [1900] Taf. 6 und 7).

1060. Eine höchst merkwürdige Versinnbildlichung der vier Kardinaltugenden aus dem Ende des 15. Jh. würde sich in Haßfurt a. M. an der Decke der Ritterkapelle finden in der Figur eines nach Form des Andreaskreuzes gestreckten, unbekleideten Mannes mit Krug, Wage, Löwe und Schlange an Händen und Füßen, vorausgesetzt, daß die Deutung dieser Zeichen durchgehends richtig ist (Abb. in den Kunstdenkmälern Bayerns III. Bd. Heft 4 [1912] S. 62 und Fig. 35; vergl. auch Bergner S. 579).

Über die Gegenüberstellung der vier Kardinaltugenden mit den vier Evangelisten s. Nr. 983.

Im einzelnen zeigen die Personifikationen der Kardinaltugenden folgende Charakterisierung:

1061. Die Klugheit (Prudentia) hält in der Regel mit Beziehung auf Matth. 10, 16 eine Schlange (Tragaltar im Kirchl. Mus. zu Augsburg), auch als Wappenbild (Paris, Fensterrose von Notre-Dame), und als Zeichen der Selbsterkenntnis einen Spiegel (Mâle II. Fig. 157), ferner ein Buch (Chartres, Nordportal).

Außerdem erscheint sie als verschleiertes Mädchen mit offener Brust, einen Drachen würgend (Bamberg, Sarkophag Klemens II.), oder als Unterricht erteilende Frau (Französische Miniatur bei Sauer S. 241). Vornehmlich auf italienischen Bildwerken hat sie zwei Gesichter (Giotto) oder auch drei und statt eines Buchs gleichfalls deren drei mit Anspielung auf Vergangenheit, Gegenwart und Zukunft (Pavia, Arca des h. Augustin im Dom). An Attributen findet sich noch: Zirkel (Giotto), Sieb, Sack mit herausfallenden Geldstücken, auf den sie den Fuß setzt, Sarg und Schild mit Passionswerkzeugen (Mâle II. Fig. 157).

Als ihre hervorragendsten Vertreter sind Fabius Maximus Cunctator, Sokrates und Numa herangezogen (s. Sauer S. 238); unter ihren Füßen liegt Sardanapal (Mâle II. S. 361).

1062. Die Mäßigkeit (Temperantia). Zumeist durch irgend ein Meßgerät (Zirkel u. dergl.) charakterisiert oder durch eine

Uhr (Mâle II. Fig. 155 und 160), auch Sanduhr (Gemälde Lorenzettis im Palazzo Pubblico zu Siena) sowie durch zwei Gefäße zur Mischung von Wein und Wasser (Augsburger Tragaltar).

Mehr vereinzelt gebliebene Attribute sind: Gebiß mit Zügel (Giotto) — Umwickelte Schwertklinge (ebenda) — Augenglas, Sporen an den Schuhen, Windmühle (Mâle II. Fig. 155). Zuweilen reitet die Personifikation auf einem Löwen, Kamel oder Elefanten, letzterer dient auch als Wappenbild ebenso wie die Taube. Dazu treten noch Beziehungen zum Fisch und Lamm.

Als Repräsentanten erscheinen Publius Scipio, Perikles, Cincinnatus (s. Sauer S. 238). Ihre Füße setzt die Temperantia auf den unbändigen Tarquinius (Mâle II. Fig. 175) oder Epikur (ebenda S. 361).

1063. Die T a p f e r k e i t oder S t ä r k e (Fortitudo) zeigt sich gewöhnlich in einer Rüstung mit Schwert oder einer anderen Waffe und Schild in den Händen (Amiens). Statt des Panzerhemdes trägt sie öfter ein Löwenfell, wie sie auch im Wappen einen Löwen führt (Giotto).

Beschränkter bleibt die Beigabe von Zepter (Lorenzetti), Ambos und Presse (Mâle II. Fig. 158); auch sieht man sie einen Drachen aus einem Turm reißen (ebenda) und nach dem Vorbilde Simsons eine Säule umfassen (Grabmal Valentinos d'Ausia in S. Sabina zu Rom).

Als Zeugen der Tapferkeit gelten: Lucius Licinius, Leonidas, Horatius Cocles (s. Sauer S. 238), und unter ihren Füßen liegt als Gegenpart Holofernes (Mâle II. Fig. 174).

1064. Die G e r e c h t i g k e i t (Justitia). Die weitaus üblichsten Attribute der oft gekrönten Gestalt sind das Schwert, ausnahmsweise auch zwei (Mâle II. Fig. 156) und die Wage, letztere in wechselnder Form. Bei Giotto hält die Justitia in jeder Hand eine Wagschale, in der einen steht ein Engel und reicht dem Gerechten einen Kranz, in der anderen der Henker, einen Verbrecher enthauptend. Eine Setzwage dagegen ist das Emblem z. B. auf dem Tragaltar in Augsburg.

Daneben finden sich noch: Winkelmaß — Adler — Weltkugel — Gesetzbuch; ausnahmsweise auch ein Bett (Mâle II. Fig. 156) und ein abgeschlagenes Haupt im Schoß (Lorenzetti). Die Augenbinde kommt frühestens gegen 1500 vor, und ebenso gehört der Kranich mit einem Stein in der Kralle zum Zeichen der Wachsamkeit sowie der Vogel Strauß erst dem 15. bezw. 16. Jh. an (vergl. Zeitschrift XVI [1903] S. 75 f. und XVIII [1905] S. 120 f.).

Die Begleiter der Gerechtigkeit sind Furius Camillus, Pittakus und Trajan (s. Sauer S. 238); unter ihren Füßen zeigt sich gelegentlich der Fuchs (Mâle II. S. 354) oder der Kaiser Nero (ebenda Fig. 174).

Weitere Tugenden.

Zu den erwähnten sieben Tugenden treten noch eine Reihe anderer, von denen wenigstens die häufiger vorkommenden mit ihren Attributen aufgeführt seien:

1065. Die Geduld (Patientia). In der Regel mit einem Rind, das sich jedes Joch auflegen läßt (Amiens); seltener zeigt sich statt dessen das Lamm oder der Papagei.

1066. Die Sanftmut (Mansuetudo). Gewöhnlich durch ein Lamm charakterisiert (Amiens).

1067. Die Demut (Humilitas). Ihr übliches Kennzeichen ist die Taube (Chartres, Südportal), ausnahmsweise das Kreuz oder ein Jägernetz mit Vogel darin. Das Wappen zeigt gelegentlich auch eine sich demütig gebärdende Frau.

1068. Der Gehorsam (Oboedientia). Gemeinhin mit einem Kamel im Wappen (Amiens).

1069. Die Keuschheit (Castitas). Zumeist mit Palme (Amiens), und da der griechische Ausdruck für Palme Phönix ist, wird ihr auch dieser Vogel beigegeben (Paris, Fensterrose). Auf dem Einhorn reitend mit einer Taube im Banner und einem knienden Engel im Schild sieht man sie auf einem Holzschnitt aus dem letzten Viertel des 15. Jh. in Wien (s. Nr.

1081). Ihre Füße hat sie zuweilen auf ein Schwein gesetzt (Mâle II. S. 354).

1070. Die Beharrlichkeit (Perseverantia). Ihr Attribut ist mit Beziehung auf Off. 2, 10 die Krone (Amiens), seltener kommen Hirsch, Phönix oder Henne auf dem Nest in Betracht. Zum Zeichen der Ausdauer von Anfang bis Ende hält sie den Kopf eines Löwen oder Stieres in der Hand, während der Schwanz des Tieres auf ihrem Schilde liegt (Chartres, Südportal).

1071. Die Eintracht (Concordia) oder der Friede (Pax). Das landläufige Merkmal ist der Ölzweig (Amiens); seltener begegnet man zwei sich betrachtenden Tauben. Mehr auf den inneren Gemütszustand als auf Betätigung im sozialen Sinne ist Rücksicht genommen, wenn die Eintracht als eine vor dem Kreuze die Hände faltende Person erscheint (Auxerre, Fensterrose).

SINNBILDER DER LASTER.

An allegorischen Kombinationen der Laster finden sich:

1072. Der apokalyptische Drache mit sieben Köpfen (Off. 13, 1). Daß die sieben Häupter des Ungetüms die sieben Hauptsünden repräsentieren, ist ein bei den großen Symbolikern des 12. und 13. Jh. mehrfach wiederkehrender Gedanke (vergl. Honorius von Autun bei Migne P. lat. CLXXII, 1010), der sich auch gelegentlich in der Kunst verwertet findet. Begnügt sich der Miniator des für Philipp, den Kühnen von Frankreich (1270—1285) hergestellten „Livre des péchés et des vertus“ in der Ambrosiana zu Mailand damit, über jedes Haupt des Tieres den Namen eines Lasters zu setzen, so begegnet man doch auch auf einem von Kraus (II, 1 S. 392) beschriebenen Glasgemälde in St. Nizier zu Troyes dem Versuch, durch individuelle Behandlung der Köpfe den Charakter der einzelnen Laster zum Ausdruck zu bringen. Demgemäß versinnbildlicht ein bärtiges Männergesicht mit anmaßlichen Zügen den Stolz, ein Schlangenkopf den Neid, ein Kamelkopf den Zorn, ein

Schneckenkopf die Trägheit, ein Hyänenkopf den Geiz, ein Frauenkopf mit Nimbus aus Edelsteinen die Wollust.

1073. Als Gegenstück zu dem unter Nr. 1053 aufgeführten Baum der Tugenden dient ein Baum der Laster. Aus dem Haupte der als gekrönte weibliche Person dargestellten Superbia, der Quelle aller Sünden, wächst ein von einer Schlange umwundener starker Stamm, dessen abwärts gerichteten und z. T. in Schlangenköpfe endigenden Zweigen tief herabhängende Blätter entsprießen, die die Namen der verschiedenen Laster tragen. Bekrönt aber wird der Baum mit einer als vetus Adam bezeichneten unbekleideten männlichen Halbfigur (Deutsche Miniatur aus der Mitte des 13. Jh.; Abb. bei Bruck: Die Malereien in den Handschriften des Königr. Sachsen [1906] S. 88).

1074. Gewissermaßen auf einer Verquickung der Symbolik des apokalyptischen Drachens mit der Vorstellung vom Sündenbaume fußt die Miniatur einer Handschrift von 1276 in der Bibliothek Sainte Geneviève zu Paris (Ms. 2200, fol. 164). Hier präsentiert sich ein mächtiger Baum, dessen Wurzeln Schlangenleiber bilden, die in Frauengestalten endigen. Letztere sind durch Beischriften und Attribute als die sieben Hauptlaster gekennzeichnet. So hält die Wollust einen Spiegel, der Geiz verschließt einen Kasten usw. Im Baume selbst thront eine Königin, umgeben von schwarzen Vögeln, und am Stamme lehnt eine Leiter, deren Sprossen unter dem Spiel von Musikern eine weißgekleidete Frau emporschreitet, unter dem Arm einen Sargdeckel haltend zur Warnung, daß, wer auf diesen Baum steigt, dem Tode verfallen ist (vergl. Mâle I. S. 132).

Was die Darstellung der Laster im einzelnen anlangt, so wechselt bei ihrer Personifikation die weibliche Gestalt mit der männlichen ab. Vielfach erscheinen sie auch beritten, und zwar nicht nur in den Psychomachien. Während jedoch die Tugenden in der Regel von Pferden getragen werden, herrscht bei den Reittieren ihrer Gegnerinnen eine rege und namentlich später sehr schwankende

Abwechslung. Die folgende Übersicht beschränkt sich auf die hauptsächlichsten Laster und deren gebräuchlichere Attribute. Über Einzelheiten gibt die unter Nr. 1055 angeführte Literatur Auskunft; es sei aber noch auf einige Holzschnitte aus dem Ende des 15. Jh. (Schreiber: Manuel II. Nr. 1862, 1865a und 1866) aufmerksam gemacht, die für die drastische Illustrationsweise, mittelst deren der Bilddruck die breiten Schichten des Volkes vor den Lastern zu warnen suchte, besonders charakteristisch sind (Abb. bei Röttinger: Einzelformschnitte aus der Albertina zu Wien [1911] Nr. 20 und bei Haberditzl: Einblattdrucke in der Kupferstichsammlung der Hofbibliothek zu Wien I [1920] Nr. 166 und 167).

1075. Der Unglaube (Infidelitas, Idolatria). Gewöhnlich als Mann oder Frau, ein Götzenbild anbetend (Amiens, Kathedrale) oder in der Hand tragend (Giottos Gemälde in der Arena zu Padua); daneben auch in Anspielung auf die Synagoge (vergl. Nr. 1006) als weibliche Gestalt mit verbundenen Augen und fliegenden Haaren (Chartres, Nordportal der Kathedrale).

1076. Die Verzweiflung (Desperatio). Männliche oder weibliche Person, die sich ersticht (Amiens), seltener mit Beziehung auf Judas Ischarioth ihrem Leben durch Erhängen ein Ende macht (Giotto).

1077. Der Neid (Invidia). Frau mit Fledermausohren (auch Fledermausflügeln) und Krallen an den Fingern, die einen Beutel halten, während aus dem Munde eine Schlange hervorkriecht (Giotto). Meist reitet der Neid auf einem Hund mit einem Knochen im Maul (Leutschau, Jakobskirche), seltener auf einem Drachen. Gelegentlich finden sich noch als Attribute Habicht und Skorpion (Mâle II. S. 355).

1078. Der Geiz (Avaritia). Mann oder Frau mit Geldtruhe (Sens, Kathedrale) oder Geldbeutel, letzteren auch ans Herz drückend oder am Hals tragend (Holzschnitt der Albertina); seltener ist eine Dohle beigegeben (Mâle II. Fig. 169). Als

Reittiere kommen in Betracht: Kröte (Leutschau), Dachs, Maulwurf und Affe (Mâle II. S. 356 und 360).

1079. Die Torheit (Stultitia). Halbnackter Mann (Narr), der eine Keule schwingt, mit Steinen beworfen wird und auf etwas Unbestimmtes, wohl einen Stein beißt (Amiens — Paris, Fensterrose von Notre-Dame). In besonders phantastischem Aufputz mit einer Federkrone auf dem Haupte erscheint er bei Giotto.

1080. Die Unmäßigkeit (Gula). Frau, die vor einem vollbesetzten Tisch erbricht (Livre des péchés) oder die Brust entblößt. Sonst zeigt sich auch ein Trunkener, die Hand gegen den Bischof erhebend. Selten sind die Beigaben von Rabe, Adler und gebratenem Hahn. Als Reittier dient das Schwein (Holzschnitt der Albertina), daneben auch der Wolf (Mâle II. Fig. 170) und Fuchs, letzterer mit einer Gans in der Schnauze (Leutschau).

1081. Die Unkeuschheit (Luxuria). Häufig unter dem Bilde eines Mannes und Weibes, die sich umarmen und küssen (Amiens); daneben als Frau mit Spiegel und Zepter, der ein Mann oder der Teufel den Schleier wegzieht, und an deren Brüsten und Schoß Schlangen und Kröten hängen (Bordeaux, St. Croix — Moissac, St. Pierre — Arles, St. Trophime). Auch sieht man Blut aus ihrem Unterleibe fließen, während den Händen Geld entfällt (Livre des péchés). Als thörichte Jungfrau, die vor einem den Verführungsapfel haltenden Jüngling das Gewand löst, erscheint sie am Dom zu Straßburg, und an der Vorhalle des Münsters zu Freiburg i. B. präsentiert sie sich nackt, nur die Schultern mit einem Bockfell bekleidet, neben einem verführerisch lächelnden jungen Mann in prächtiger Kleidung, dessen sichtbare rechte Körperseite aber — wie in Straßburg — mit Molchen und ähnlichem, unsauberem Getier bedeckt ist. Dem Stutzer ist die Bezeichnung „Fürst der Welt" beigelegt worden, doch dürfte die Figur eher in einem allgemeineren Sinne aufzufassen sein, als Typus des Sünders überhaupt (Abb. in: Unser l. Frauen Münster zu

Freiburg i. B. hrsg. vom Münsterbauverein [1896] Taf. 26).

In der romanischen Stilperiode ist die ihre Fischschwänze in den Händen haltende Sirene ein bevorzugtes Sinnbild der Luxuria. Als Reittier wird der Bock (Holzschnitt der Albertina) oder die Sau (Leutschau) benutzt. Auf einem Bären sitzend, mit dem Basilisken auf dem Helm und einem Schwein im Schild zeigt sie sich im Kampfe mit der Keuschheit auf einem Holzschnitt in Wien (Abb. bei Haberditzl I. Nr. 167).

1082. Die Feigheit oder Schwäche (Ignavia). Ein Mann, trotz seines Schwertes vor einem Hasen fliehend (Paris, Fensterrose). Das Motiv wird auch dahin abgewandelt, daß ein Soldat auf der Flucht seine Waffen wegwirft. Alttestamentlicher Repräsentant ist Simson im Schoße der Delila (Mâle II. S. 354).

1083. Die Trägheit (Acedia). Mann, der schläft, indessen sich die Ochsen von seinem Pflug entfernen, oder Frau, der ein Spinnrocken im Arm ruht (Holzschnitt in Wien; Abb. bei Haberditzl I. Nr. 166). Gelegentlich ist der Personifikation auch eine Eule beigegeben (Mâle II. Fig. 168) und als Reittier der Esel (Leutschau).

1084. Die Ungerechtigkeit (Injustitia). Richter, der sich etwas ins Ohr sagen oder in die Hand drücken läßt; bei Giotto ist es ein Mann im Talar mit Barett auf dem Kopfe, der auf Gewalttat sinnend in einem Burgtor sitzt und in der mit Krallen versehenen Rechten einen Spieß mit Widerhaken hält, in der Linken ein Schwert. Sonst dient zur Charakteristik auch eine Mordszene oder ein Gewichtsfälscher.

1085. Der Trotz (Contumacia). Mann, einen Bischof bedrohend (Amiens — Paris, Fensterrose).

1086. Der Zorn (Ira). Eine sich selbst oder einen anderen erstechende Person (Lyon, Glasgemälde der Kathedrale — Amiens). Frau ihr Gewand zerreißend (Giotto) oder auch einem Diener einen Fußtritt gebend (Paris, Portal). Als

Attribute kommen Hund, Eule, Igel, Hahn in Betracht und als Reittiere der Eber (Mâle II. Fig. 167), Leopard (ebenda S. 360) oder Bär (Leutschau).

1087. Der Stolz (Superbia). Er gilt seit Adam und Eva als Anfang aller Laster. Das beliebteste Sinnbild ist ein kopfüber von einem Turm oder vom Pferd stürzender Mann (Paris, Fensterrose); daneben zeigt sich auch ein König mit Adler in der Hand (Mâle II. Fig. 165) oder eine gekrönte Frau mit Fledermausflügeln, Pokal und Zepter tragend (Holzschnitt in Wien; Abb. bei Haberditzl I. Nr. 166). Als Reittier dient der Löwe (Mâle II. Fig. 165) oder statt dessen ein Pferd mit Löwenfell als Sattel.

Im Zusammenhange mit den allegorischen Darstellungen der Superbia ist auch der mehrfach vorkommenden Bilder der Reise Alexanders d. Gr. durch die Lüfte im Greifenwagen zu gedenken. Der Inhalt der weitverbreiteten, aller Wahrscheinlichkeit nach in Babylonien wurzelnden Sage, deren schriftliche Fixierung bis ins 3. Jh. n. Chr. zurückreicht, ist kurz folgender: Als Alexander bemerkt, daß er ans Ende der Erde gekommen, will er erforschen, ob hier wirklich Erde und Himmel zusammenstoßen. Zu diesem Zwecke werden zwei der in dortiger Gegend heimischen großen und starken Vögel gefangen und nach dreitägigem Hungern in ein mit einem Korbe versehenes Joch gespannt. In diesem Gefährt läßt sich der König von den hungrigen Tieren in die Lüfte tragen, indem er ihnen an zwei Speeren eine Pferdeleber empor hält. In der Höhe begegnet jedoch Alexander einem Vogel in menschlicher Gestalt, der ihn drohend zur Umkehr auffordert. Gegen seinen Willen senkt der kühne Eroberer die Speere der Erde zu, die in unendlicher Tiefe als winzige Tenne erscheint, umgeben vom Meer wie von einer riesigen Schlange, und alsbald tragen die mächtigen Vögel in jähem Sturz ihn wieder abwärts zur Erde. Der christlichen Kirche bot das Tun Alexanders einen dankbaren Stoff für Predigten wider die Hoffart, und dem nämlichen Zwecke dienen auch die Darstellungen im Bilde. Als ältestes Monument hat wohl das aus dem Orient stammende zeitlich nicht näher bestimmbare Relief in San Marco zu Venedig zu gelten (s. die beigegebene Taf. 11. — Über weitere Denkmäler vergl. Freiburger Münsterblätter II [1906] S. 2f. und Zeitschrift XXIV [1911] S. 307f.).

1088. Die Unbeständigkeit (Inconstantia). Mönch, der sein Habit ablegt und das Kloster verläßt (Amiens) oder aus dem Kloster fliehend seine Schuhe stehen läßt (nach französischem Vorbild am Magdeburger Domchor) — Weibliche Person, die sich vergeblich bemüht, auf einer rollenden Kugel das Gleichgewicht zu erhalten (Giotto). Zur weiteren Charakteristik sind Strauß, Affe oder Krebs herangezogen und als Reittier der Esel.

1089. Die Zwietracht (Discordia). Zwei streitende oder raufende Menschen, die wohl öfter als Ehepaar gedacht sind (Amiens — Paris, Fensterrose).

DIE SIEBEN FREIEN KÜNSTE UND DIE PHILOSOPHIE.

1090. Von den allegorischen Betrachtungen der sieben freien Künste (des Trivium mit Grammatik, Dialektik, Rhetorik und des Quadrivium mit Arithmetik, Geometrie, Astronomie, Musik) hat diejenige des Martianus Capella in seinem Gedicht De nuptiis Philologiae et Mercurii aus dem 5. Jh. die nachhaltigste Wirkung auf die Darstellung der Artes liberales in der christlichen Kunst ausgeübt. Ihre Personifikation, die bereits der karolingischen Malerei geläufig war, geht bis zur Renaissance im wesentlichen auf die von der Phantasie des aus Afrika stammenden Rhetors geschaffenen Typen zurück, zu deren Träger die jugendliche weibliche Gestalt gewählt wird.

Unter den Denkmälern, die für eine ikonographische Betrachtung des Gegenstandes von besonderer Bedeutung sind, stehen an erster Stelle die aus dem 13. Jh. stammenden Skulpturen und Glasgemälde französischer Kathedralen wie derjenigen von Laon, Chartres, Auxerre, Sens u. a. mit einer weit über die Landesgrenzen hinausgehenden vorbildlichen Beeinflussung (vergl. Mâle I. S. 95 f.). Von italienischen Monumenten sind hervorzuheben der Figurenschmuck der Kanzel im Dome zu Siena sowie des Brunnens zu Perugia aus dem 13. Jh., weiterhin aus dem folgenden Jahrhundert die Reliefs der Domkanzel zu Pisa und des Florentiner Glockenturms, sowie das Fresko der Verherrlichung des Thomas Aquinas in der Spanischen Kapelle von S. Maria Novella in Florenz (vergl. D'Ancona in L'Arte V [1902] S. 137 f.). Was die deutschen Bildwerke anlangt, so verdienen zunächst ein paar Erzeugnisse der Kleinkunst Beachtung, nämlich die Miniatur der Herrad von Landsberg (Taf. 11 bis) und eine romanische Bronzeschüssel des 12. Jh. aus Westfalen, deren Gravierung sechs der freien Künste zur Vogelwelt in Beziehung setzt (vergl. Zeitschrift X [1897] S. 239 f.). Unter den monumentalen Schöpfungen sind die bekanntesten die Skulpturen an der Südseite der Vorhalle des Münsters zu Freiburg i. B. zwischen 1260 und 1275 sowie die Wandmalereien im Schloß Runkelstein bei Bozen aus dem Ende des 14. Jh., jetzt allerdings im Zustande einer späteren Übermalung. Wie der Bilddruck in populärer Weise die sieben freien Künste dem Volke vorführte, zeigen die Holzschnitte eines Elsässer Meisters um 1500 im Kupferstichkabinett zu Gotha (Abb. in den Monographien zur deutschen Kulturgeschichte VII [1900] S. 30f.).

Von den genannten Denkmälern ausgehend, läßt sich etwa folgende Charakteristik der einzelnen Künste gewinnen:

1091. Die Grammatik: Mit Rute und zwei über Bücher gebeugten Kindern zu ihren Füßen (Chartres) — Als Henne (Roman. Bronzeschüssel) — Als Sämann (Holzschnitt). Der beigegebene Vertreter wird entweder als Donatus oder Priscianus anzusprechen sein.

1092. Die Dialektik (Logik): Mit Schlange (Laon, Westfassade), seltener Skorpion (Chartres), Hundskopf (Herrad) oder Schere (Florenz, Glockenturm) — Die Rechte zählt mit den Fingern die Syllogismen auf (Freiburg) oder hält einen Zweig (Span. Kapelle in Florenz) — Als monerus (?)

benannter Vogel (Roman. Bronzeschüssel) — Als Bäcker (Holzschnitt). Zum Repräsentanten ist in der Regel Aristoteles gewählt, ausnahmsweise sah man auch Zoroaster (Padua, Eremitani).

1093. Die Rhetorik: Gewöhnlich mit dem Arme eine oratorische Bewegung machend (Chartres) oder auf eine Tafel oder Rolle schreibend (Laon, Fensterrose — Runkelstein). In Freiburg hat sie einen Haufen Geld vor sich (einträglichste aller Künste[?]); ausnahmsweise führt sie auch Schwert und Schild (Florenz, Glockenturm) — Als Amsel (Rom. Bronzeschüssel) — Als Müller (Holzschnitt). Ihr Vertreter ist Cicero.

1094. Die Arithmetik: Meist mit ausgestreckten Armen und offenen Händen mit lebhaft bewegten Fingern (Auxerre, Fensterrose); daneben wird direkt auf die Rechenkunst Bezug genommen, indem die Gestalt vor einem mit Zahlen bedeckten Tisch sitzt, auch Rechenstab oder Rechenkugeln in der Hand hält (Herrad) — Als Elster (Roman. Bronzeschüssel) — Als Rechenmeister (Holzschnitt). Der sie begleitende Repräsentant wird für Pythagoras oder Boëthius gehalten.

1095. Die Geometrie: Mit Zirkel und abgeteiltem Stab (Herrad) oder Winkelmaß (Freiburg); auch auf eine Tafel Figuren zeichnend (Chartres) — Als Adler (Roman. Bronzeschüssel) — Als Steinmetz (Holzschnitt). Vertreter ist Euklid.

1096. Die Astronomie: Mit der Hand nach den Sternen weisend (Herrad), auch mit Astrolabium (Sens); seltener ein Buch haltend (Auxerre, Fensterrose) — Als Maler des Himmels (Holzschnitt). Zum Repräsentanten ist Ptolomäus gewählt.

1097. Die Musik: Mit einem Hammer an Glocken schlagend (Laon, Fensterrose); auch Harfe, Guitarre oder Orgel spielend (Herrad — Auxerre, Portal — Spanische Kapelle in Florenz) — Als Nachtigall (Roman. Bronzeschüssel) — Als Schmied (Holzschnitt). Vertreter ist Thubalkain oder Pythagoras.

1098. Als Mutter der sieben freien Künste gilt die Philosophie. Ihr Haupt berührt die Wolken (Laon, Westfassade) oder ist mit einer Krone geschmückt, aus der einmal drei Köpfe (Ethica, Physica, Logica) hervorragen (Herrad). In den Händen hält sie gewöhnlich Bücher und Zepter, und an ihre Brust ist eine Leiter gelehnt (Laon), auf deren Sprossen die Namen der einzelnen Künste verzeichnet sind. In Runkelstein ist ihr Attribut eine große Scheibe (Makrokosmus), und in Sens ziert den oberen und unteren Saum ihres Gewandes eine Reihe der griechischen Buchstaben Θ und Π (theoretische und praktische Philosophie).

1099. In recht origineller Abkürzung ist die Gesamtheit der artes liberales durch eine Kombination der attributiven Charakteristik der Künste mit ihren Vertretern an der Kathedrale zu Clermont (13. Jh.) wiedergegeben, wo Aristoteles, Cicero und Pythagoras mit bekränzten Häuptern auf einem Katheder sitzen und die Kennzeichen der sieben Künste in ihren Händen halten.

Die Möglichkeit, außer den sieben freien Künsten noch andere Zweige des menschlichen Wissens und Könnens durch allegorische Gestalten zu veranschaulichen, ist naturgemäß eine ziemlich unbeschränkte, und auch die Kunst des Ma. hat davon reichlich Gebrauch gemacht. Aus der Fülle solcher Darstellungen, deren symbolischer Gehalt meist leicht zu erraten ist, seien hier wenigstens die Skulpturen vom Nordportal der Kathedrale zu Chartres aus dem 13. Jh. angeführt als Beispiel, wie man bemüht war die Grenzen des Trivium und Quadrivium zu erweitern:

1100. Die Astrologie (Alchimie): Mit einer Schriftrolle; zu ihren Füßen ein geflügelter Drache.

1101. Die Architektur: Mit Lineal und Zirkel.

1102. Die Malerei: Mit Palette.

1103. Die Metallurgie: Mit dem auf einen Ambos schlagenden Thubalkain.

1104. Die L a n d w i r t s c h a f t: Mit dem grabenden Adam und dem pflügenden Kain.

1105. Die V i e h z u c h t: Mit Abel als Hirten.

1106. Sehr häufig ist die M e d i z i n in den erweiterten Kreis der freien Künste aufgenommen mit einer in Augenhöhe gehaltenen Phiole zur Prüfung des Harns (Sens, Kathedrale).

ZAHLENSYMBOLIK.

Die Zahlen, die bereits im Geistesleben der alten Völker, insbesondere der Babylonier und Griechen eine große Rolle spielen, sind von den Vätern der Kirche gleichfalls schon frühe zum Objekt mystischer Betrachtungen gewählt worden, deren Rückwirkung auf die christliche Kunst nicht ausgeblieben ist. Allerdings nicht in dem Sinne, daß die Zahlen selbst zu symbolischen Ausdrucksmitteln werden, sondern man erging sich in der Gegenüberstellung zumeist recht verschieden gearteter Ereignisse und Dinge, deren innere Beziehung zueinander lediglich aus der Gleichheit der Zahlen abgeleitet wurde. Die Grundlagen eines solchen typologischen Systems sind bereits in dem früher dem Melito von Sardes zugeschriebenen Clavis s. scripturae (bei Pitra: Analecta sacra II [1884] S. 22 f.) gegeben.

Unter den Reihen, die den Weg in das Reich der bildenden Kunst gefunden haben, sind folgende die bekanntesten:

1107. D r e i z a h l: Dreieinigkeit — Besuch der drei Männer bei Abraham — Die drei Trauben des Weinstocks im Traumbild des Mundschenken Pharaos (vergl. Nr. 11—12).

Die h. drei Könige — Drei Lebensalter des Menschen — Drei Völkerstämme der Erde (vergl. Nr. 88).

1108. V i e r z a h l: Vier Evangelisten — Vier Paradiesströme — Vier Kardinaltugenden — Vier große Propheten — Vier Kirchenväter — Vier Elemente — Vier Himmelsrichtungen (vergl. Nr. 982, 983, 1146, 1151).

Vier Elemente — Vier Jahreszeiten — Vier Lebensalter (vergl. Nr. 1140).

Vier Arme des Kreuzes Christi — Vier Himmelsrichtungen (vergl. Nr. 1151).

Vier Erzengel — Vier Paradiesströme (Fränkische Elfenbeinskulptur vom Ende des 11. Jh.; Abb. bei Goldschmidt II. Nr. 152).

1109. Sechszahl: Sechs Weinkrüge bei der Hochzeit zu Kana — Sechs Lebensalter — Sechs Weltalter (vergl. Nr. 1141).

1110. Siebenzahl: Sieben Gaben des h. Geistes — Sieben Planeten — Sieben Tugenden (vergl. Nr. 830).

Sieben Sakramente — Sieben Seligpreisungen — Sieben Werke der Barmherzigkeit — Sieben Tugenden (Giottos Reliefs am Glockenturm zu Florenz).

Sieben Planeten — Sieben Lebensalter — Sieben Gebetsstunden (vergl. Nr. 1142).

1111. Zehnzahl: Zehn Gebote — Zehn ägyptische Plagen (vergl. Nr. 1021).

1112. Zwölfzahl: Zwölf Apostel — Zwölf Propheten — Zwölf Sibyllen — Zwölf Zeichen des Tierkreises (vergl. Nr. 987, 988, 991).

XI.

ZEIT UND WELT.

DIE ZEIT.

1113. Der Versinnbildlichung der Zeit begegnet man in der christlichen Kunst erst im Ma. durch Übernahme des Janus der Alten mit zwei, seltener drei Gesichtern, zugleich der verbreitetsten Darstellung für den Monat Januar (s. Nr. 1116). Daneben kommt jedoch auch als eine von der Antike unabhängige Schöpfung die Personifikation des mit der Zeit identifizierten Jahres (Annus) in Betracht. Das Bildschema hierfür gibt eine Anzahl konzentrischer Kreise ab, in deren innerstem das Jahr bald als männliche bald als weibliche Gestalt thront, in den Händen Sonne und Mond haltend, die gewöhnlich durch Köpfe wiedergegeben sind ebenso wie die sich gelegentlich dafür oder daneben findenden Andeutungen von Tag und Nacht. Die weiteren Runde enthalten in der Regel die Monatsbilder sowie die Zeichen des Tierkreises, dessen Wiedergabe mit den aus der Antike stammenden Figuren seit dem 6. Jh. auch in der kirchlichen Kunst nachweisbar ist. Weiterhin wird noch auf die vier Elemente, die vier Jahres- und Tageszeiten, die vier Paradiesströme sowie auf Erde und Meer Bezug genommen. Um den mit heidnischen Elementen stark durchsetzten Darstellungen einen spezifisch christlichen Stempel aufzudrücken, findet sich zuweilen durch Beigabe der apokalyptischen Buchstaben A und Ω (O) ein Hinweis auf die von Christus begonnene und vollendete Schöpfung nach Raum und Zeit. Von Beispielen solcher an das Jahr anknüpfenden Versinnbildlichungen der Zeit führe ich an die Miniaturen in der Handschrift der Enzyklopädie des Hrabanus Maurus in

Montecassino von 1023 sowie im Stuttgarter Chronicon Zwifaltense minus um 1162, ferner eine Stickerei in St. Kunibert zu Köln aus dem 12. oder 13. Jh. (Abb. in Zeitschrift II [1889] S. 313) und den Mosaikfußboden im Dom zu Aosta aus dem 13. Jh. (Abb. bei Kraus II, 1. S. 414).

DIE JAHRESZEITEN.

1114. Darstellungen der vier Jahreszeiten hat bereits die altchristliche Kunst nach antiken Vorbildern geschaffen entweder in emblematisch ausgestatteten Personifikationen (Medaillon an der Decke der Capella greca von S. Priscilla aus dem Anfang des 2. Jh., wohl das älteste Beispiel überhaupt. Abb. bei Wilpert: Malereien der Katakomben Roms [1903] Taf. 8, 2 und 13) oder in Hinweisen auf die Gaben der Natur, die in einem Gewinde von Rosen, Ähren, Trauben und Lorbeer geboten werden zugleich mit einer Ernte als Spiel der Putten (Gemälde im Prätextat-Cömeterium aus der zweiten Hälfte des 2. Jh.; Abb. ebenda Taf. 32—34). Schließlich kommt auch noch die Bezugnahme auf Betätigungen des Menschen in Betracht, die für die betreffende Jahreszeit besonders charakteristisch sind (Fresko der Pontian-Katakombe aus dem 4. Jh.; Abb. bei Kraus: Realenzyklopädie der christl. Altert. II [1886] S. 3).

Im Ma. verläuft die Darstellung vorzugsweise in der zuletzt gedachten Richtung: man sieht den Frühling Blumen tragen, den Sommer mit einer Sichel und Ähren, den Herbst mit einem Korb voll Weintrauben und den Winter, wie er sich am Feuer die Füße wärmt (Miniatur des Stuttgarter Chronicon Zwifaltense minus um 1162). Dabei lag es nahe, den Frühling als Jüngling, den Sommer als blühenden, den Herbst als gereiften Mann und den Winter als Greis wiederzugeben.

DIE MONATE.

1115. An Monatsdarstellungen fand die christliche Kunst in den antiken Kalenderbildern ein reiches Material vor, doch hat sie sich dasselbe nur in beschränktem Maße angeeignet. In der

Hauptsache läuft die Kalenderillustration des Altertums darauf hinaus, dem Monatsbegriff eine persönliche Fassung zu geben und diese durch Attribute näher zu charakterisieren, dagegen wird zur Ausmalung eines ländlichen Sittenbildes nur ausnahmsweise ein schwacher Anlauf genommen. Kopien antiker Monatspersonifikationen finden sich zwar auch noch in christlicher Zeit wie beim Chronographen von 354 (Philocaluskalender) und seinen Wiederholungen aus dem 9. Jh. (s. Strzygowski: Die Kalenderbilder des Chronographen von 354. Berl. 1888), im allgemeinen aber schlägt die Entwicklung des ma. Monatsbildes trotz mancher Anregungen seitens der heidnischen Vorläufer eine wesentlich andere Richtung ein, indem sie der abstrakten Form einen lebensvollen Inhalt verleiht, der vorzugsweise den der Jahreszeit entsprechenden Betätigungen des Landmanns entlehnt ist. Für die Vermischung des antiken Elements der Personifikation mit der späteren Tendenz der szenischen Behandlung bietet der Zyklus der Monatsdarstellungen des Wandalbert-Martyrologiums in der Vaticana um 900 ein recht lehrreiches Beispiel (vergl. Riegl in den Mitteilungen des Instituts für österreich. Geschichtsforschung X [1889] S. 40f.). Der Kreis der Bilder aus dem Landleben, den die ma. Monatsillustration umschreibt, entspricht der Auswahl der bäuerlichen Beschäftigungen, die die Kalendergedichte zum Gegenstande ihrer Betrachtung gemacht haben. Der Kern der mehr oder weniger ausführlichen poetischen Schilderungen ist in folgenden Memorierversen enthalten:

Poto, ligna cremo, de vite superflua demo,
Do gramen gratum, mihi flos servit, mihi pratum,
Foenum declino, messes meto, vina propino,
Semen humi jacto, mihi pasco suem, immolo porcos.

Die Aufnahme dieser Betätigungen in den Darstellungskreis der kirchlichen Monatsbilder bezweckt nicht nur einen Hinweis auf den segensreichen Einfluß der Arbeit, offenbar will auch die nicht seltene Verbindung der Monatsdarstellungen mit den Gruppen der klugen und törichten Jungfrauen vornehmlich beim plastischen Schmuck der Gotteshäuser (Kathedralen zu Reims und Straßburg) eine

Mahnung enthalten, über den Mühen um den Lebensunterhalt sowie über den Freuden dieser Welt doch die Sorge für das Heil der Seele nicht außer acht zu lassen.

So häufig in den verschiedenen Zyklen bestimmte Typen immer wiederkehren, so schwankend ist ihre Verteilung auf die einzelnen Monate. Klimatische Einflüsse und lokale Gebräuche sind die Ursachen der mehr oder minder erheblichen Verschiebungen. So zeigt z. B. die Kalenderillustration einer in Italien geschriebenen Handschrift beim Februar einen Bauer, der bei strahlendem Sonnenschein die Weinreben beschneidet, während andere aus nördlicheren Gegenden stammende Monatsbilder noch auf starke Kälte schließen lassen.

Sehr beliebt ist die Verbindung mit den Zeichen des Tierkreises. Im übrigen ist zu bemerken, daß im Mittelalter das Jahr nicht überall mit dem Januar beginnt; mehrfach findet sich der März als erster Monat.

Die nachstehende Übersicht muß sich auf die hauptsächlichsten Typen beschränken; über Einzelheiten gibt außer den bereits erwähnten Arbeiten von Strzygowski und Riegl folgende Literatur Auskunft: Fowler „Mediaeval representations of the month and seasons" in der Zeitschrift Archaeologia XLIV [1873] S. 137 f., Haseloff S. 65 f., Mâle I. S. 82 f., Sauer S. 266 f., v. d. Gabelentz: Mittelalterliche Plastik in Venedig [1903] S. 176 f. Für die byzantinischen Zyklen vergl. Strzygowski im Repertorium für Kunstwissenschaft XI [1888] S. 23 f. und XIII [1890] S. 241 f. — Das reichste Bildermaterial liefern die Kalendarien der ma. Erbauungsbücher.

1116. Januar (mit dem Wassermann als Zeichen des Tierkreises). Allgemein findet man auf abendländischen Denkmälern die Figur des Janus, in der Regel mit nach der Vergangenheit zurückblickendem Greisen — und nach der Zukunft ausschauendem Jünglingsgesicht, gelegentlich sogar mit drei Gesichtern, um der Gegenwart gleichfalls gerecht zu werden (Glasgemälde der Kathedrale zu Chartres — Französische Miniatur des 14. Jh. bei Didron S. 547). Selbst eine Scheidung in zwei Gestalten, eine alte und eine junge, findet sich (Autun, Kathedrale). Ausnahmsweise sieht man den Gott auch eine Tür (das alte Jahr) schließen und eine andere (das neue) öffnen (St.-Denis, Kathedrale). Nicht minder beliebt ist die Darstellung einer schmausenden Person, meist mit Janus identifiziert (Amiens, Kathedrale). Daneben wird auch auf die der Jahreszeit entsprechende Kälte Bezug genommen; man wärmt sich am Feuer (Verona, S. Zeno). Seltener dagegen ist als Motiv die Beschaffung von Brennholz gewählt (Deutsche Miniatur des 13. Jh. bei Haseloff S. 77, Nr. 5). In byzantinischen Zyklen stößt man auf die Hasenjagd, die später durch Schweinschlachten ersetzt wird.

1117. Februar (mit dem Zeichen der Fische). Für den Norden am gebräuchlichsten eine Wärmeszene (Amiens), die auch für Byzanz typisch ist; daneben Brennholzgewinnung (Deutsche Miniaturen des 13. Jh. bei Haseloff Abb. 2 und 103), seltener Aderlaß (ebenda S. 69) und Fastnachtsspiele (Vézelay, Abteikirche). In Italien setzt bereits das Beschneiden der Weinstöcke und Bäume ein (Verona, S. Zeno), auch wird der Boden bearbeitet (Parma, Baptisterium) und dem Fischfang gehuldigt (Lucca, Dom).

1118. März (mit dem Zeichen des Widders). Diesseits der Alpen vorwiegend Bodenbearbeitung (Amiens) sowie Beschneiden der Weinstöcke und Bäume (Semur, Notre-Dame — Deutsche Miniaturen des 13. Jh. bei Haseloff Abb. 3 und 30); vereinzelt auch Säen und Fischfang (ebenda S. 77, Nr. 4 und 2). Für den Süden ist der Hornbläser charakteristisch (Parma, Baptisterium). Auf byzantinischen Denkmälern erscheint regelmäßig ein Krieger mit Helm und Lanze (Mars).

1119. April (mit dem Zeichen des Stieres). Für den Norden wie Süden sind im Hinblick auf den Reiz des Frühlings junges Grün oder Blumen zumeist in der Hand einer Person typisch (Paris, Notre-Dame — Verona, S. Zeno). Demgegenüber treten andere Darstellungen zurück wie Beschneiden der Weinreben (Reims, Kathedrale), Bodenbearbeitung

(Deutsche Miniaturen des 13. Jh. bei Haseloff Abb. 4 und 31), Schlachten eines Lamms (ebenda S. 78, Nr. 8), Aderlaß (ebenda Abb. 106), Füttern der Ziegen (Autun), Mann und Frau im Rosengarten (Französische Miniatur des 15. Jh. s. Sauer S. 268). In byzantinischen Zyklen ist der Hirt mit dem Vieh auf der Weide das traditionelle Bild.

1120. Mai (mit dem Zeichen der Zwillinge). Im Abendlande zeigt die Darstellung durchweg Motive aus dem ritterlichen Leben. In französischen Zyklen ist die Falkenjagd vorherrschend (Paris, Notre-Dame). Sonst sieht man einen Ritter allein oder in Begleitung seiner Dame ausreiten (Verona, S. Zeno — Französische Miniatur des 15. Jh. s. Sauer S. 268). Seltener findet sich auf Baum- und Bodenkult Bezug genommen (Deutsche Miniaturen des 13. Jh. bei Haseloff S. 69 und Abb. 5) sowie auf Vogelfang (ebenda S. 77, Nr. 2). In Italien geht man bereits auf die Heuernte (Mailand, Kanzel von S. Ambrogio). Für Byzanz bildet der Blumenträger die Regel.

1121. Juni (mit dem Zeichen des Krebses). Die Denkmäler diesseits der Alpen beschäftigen sich fast ausschließlich mit der Heuernte. Man sieht den Bauer mit Sense und Wetzstein auf die Wiese gehen (Chartres, Nordportal der Kathedrale), die Sense schärfen (Paris, Notre-Dame) oder mähen (Amiens). Nebenher laufen Darstellungen der Baum- und Bodenpflege (Deutsche Miniaturen des 13. Jh. bei Haseloff S. 69 sowie Abb. 6 und 33) auch der Schafschur (Französische Miniatur des 13. Jh. s. Sauer 269). In Italien ist man schon weiter und beginnt mit der Getreide- und Obsternte (Lucca — Verona, S. Zeno). Im byzantinischen Kalender ist der Juni gleichfalls der Monat der Heuernte.

1122. Juli (mit dem Zeichen des Löwen). Zeigt das Monatsbild auch manchmal noch die Heuernte (Deutsche Miniaturen des 13. Jh. bei Haseloff S. 70 sowie Abb. 7 und 34), so ist doch sein eigentlicher Typus — und das gilt auch für Byzanz — der Getreideernte entlehnt, die bezeichnenderweise mit der Sichel ausgeführt wird (Amiens). In Italien hingegen schwingt der Bauer zumeist bereits den Dreschflegel (Lucca).

1123. A u g u s t (mit dem Zeichen der Jungfrau). Diesseits der Alpen gibt der Abschluß der Getreideernte noch gelegentlich das Motiv der Darstellung ab (Deutsche Miniaturen des 13. Jh. bei Haseloff S. 70 sowie Abb. 8 und 35), sonst aber steht das Dreschen im Vordergrund (Amiens). Eine vereinzelte Erscheinung bleibt der Fischfang (s. Haseloff S. 70). In Italien hingegen nimmt die Obstlese den Landmann voll in Anspruch (Lucca), daneben bereift man auch schon das Weinfaß (Verona, S. Zeno). Für den August der Byzantiner ist „Hitze" das Schlagwort, die durch eine leicht bekleidete und aus einem Gefäß gierig trinkende Person veranschaulicht wird.

1124. S e p t e m b e r (mit dem Zeichen der Wage). Gelegentlich sieht man den Bauer noch dreschen (Rheims) oder Obst abnehmen (Amiens) aber auch schon säen (Deutsche Miniaturen des 13. Jh. bei Haseloff S. 70); ausnahmsweise wird auch auf die Jagd Bezug genommen (ebenda S. 78, Nr. 8). Im übrigen sind aller Orten — auch in Byzanz — die Weinlese und das Keltern die üblichen Beschäftigungen (St. Denis — Verona, S. Zeno — Haseloff S. 70 und Abb. 9).

1125. O k t o b e r (mit dem Zeichen des Skorpions). Das Monatsbild zeigt selbst im Rahmen lokaler Begrenzung ein sehr schwankendes Gepräge. Hie und da drischt man noch (Deutsche Miniatur des 13. Jh. bei Haseloff Abb. 10) oder ist mit der Obsternte (ebenda S. 78, Nr. 9) und dem Keltern (Amiens) beschäftigt; auch füllt man den Wein in Fässer (Lucca). Anderswo stehen Feldarbeiten im Vordergrund wie Pflügen (Otranto, Kathedrale), vornehmlich aber Säen (Paris, Notre-Dame). Vereinzelt findet sich auch das Mästen der Schweine mit Eicheln (Verona, S. Zeno) sowie Aderlaß (s. Haseloff S. 77, Nr. 4). Die byzantinischen Darstellungen bringen regelmäßig den Vogelfang.

1126. N o v e m b e r (mit dem Zeichen des Bogenschützen). Als üblichste Szene darf im Okzident das Mästen der Schweine gelten (Autun — Deutsche Miniaturen des 13. Jh. bei Haseloff S. 70), wenngleich sich auch mehrfach das Schlachten derselben findet (Verona, S. Zeno). Daneben sieht man den Landmann das Getreide worfeln (s. Haseloff Abb. 11, 38 und 76), den Most probieren (ebenda S. 77, Nr. 4), säen (Amiens) und sich für den Winter mit Holz eindecken (Reims). In byzantinischen Zyklen wird in diesem Monat gepflügt oder gesät.

1127. D e z e m b e r (mit dem Zeichen des Steinbocks). Die abendländischen Bilder behandeln vorzugsweise das Schlachten des Schweines (Deutsche Miniaturen des 13. Jh. bei Haseloff Abb. 12 und 39), seltener eines Rindes (Französische Miniatur s. Sauer S. 270). Überhaupt wird auf leibliche Genüsse sehr Bedacht genommen: man bäckt Kuchen (s. Haseloff S. 70), räuchert Schinken (Amiens) und sitzt an reicher Tafel (Chartres, Glasgemälde der Kathedrale). Sonst sammelt man noch Brennholz (Verona, S. Zeno) oder wärmt sich am Feuer (s. Haseloff S. 70). Der byzantinische Kalender zeigt die Aussaat des Getreides oder eine Hasenjagd.

1128. Wie die Monate werden auch die F e s t t a g e in den ma. Kalendern häufig durch ein Sinnbild kenntlich gemacht. Sehr instruktiv sind nach dieser Richtung hin die seit dem 12. Jh. nachweisbaren geschnitzten B e i n - o d e r H o l z k a l e n d e r, die durch eine eigene Bildersprache den Analphabeten die Kenntnis der Tage und Feste in den einzelnen Monaten vermitteln sollten aber auch auf die Lebensgewohnheiten, astronomische Erscheinungen und Gesundheitspflege Bezug nehmen. Da man sich von der Einrichtung dieses Hilfsmittels ohne Abbildung kaum eine rechte Vorstellung machen kann, sei auf die beigegebene Taf. 9. verwiesen, auf der der Monat Januar eines solchen Kalenders aus Deutschland v. 1526—1544 wiedergegeben ist.

Links am Rande befindet sich als Monatsbild ein in Felle gehüllter Jäger, und über ihm die Angabe, daß der Monat 31 Tage hat, durch drei Kreuze und einen Keil. Unterhalb der wagerechten Linie sind mit 31 Keilen die einzelnen Monatstage eingeschnitten, während die oberhalb der Linie stehenden Zeichen auf die Güldenzahlen des Mondkalenders hinweisen. Die Heiligentage erhalten eine

Auszeichnung durch figürlichen Schmuck. So deutet der unter dem 1. Januar stehende Mann mit dem Kreuz in der Hand auf Christi Beschneidung hin, während durch die gekrönte Person mit der Blume der Dreikönigstag (6. Januar) kenntlich gemacht ist. Die Angabe des Tages des h. Erhard (8. Januar) erfolgt durch eine Axt, und die Dornenkrone mit dem Kreuz in der Mitte beim 13. Keil besagt, daß der Tag dem Andenken an die h. Veronika geweiht ist. In diesem Sinne geht die Illustration dann weiter (vergl. Riegl in den Mitteilungen des Instituts für österr. Geschichtsforschung IX [1888] S. 82 f. — Cahier: Caractéristiques des saints I [1867] S. 157 f. — Über einen ähnlichen handschriftlichen Kalender wohl aus der Gegend des Niederrheins von 1415 s. Mitteilungen der Zentralkommission N. F. XVI [1890] S. 53 f. mit Abb.).

TAG UND NACHT.

1129. Sind Darstellungen des Tages und der Nacht aus altchristlicher Zeit zwar nicht direkt nachweisbar, so darf ihre Existenz doch vorausgesetzt werden auf Grund gewisser griechischer Handschriftenillustrationen des frühen Ma., deren klassische Auffassung der Personifikationen von Tag und Nacht auf die Benutzung von Vorlagen schließen läßt, die der Kunst des 4. Jh. nahestehen. So erscheint in einem griechischen Psalter der Pariser Nationalbibliothek aus dem 10. Jh. ganz in Anlehnung an die Antike die Nacht als nimbierte Frauengestalt mit umgekehrter Fackel und über das Haupt geschwungenem Sternenschleier, die Morgenröte aber als Knabe mit aufwärts gerichteter Fackel (Abb. bei Kraus I. S. 455). Einer ähnlichen Auffassung der Nacht begegnet man auch später im Hortus deliciarum der Herrad von Landsberg (Taf. 3 bis), nur ist es hier ein Mann, der das Tuch über seinen Kopf ausspannt, während der jugendliche Tag zwei Feuerbecken in den Händen hält. Eine den Alten fremde Erscheinung ist die Wiedergabe der Nacht mit verbundenen Augen, die sich auf einer aus dem 11. Jh. stammenden Miniatur eines Kodex der Berliner Staatsbibliothek findet (vergl. Piper I, 2. S. 365 und Haseloff S. 74, Anm. 1). Die nämliche Vorstellung liegt den Skulpturen am Nordportal der Kathedrale von Chartres aus dem 13. Jh. zu Grunde, wo die Nacht mit langwallendem Haar dargestellt ist, dessen Strähnen auch ihre Augen mit überdecken, so daß die jugendliche Gestalt des Tages sie an der Hand führen muß (Abb. in Annales archéol. IX [1849] S. 55). Nicht selten bedient man sich jedoch nur einfacher Zeichen, bei denen die Farbe das wesentlichste Moment der Charakterisierung abgibt. Dahin gehört die helle von zwölf Strahlen umgebene Scheibe als Sinnbild des Tages und eine entsprechende dunkle für die Nacht, denen man z. B. auf der Miniatur eines Missale aus Hildesheim nach der Mitte des 12. Jh. begegnet (Abb. in Zeitschrift XV [1902] S. 309, Fig. 9).

Über die entsprechende Bedeutung weißer und schwarzer Mäuse s. Nr. 1145.

LEBEN UND TOD.

1130. Personifikationen des *Lebens* werden in der christlichen Kunst etwa seit dem Jahre 1000 üblich in Gegenüberstellung mit dem Tode. Die Antithese stützt sich auf eine Fülle von Vergleichen, zu deren geläufigsten die Parallele gehört, die Christus gleich Leben, Teufel gleich Tod setzt. Es ist daher begreiflich, wenn der angelsächsische Miniator des Missale des Bischofs Leofric in der Bodleyanischen Bibliothek zu Oxford um die Wende des 10. zum 11. Jh. das Leben geradezu in der Gestalt des bärtigen Christus mit Krone und Kreuzeszeichen dem Tode gegenüberstellt (Abb. bei Westwood: Facsimiles of Anglo-Saxon and Irish Manuscripts [1868] Pl. 33). Im allgemeinen gilt aber als Typus der Vita eine gekrönte weibliche Person in prächtiger Gewandung. Solcherart erscheint sie auf der Miniatur der Kreuzallegorie im Uta-Evangeliar der Münchener Staatsbibliothek vom Beginn des 11 Jh., wie sie Haupt und Arme zum Gekreuzigten emporhebt (Abb. bei Swarzenski: Regensburger Buchmalerei [1901] Nr. 30), während sie auf dem um 1075 entstandenen Gunhildenkreuz im Museum zu

Kopenhagen ein Lilienkreuz und ein Buch mit der Aufschrift Vita in den Händen hält (Abb. bei Goldschmidt III. Nr. 124a). Gleichfalls in vornehmer Tracht ist sie als Brustbild auf dem Kanonblatt eines Missale aus Hildesheim nach der Mitte des 12. Jh. wiedergegeben (Abb. in Zeitschrift XV [1902] S. 309, Fig. 9). Wesentlich anderer Art ist dagegen die Auffassung der Personifikation auf der Federzeichnung einer Handschrift aus dem Kloster Metten von 1415 in der Münchener Staatsbibliothek, wo sich ein Jüngling mit Lockenhaar in langem Gewand präsentiert, den abgesehen von der Gegenüberstellung des Todes lediglich das Wort Vita als Sinnbild des Lebens kenntlich macht (Abb. bei Weber S. 66).

1131. In der Tiersymbolik wird die Vorstellung des Lebens in der Regel mit dem Phönix verknüpft (vergl. Nr. 427); doch ist auch die Heranziehung des Löwen in diesem Sinne auf einem Emaildeckel des 12. Jh. im Domschatz zu Fritzlar durch eine entsprechende Beischrift bezeugt (Abb. bei Falke und Frauberger Taf. 105).

Bei weitem vielseitiger als das Leben ist der *Tod* behandelt:

1132. Dem antiken Typus des Todes in Gestalt eines Knaben, der in Verbindung mit der Personifikation des Schlafes ebenso wie dieser eine umgestürzte Fackel hält, begegnet man zwar auch in altchristlicher Zeit auf einigen Sarkophagen, doch dürfte es sich dabei lediglich um Benutzung heidnischer, auf Vorrat gearbeiteter Steinsärge handeln. Dagegen finden sich Anklänge an das Altertum auf frühchristlichen Todesbildern in der Übernahme der griechischen Hadesvorstellung, die wir bei der Höllenfahrt Christi auf einer der vorderen Ciboriumsäulen in S. Marco zu Venedig, wohl syrisch-palästinensischen Ursprungs aus dem 5.—6. Jh. antreffen (Abb. bei Wulff S. 128, Fig. 115). Sonst ist in der Kunst des christlichen Altertums der Tod als männliches lebendes Wesen gedacht, dem man jedoch im Bewußtsein, daß seine Macht durch Christus gebrochen, keinerlei grauenhafte Züge beilegt. Als Jüngling mit nacktem Oberkörper und wirrem Haar läßt ihn der Miniator der Vatikanischen Handschrift des Kosmas Indikopleustes aus dem 9. Jh. wahrscheinlich unter Benutzung einer gut zwei Jahrhunderte älteren Vorlage auf einem Sarkophag sitzen in einer sich von Henoch abwendenden Haltung, die seine Ohnmacht zum Ausdruck bringen soll gegenüber dem Gerechten, den Gott nach 1. Mos. 5, 24 nicht sterben ließ, sondern von der Erde hinwegnahm. Eine Stellung für sich nimmt hingegen der Todesengel ein, der sich auf einer Illustration des Ashburnham-Pentateuch der Pariser Nationalbibliothek aus dem 7. Jh. vom Himmel auf die Erde herniederstürzt, um die Erstgeburt der Ägypter mit dem Schwerte zu schlagen (Abb. in der Veröffentlichung der Miniaturen durch O. v. Gebhardt [1883] Taf. 16).

1133. Die Auffassung des Todes als eines lebenden Jünglings oder Mannes bleibt auch dem frühen und hohen Ma. eigen, und selbst wenn er — wie es namentlich auf Kreuzallegorien der Fall ist — mit geknickter Lanze und geborstener Sichel der Vita gegenüber zusammenbricht (vergl. die Abb. aus dem Uta-Evangeliar vom Anfang des 11. Jh. bei Swarzenski a. a. O. Nr. 30), so erinnert doch noch nichts an einen Leichnam. Indes fehlt es nicht an Beispielen einer spezielleren Charakterisierung innerhalb des Rahmens jenes Typus. Auf Bildern der Höllenfahrt Christi dem Tode ein dämonisches Aussehen zu geben, lag einer Vorstellungswelt, die den Tod mit Teufel und Hölle identifizierte, nahe genug. Aber auch außerhalb dieses Zusammenhanges findet sich die Verwendung satanischer Züge. Hervorzuheben ist die teuflische Gestalt des Todes in dem unter Nr. 1130 angeführten Missale des Bischofs Leofric etwa aus dem Jahre 1000. Hier zeigt der männliche Körper der Mors an Brust und Unterleib zottige Behaarung, an der Stirn zwei Hörner sowie scharfe Krallen an Fingern und Zehen; den Schultern ist ein Flügelpaar angesetzt, und vom Haupte gehen nach links und rechts je drei basiliskenartige Wesen aus. Eine Wiederholung dieser Todesdarstellung, die vermutlich auf ein orientalisches Muster zurückgeht (vergl. Adele Reuter: Beiträge zu einer Ikonographie des Todes [Diss. 1913] S. 37f), bringt ein angelsächsischer Psalter des Britischen Museum zu London aus dem 11. Jh. (Cotton Tiberius C. VI; Abb. bei Müller und Mothes: Archäologisches Wörterbuch II [1878] S. 925). Gleichfalls an den Teufel erinnert die mohrenähnliche Fratze, die als Sinnbild des Todes auf dem Kanonblatte des vordem (Nr. 1130) erwähnten Hildesheimer Missale aus dem 12. Jh. dem Leben gegenübersteht. Eigenartig in anderer Beziehung ist die Personifikation auf einer Skulptur im Kloster Saint-Georges in Bocherville bei Rouen aus dem 12. Jh. Hier ist der Tod als aufrecht stehende Gewandfigur wiedergegeben, die im Begriff ist, sich im Gefühl der eigenen Schwäche gegenüber der Vita mit einem großen Messer den Hals durchzuschneiden.

1134. Anscheinend gleichzeitig mit dem Aufkommen der Gotik setzt ein wesentlich anderer Typus des Todes ein und zwar vermutlich zuerst in Frankreich. Ward vordem seine Schwäche dem Leben gegenüber geltend gemacht, so ist jetzt seine Macht als brutaler Vernichter allen Fleisches hervorgekehrt. Daran soll den Beschauer auch die Gestalt der Personifikation mahnen, die statt eines lebenden Menschen einen K a d a v e r zeigt, der sich immer mehr zum S k e l e t t auflöst. Allerdings tritt dieser Wandel nicht mit einem Male ein; zunächst macht sich noch vielfach eine Vermischung des alten und neuen Typus bemerkbar. In dieser Hinsicht ist besonders lehrreich die Miniatur einer Handschrift der Fabliaux, dits et contes der Kgl. Bibliothek zu Brüssel vom Ende des 13. Jh. Hier erscheint der Tod im Hemd mit Sarg und Schaufel; während jedoch den muskulösen Körperformen keinerlei Spuren des Verfalls anhaften, grinst uns statt eines lebenden Kopfes ein macerierter Schädel entgegen. Noch drastischer wirkt dieser Gegensatz, wenn eine der französischen Todesdarstellungen im Missale des Petrus de Raimbaucourt von 1323 in der Bibliothek im Haag zur Hälfte ein menschliches Skelett, zur anderen Hälfte den vollen Leib eines centaurnartigen Tieres zeigt (vergl. Frimmel in Mitteilungen N. F. XI [1885] S. LXXXV). Je mehr sich jedoch die Denkmäler dem Ausgang des Ma. nähern, um so weiter erscheint der Verwesungsprozeß fortgeschritten. Der Tod wird immer mehr zum Knochenmann, in dessen Fleischresten man Schlangen und Kröten kriechen läßt, um den Eindruck des Grauenhaften noch zu steigern (vergl. den auf Wirkung bei der großen Masse berechneten Holzschnitt von Hans Rist aus dem Ende des 15. Jh.; Abb. bei Schreiber: Holzschnitte der Graphischen Sammlung zu München II [1912] Nr. 138). Gleichzeitig wird die Sanduhr als Sinnbild der Vergänglichkeit ein beliebtes Attribut.

1135. Abweichungen von dem im späten Ma. allgemein verbreiteten Typus des Todes als Leichnam oder Skelett haben zumeist vorwiegend lokale Bedeutung gewonnen. In Italien beginnt um die Mitte des 14. Jh. anknüpfend an die Dea Mors der römischen Antike die geflügelte weibliche Personifikation dem herkömmlichen Gerippe Konkurrenz zu machen. Das hervorragendste Beispiel dieser Art bietet der Tod auf dem berühmten Gemälde im Camposanto zu Pisa um 1350 in Gestalt einer die Sense schwingenden Furie mit mächtigen Fledermausflügeln und Krallen an Händen und Füßen (Abb. bei Kuhn: Malerei I. S. 395 und 396). Im Norden hat der italienische Typus des geflügelten Todes nur seltener und zwar erst in nachmittelalterlicher Zeit Eingang gefunden. Gleichfalls auf Italien geht die besondere Rolle des Todes zurück, wenn er nach dem Vorbilde der Trionfi Petrarcas als Triumphator auf einem neben Rossen auch von Rindern gezogenen Wagen fährt, mit der Sense ausholend oder Pfeile dem Bogen entsendend (Tafelgemälde des 14. Jh. in der Akademie zu Siena; Abb. bei Rothes: Die Blütezeit der Sienesischen Malerei [1904] Nr. 62).

1136. Der Offenbarung des Johannes (6, 8) ist der auf einem Pferde reitende Tod entnommen. In der Trierer Apokalypse um 800 ist der Todesreiter, der Vorstellung der damaligen Zeit entsprechend, noch als Jüngling gedacht, den lediglich die hinter ihm angebrachte Personifikation des Hades zum Tode stempelt (s. Frimmel: Die Apokalypse in den Bilderhandschriften des Ma. [1885] S. 24 f.). Wie die Gestalt des Todes sich später aber immer mehr zum Gerippe auflöst, so schreitet auch der Verfall des Pferdes in gleicher Weise weiter fort, um schließlich das Bild eines spindeldürren Kleppers zu bieten (Wandgemälde aus der Mitte des 15. Jh. im Palazzo Sclafani zu Palermo; Abb. bei Dülberg: Frühholländer III [1907] Taf. 1). Ausnahmsweise sieht man auf einer der Todesdarstellungen in dem oben (Nr. 1134) angeführten Missale des Petrus de Raimbaucourt von 1323 den Tod auch auf einer Kuh galoppieren, während ein ruthenisches Tafelgemälde des 14. Jh. den Löwen zum Reittier gewählt hat (vergl. Frimmel in Mitteilungen N. F. X [1884] S.CXXXVII).

Ob jedoch der Löwe als solcher in der bildenden Kunst Symbol des Todes ist, bleibt zweifelhaft, denn die Berufung auf das Kopenhagener Gunhildenkreuz um 1075 (vergl. Weber S. 65) ist nicht aufrecht zu halten, da nach dessen Wiedergabe bei Goldschmidt (III. Nr. 124[a]) das fragliche Sinnbild sich nicht als Löwe sondern nur als eine verhüllt im Sarge liegende Gestalt deuten läßt.

1137. Dagegen ist das Einhorn wiederholt als Symbol des Todes anzutreffen. Die Vorstellung, die der buddhistischen Ideenwelt entstammt und auch in den weitverbreiteten Roman von Barlaam und Josaphat überging (vergl. die unter Nr. 1145 wiedergegebene Rede Barlaams), hat auf byzantinischen Denkmälern vornehmlich im Bereiche der Psalterillustration ihren bildlichen Ausdruck gefunden (s. die Aufzählung der Beispiele bei Adele Reuter a. a. O. S. 55 f.). Daß aber auch dem Abendlande diese Beziehung nicht fremd ist, beweist der auf dem Einhorn reitende Tod in dem zu Anfang des 15. Jh. vollendeten Gebetbuche des Duc de Berry in Chantilly (Abb. bei Durrieu: Les très riches Heures de Jean de France. 1904. Pl. 45).

1138. Eine besonders eindringliche Mahnung an die Plötzlichkeit des Todes enthalten die Illustrationen der wahrscheinlich aus der arabischen Spruchpoesie hervorgegangenen Legende von der Begegnung der drei Lebenden und Toten. Drei junge vornehme Herren, die zur

Jagd auszogen, stehen ahnungslos drei Toten gegenüber, die sie an die Vergänglichkeit des Irdischen mit den Worten erinnern: „Was ihr seid, das waren wir; was wir sind, das werdet ihr.“ Die Verwertung der Allegorie für die Kunst dürfte von Frankreich ausgegangen sein. Indessen zeigen die Darstellungen, von denen das Fresko in S. Segolena zu Metz aus dem 13. Jh. wohl die älteste, das bekannte Bild vom Camposanto zu Pisa (um 1350) aber jedenfalls die vollendetste ist, im einzelnen manche Modifikationen. In der Regel sind die drei Lebenden Männer und zwar Repräsentanten der vornehmen Stände, was durch die häufige Beigabe von Kronen zum Ausdruck kommt. Weit seltener ist das weibliche Geschlecht vertreten. Daß der Tod nicht mit den Jahren der Menschen rechnet, wird durch die verschiedenen Altersstufen der Lebenden nahegelegt. In analoger Weise sind die drei Toten aufgefaßt, die jenen meistens in der friedlichen Rolle des Ermahners gegenübertreten, gelegentlich aber doch auch zum Angriff übergehen. Sehr beliebt ist das gewöhnlich nur durch einen Falken auf der Hand angedeutete Jagdmotiv, womit der Gegensatz zwischen Leben und Sterben verstärkt werden soll. Liegen die Toten in Särgen, dann vermittelt ein danebenstehender Eremit ihre Zwiesprache mit den Lebenden. Merkwürdigerweise scheinen einmal auf einem Gemälde im Museo Civico zu Pisa aus dem 14. Jh. die Totengerippe durch die drei Parzen ersetzt zu sein.

Auf einer Weiterentwicklung des Motivs beruhen die dem französischen Boden entwachsenen Totentänze (ältestes Beispiel wohl die Wandgemälde zu Kermaria im Departement Côtes-du-Nord spätestens aus dem 14. Jh.). Die Mahnung an den Tod erfolgt hier durch Vorführung eines Reigens, den die Totengerippe einzelner Abgeschiedenen (nicht der Tod in wechselnder Gestalt) mit Lebenden verschiedenen Geschlechts, Alters und Standes ausführen. Dabei bewahrt auf den ältesten Darstellungen die Haltung der Toten, denen die Lebenden nur unfreiwillig folgen, noch eine gewisse Würde, während späterhin der Tanz unter der

Einwirkung der Musik einen frivoleren Charakter annimmt.

(Vergl. Künstle: Die Legende der drei Lebenden und der drei Toten und der Totentanz [1908], mit zahlr. Abb.)

DIE LEBENSALTER.

Die Gliederung der menschlichen Lebensdauer in einzelne Abschnitte ist von altersher in Literatur und Kunst eine schwankende gewesen; man zählt der Abstufungen drei, vier, sechs, sieben und zehn.

1139. Die Dreiteilung macht sich im Bereiche der kirchlichen Denkmäler vornehmlich auf Darstellungen der Anbetung der h. drei Könige bemerkbar, indem der eine von ihnen als Jüngling, der andere als Mann und der dritte als Greis charakterisiert sind (vergl. Nr. 88).

1140. Viel verbreiteter ist die schon der Antike geläufige Vierteilung in Kindheit, Jugend, Mannheit und Alter, wobei die Vorführung entsprechender Gestalten gern mit den Personifikationen der vier Jahreszeiten (vergl. Nr. 1114) sowie der vier Elemente (vergl. Nr. 1146) in Verbindung gesetzt wird. Unter Umbildung des Glücksrades (s. Nr. 1144) zu einem Rad der Zeit baut sich eine solche sinnbildliche Zusammenstellung auf breitester Basis in echt mittelalterlicher Weise auf in einem Wandgemälde der Kirche des thessalischen Dorfes Sophades am Penëus, von dem Didron (Annales archéol. I [1844] S. 425 f.) eine ausführliche Beschreibung gegeben hat.

1141. Die Zerlegung der menschlichen Lebensdauer in sechs Abschnitte läuft parallel mit der schon von Augustin (Migne P. lat. XLII,892) vertretenen Einteilung der Weltgeschichte in sechs Zeiträume oder Weltalter nämlich von Adam bis Noah, von Noah bis Abraham, von Abraham bis David, von David bis zur babylonischen Gefangenschaft, vom Exil bis zur Menschwerdung Christi und von Christus bis zum Weltende. In der Kunst begegnen wir dieser Kombination auf einem Glasgemälde der Kathedrale zu Canterbury (um 1180), wo die Darstellung der Hochzeit zu Kana mit den sechs Krügen des in Wein verwandelten Wassers auf der einen Seite begleitet wird von den Repräsentanten der sechs Weltalter (Adam, Noah, Abraham, David, Jeremia und Christus) auf der anderen von den diesen Personen entsprechenden sechs Lebensaltern: Infantia, Puerita, Adolescentia, Juventus, Virilitas und Senectus (vergl. Schnaase: Geschichte der bildenden Künste IV [1871] S. 300, Anm. 2).

Sechs Lebensalter zeigt auch das Relief Antelamis am Westportal des Baptisteriums zu Parma (um 1196) in einem allerdings etwas gesuchten Zusammenhang mit den Stunden, zu denen in der Parabel von den Knechten im Weinberge (Matth. 20. 1 f.) der Besitzer die Arbeiter anwirbt. So sehen wir den Herrn zuerst am frühen Morgen einen Knaben dingen; im zweiten Felde sind die um die dritte Stunde gemieteten Knechte als zwei jugendliche Personen dargestellt, und in entsprechender Weise verläuft die Schilderung der weiteren Akte bis zum Schlußbild der Ablöhnung. Da aber nach dem Evangelium die Handlung nur in fünf Zeitabschnitten vor sich geht, ist zur Gewinnung der erforderlichen Sechszahl die Anwerbung der Knechte um die elfte Stunde in zwei Szenen zerlegt. Durch Beischriften wird der allegorische Sinn der einzelnen Vorgänge und ihre Beziehung zu den sechs Epochen der Weltgeschichte erläutert, während als Pendant auf dem gegenüberliegenden Türpfosten die sechs Werke der Barmherzigkeit im Bilde veranschaulicht sind (Abb. bei Zimmermann S. 124 f.)

1142. Die Siebenteilung knüpft mit Vorliebe an die sieben Planeten an, indem jedes Alter mit einem dieser Himmelskörper in Beziehung gebracht wird: die Infantia mit dem Mond, die Puerita mit dem Merkur, die Adolescentia mit der Venus, die Juventus mit der Sonne, die Virilitas mit dem Mars, die Senectus mit dem Jupiter und in ihren letzten Jahren mit dem Saturn. Zur näheren Charakterisierung der einzelnen Lebensabschnitte dienen folgende Bilder:

1. Knabe mit Steckenpferd oder Kreisel — Mädchen mit Puppe und Vögel fütternd.

2. Lernender, aber auch nach einem Vogel schießender Junge — Spinnversuche eines Mädchens.
3. Jüngling mit dem Degen paradierend oder zur Falkenjagd reitend — Jungfrau im Hochzeitsschmuck.
4. Mann in Gala, auch mit Lilienstock — Frau beim Anfertigen des Wickelzeuges.
5. Mann mit Beutel und Degen oder beim Studium — Frau am Spinnrocken.
6. Mann beim Lesen oder an Krücken gehend — Frau mit Rosenkranz.
7. Greis im Lehnstuhl oder auf dem Krankenbette — Frau das Feuer schürend.

(Fresken des 14. Jh. in der Eremitanikirche zu Padua; vergl. Venturi V. S. 924 — Miniatur auf Pl. 98 des Psautier illustré, ms. lat. 8846 de la Bibliothèque Nationale de Paris [13. Jh.] publ. p. Omont.)

Daneben begegnet man aber auch einer Verbindung der siebenfachen Lebensabstufung mit den kirchlichen G e b e t s s t u n d e n. Von besonderem Interesse ist nach dieser Richtung hin eine französische Federzeichnung um 1400. Auf einem von einer Frau, der „Mutter Natur", gehaltenen Rade, in das die sieben Gebetszeiten eingetragen sind, sitzen oder reiten sieben Gestalten vom Kind bis zum Greis als Vertreter der verschiedenen Lebensstufen. Ihnen schließt sich der Tod an, während zu oberst die Personifikation der Zeit als geflügeltes weibliches Wesen mit drei Gesichtern schwebt (Abb. im Auktionskatalog 105 von C. G. Boerner in Leipzig [1911] Nr. 4).

1143. Erst dem späteren Ma. gehört die Gliederung von z e h n z u z e h n Jahren an, der man vorzugsweise in der deutschen Literatur und Kunst begegnet. Die Symbolik holt dabei recht weit aus sowohl hinsichtlich der Charakterisierung der die einzelnen Dekaden repräsentierenden männlichen und weiblichen Personen, wie auch bei den Vergleichen aus der Tierwelt, die für jede Lebensperiode angestellt werden. Eine

Vorstellung davon vermag die nachstehende Übersicht zu geben:

Jahre	Mann	Weib
10	Auf dem Mutterschoß, Spiel mit Trompete oder Kreisel — Kalb, Kitze, Hund	Mit Puppe — Wachtel
20	Beschäftigung mit einem Vogel, Kämmen der Haare vor dem Spiegel — Bock, Kalb	Mit Kranz — Taube
30	Mit Trinkbecher, Wage oder Falken in der Hand — Stier	Mit Spiegel — Elster
40	Mit Partisane oder Falken — Löwe	Mit Schlüsselbund — Pfau
50	Mit Schriftrolle, emporgehobenem Stab (Zeichen des Amts) oder Geldbeutel in der Hand; auch mit Krone und Zepter — Fuchs	Mit Rosenkranz — Henne
60	Mit Stock als Stütze, Beutel — Wolf	Mit Schüssel und Kanne — Gans
70	Mit Krückstock, Rosenkranz oder Gebetbuch in der Hand; auch von einem Knaben geführt — Hund, Katze	Mit Spinnrocken — Geier
80	Mit Krückstock, Flasche oder Tasche; auch auf dem Krankenbett — Katze, Hund	Mit Krückstock — Eule
90	Mit Krücken oder Klappstuhl, aber auch im Sarg — Esel	Mit Klappstuhl — Fledermaus
100	Im Lehnstuhl mit Rosenkranz, Totenbahre, Beinhaus — Tod, Gans	Totenbahre — Tod

(Miniatur eines englischen Psalters vom Anfang des 14. Jh. im Britischen Museum, Abb. in Reproductions from illuminated Manuscripts III. [1908] Pl. 24 — Kupferstich des niederländischen Meisters mit den Bandrollen zwischen 1450 und 1470; Abb. in den Photographien aus Werken der Münchener Staatsbibliothek Nr. 3668 — Süddeutscher

Holzschnitt vom Jahre 1482; vergl. Schreiber: Manuel II. Nr. 1881 — Reliefs an den Emporen in der 1525 vollendeten Annakirche zu Annaberg; Abb. in: Beschreibende Darstellung der älteren Bau- und Kunstdenkmäler des Kgr. Sachsen H. 4 [1885] S. 24 und 26.)

WANDELBARKEIT DES MENSCHLICHEN LEBENS.

1144. Die Unbeständigkeit aller menschlichen Verhältnisse versinnbildlicht vornehmlich das Glücksrad.

Die Vorstellung des flüchtigen, wechselvollen Glücks unter dem Bilde einer rollenden Kugel gehört bereits der Antike an, doch sind Darstellungen von Einwirkungen der Fortuna auf das Schicksal des Menschen unter dem Symbol des Rades erst der ma. Kunst eigen, und zwar scheint keines der erhaltenen Denkmäler unter das 12. Jh. herabzugehen, obgleich man der literarischen Behandlung des Motivs schon bei Boethius (Migne P. lat. LXIII, 666) begegnet.

Mit besonderer Vorliebe wird der Wechsel der Verhältnisse an der Königswürde exemplifiziert zum Erweis, daß selbst höchster Ruhm, Reichtum und Macht ein recht unsicherer Besitz sind. So thront auf der Miniatur des Glücksrades der Herrad von Landsberg (Taf. 55 bis) — wohl der ältesten Darstellung überhaupt — zu oberst ein Mann, angetan mit den Abzeichen der königlichen Gewalt, und zwei andere streben mit der aufwärts führenden Drehung gleichfalls der Herrschaft zu, während auf der entgegengesetzten Seite zwei frühere Potentaten mit fallenden Kronen in die Tiefe fahren, und ein dritter bereits vom Rade gestürzt ist. Zur Verdeutlichung dienen nicht selten noch die Beischriften: Regnabo, Regno, Regnavi, Sum sine regno. Gelegentlich ersetzen solche Spruchbänder sogar die Personen selbst (Miniatur von Simon Marmion um 1470; Abb. im Jahrbuch XXXIV [1913] S. 267).

Einfacher ist die Form, die die Skulptur dem Glücksrad bei seiner Verwendung als Fensterrose gibt, eine Kombination, für die die Kirche St. Etienne zu Beauvais und das Baseler Münster die ältesten Belege, noch aus dem 12. Jh.

liefern (Abb. bei Caumont: Abécédaire d'archéologie [1859] S. 141, bezw. bei Otte I. S. 502). Bildwerken solcher Art ist eigentümlich, daß die Bewegung dem Rade selbst überlassen bleibt, während sonst die Drehung von der Fortuna ausgeführt wird (Herrad von Landsberg), deren Augen gelegentlich mit einer Binde verhüllt sind (Miniatur von Simon Marmion). Ungewöhnlich bleibt die Übertragung dieser Tätigkeit auf den Tod (Holzschnitt um 1470; Abb. bei Haberditzl: Einblattdrucke in der Kupferstichsammlung der Hofbibliothek zu Wien I [1920] Nr. 170).

Eine Ausnahme bildet es auch, wenn das Rad eine Besetzung erfährt, die entgegen der verallgemeinernden Tendenz des Hinweises auf das Königtum nur auf besondere Verhältnisse Rücksicht nimmt. Dies ist der Fall bei der Miniatur einer Handschrift des Zisterzienserstifts Heiligenkreuz (Nr. 226) aus dem 13. Jh. mit einer Illustrierung des Klosterregiments unter dem Bilde des Glücksrades, auf dessen Scheitelpunkt der Abt thront (Abb. in Mitteilungen IV [1859] S. 122). Wiederholt läßt sich dagegen eine Verwendung des Motivs im Bereiche der Satire nachweisen. So findet sich in Zeichnungen des „Renart le nouvel" aus dem Ende des 13. Jh. der Fuchs zu oberst auf dem Rade zwischen den Gestalten des Hochmuts und Truges, während in dem allerdings erheblich späteren Narrenschiff Sebastian Brants (1494 u. ö.) die dominierende Stelle der Esel innehat.

Eine völlige Umkehrung im christlichen Sinne erfährt das Sujet, wenn an Stelle der Zufallsgöttin Christus als ruhender und bewegender Punkt der Welt- und Heilsgeschichte die Mitte des Rades einnimmt wie auf dem inschriftlich als Rota Fortunae bezeichneten Rade des Siegels der Stadt Tirnau in Ungarn aus dem 13. Jh. (Abb. in Mitteilungen IV [1859] S. 119), oder wenn der Zügel der treibenden Kraft über die Fortuna hinweg in die Hand des auf Wolken erscheinenden Gott Vaters gelegt ist (Kupferstich des niederländischen Meisters mit den Bandrollen um 1460; Abb. in der Publikation der internat. Chalkograph. Gesellschaft 1888. Nr. 1.).

1145. In nicht so allgemein verständlicher Weise wie beim Glücksrad kommt die moralisierende Betrachtung über die Gefährlichkeit des Trachtens nach irdischen Gütern auf einer Lünettenskulptur Antelamis am Südportal des Baptisteriums in Parma (zwischen 1196 und 1216) zum Ausdruck, bei der die Bekanntschaft mit der Legende von Barlaam und Josaphat vorausgesetzt wird, einem Buddhaleben, das durch christliche Überarbeitung zum berühmtesten Roman des Ma. wurde. Das Relief zeigt einen Jüngling, der in den Zweigen eines Baumes sitzt und nach dem Honig des Bienenstocks langt, während unten ein feuerschnaubender Drache lauert, und zwei Mäuse die Wurzeln des Stammes benagen (Abb. bei Zimmermann S. 131 — Eine Darstellung in abgekürzter Form auch auf einem Relief am Eingang zur Kapelle S. Isidoro in S. Marco zu Venedig aus dem 13. Jh.).

Zum Verständnis des Bildes sei die entsprechende Rede Barlaams an Josaphat hier wiedergegeben, wie sie in der Legenda aurea (II. S. 481 f.) überliefert ist: Darnach hub Barlaam an, wider die betrügliche Lust und Eitelkeit dieser Welt zu sprechen: Die, so an der leiblichen Lust dieser Welt hangen, und ihre Seele lassen Hungers sterben, sind gleich jenem Manne, der vor einem Einhorn floh und in einen tiefen Abgrund fiel. Aber da er fiel, griff er mit seinen Händen einen Strauch. Aber wie er näher zusah, erblickte er zwei Mäuse, die nagten ohne Unterlaß an der Wurzel des Strauches, daran er sich hielt, und es war schon nahe daran, daß er abreißen mußte. Auf dem Grunde aber sah er einen greulichen Drachen, der spie Feuer, und sein offener Rachen war bereit, ihn zu verschlingen. Doch da er die Augen wieder aufhub, sah er ein Tröpflein Honig von den Zweigen des Strauchs rinnen. Da vergaß er aller Fährlichkeit, davon er umgeben war, und gab sich ganz der Süßigkeit des Honigs. Das Einhorn aber bedeutet den Tod, der dem Menschen allezeit nachfolgt; der Abgrund bedeutet die Welt, die ist voll aller Übel. Der Strauch ist unser Leben, das wird verzehrt von den Stunden des Tags und der Nacht als von schwarzen und weissen Mäusen, und nahet dem Falle. Der greuliche Drache ist der Höllenschlund, der uns allesamt zu verschlingen droht. Der süße Honig des Zweigleins aber ist die betrügliche Lust der Welt, damit der Mensch betrogen wird und seiner Fährlichkeit vergißt.

WELTALL.

1146. Abgesehen von einer gelegentlichen Verwendung der aus vorchristlicher Zeit stammenden Sinnbilder geometrischer Art wie des Quadrats, des Kreises (Scheibe, Kugel) und des Hexagrammes in letzterem, beruht die Darstellung des Universums in der christlichen Kunst auf symbolischer

Wiedergabe der Elemente, und zwar nimmt man dabei entweder auf alle vier Bezug oder beschränkt sich auf Erde und Wasser.

Bildliche Ausdrucksformen für das Weltall unter Zugrundelegung sämtlicher vier Elemente sind in altchristlicher Zeit nicht nachweisbar, sie finden sich erst im Ma. und zwar unter Benutzung antiker Motive. Wohl eines der frühesten Beispiele bietet eine Miniatur des Echternacher Evangeliars zu Gotha vom Ende des 10. Jh. Hier erscheint das Feuer als rote Frau, einen Feuerbrand haltend, die Luft dagegen als weißgekleideter Jüngling mit emporgehobenen Armen. Die Erde repräsentiert eine weibliche Gestalt, die in der Rechten Ähren, in der Linken drei Schlangen trägt, und als Wasser zeigt sich gleichfalls eine Frau mit dem Attribut der Urne. Ähnlich ist die Kombination auf dem Vortragkreuz im Schatze der Abtei Engelberg i. d. Schw. (um 1200), wo die vier Elemente zu den vier Evangelisten in Beziehung gesetzt sind: Das Feuer verkörpert ein auf einem Löwen sitzendes Weib mit Sonne und Fackel in den Händen, die Personifikation der Erde hält an ihren Brüsten eine Natter und ein Rind, das Wasser wird durch eine auf einem Fisch ruhende Frau mit Urne und Fisch wiedergegeben und die Luft durch einen von einem Adler emporgehobenen Jüngling, der einen Vogel und eine Wolke trägt, die anderwärts auch durch ein Horn und den Mond ersetzt sind (Abb. bei Kuhn: Plastik I. S. 347). Zum Teil abweichende Attribute zeigen die vier nackten männlichen Personifikationen auf dem Deckengemälde der Nikolauskirche zu Windischmatrei in Tirol aus dem 13. Jh. Hier wird das Feuer durch eine Flamme und glühende Kohle charakterisiert, die Erde durch ein Schaf und durch Ausstreuen von Körnern auf den Boden (vergl. Atz: Kunstgeschichte von Tirol und Voralberg [1909] S. 372).

Weit häufiger als durch die vier Elemente vollzieht sich jedoch der Hinweis auf das Weltall durch die Sinnbilder der Erde und des Meeres unter Beifügung von Sonne und Mond.

1147. Die E r d e. Beeinflußt durch Vorstellungen von der Kybele der Alten findet sich die Personifikation der Erde bereits in der altchristlichen Kunst. Als nackte weibliche Figur mit zwei Kindern erscheint sie auf einem vatikanischen Sarkophag (s. Kraus I. S. 204), und mit Früchten im Schoße sehen wir sie auf Denkmälern der Kleinkunst wie ehemals dem heidnischen, so jetzt dem christlichen Imperator huldigen (Diptychon Barberini im Louvre zu Paris wohl aus dem 6. Jh.; Abb. bei Wulff S. 194, Fig. 195). Dieser Typus bleibt auch im Ma. der herrschende, wenngleich die Attribute vielfach Schwankungen unterliegen. In der Linken ein Füllhorn mit Pflanzen haltend und mit der Rechten ein Kind an die entblößte Brust drückend, zeigt sich die Erde auf einer der Tutilo-Tafeln in St. Gallen vom Ende des 9. Jh. (Abb. bei Goldschmidt I. Nr. 163a), während die auf unserer Taf. 7 wiedergegebene Elfenbeinschnitzerei ungefähr aus derselben Zeit ihr außer dem Füllhorn eine um den Arm sich windende Schlange und zwei Kinder beilegt. Im Miniaturenschmuck der italienischen Exultetrollen (seit dem 10. Jh.) ist die Personifikation der Erde eine ständige Erscheinung. Mit Blumen im Haar und in ein prächtiges Gewand gehüllt, hält sie in der Handschrift zu Bari (aus dem Anfang des 11. Jh.; Abb. bei Michel: Histoire de l'art I, 2 [1905] S. 807) mit jeder Hand einen Baum vor sich; sonst aber sieht man sie an ihren Brüsten Tiere nähren und zwar vorzugsweise den Stier und Hirsch (vergl. das Exultet in der Kathedrale zu Salerno vom Anfang des 13. Jh.; Abb. bei Venturi III. S. 733, wo die Gestalt außerdem auch noch durch einen Strahlennimbus ausgezeichnet ist und in der Hand eine Fackel trägt, während daneben ein Sinnbild der Finsternis erscheint). Dagegen legt das Gewölbegemälde im Mittelschiff des Limburger Doms (bald nach 1235) der auf dem Regenbogen thronenden Terra eine Natter und ein dem Schwein ähnliches Tier an den Busen (Abb. bei Clemen S. 510, Fig. 360).

Gegenüber der weiblichen Gestalt als Sinnbild der Erde bleibt die Wahl der m ä n n l i c h e n hierfür auf Ausnahmefälle beschränkt. Der eigenartigsten Erscheinung in dieser

Hinsicht begegnet man in der byzantinischen Kunst des hohen Ma. auf Darstellungen der Ausgießung des h. Geistes. Hier sitzt als Personifikation der Welt, soweit sie von Menschen bewohnt wird, ein gekrönter Greis in einem unter dem Versammlungsorte der Jünger liegenden Raume und hält in einem ausgebreiteten Tuche zwölf Rollen, eine Anspielung auf die verschiedenen Sprachen (Musivische Tafel im Dommuseum zu Florenz aus dem 13. Jh.; Abb. in Zeitschrift IV [1891] Taf. 9; vergl. auch die Abb. einer griechischen Miniatur bei Kraus II, 1. S. 357, wo der Figur die Bezeichnung Kosmos hinzugefügt ist). Anstatt des Greises zeigen sich an der nämlichen Stelle auf armenischen Miniaturen drei betende Männer als Repräsentanten der drei Erdteile der antiken Welt (s. Monatshefte für Kunstwissenschaft IV [1911] S. 257 und Taf. 55, 1; die daselbst angeführten Handschriften gehören zwar erst dem 17. Jh. an, doch gehen die Illustrationen auf alte Vorlagen zurück).

1148. Im Zusammenhang mit den zuletzt berührten Vorstellungen wird auch jener mehr vereinzelt gebliebenen Schöpfungen zu gedenken sein, in denen die ma. Auffassung von den vier W e l t r e i c h e n des Altertums, die dem Reiche Gottes vorausgingen, ihren symbolischen Ausdruck fand durch Darstellung vier mächtiger, mysteriöser Tiere mit königlichen Reitern im Anschluß an die Vision des Propheten Daniel c. 7. Nach dem Malerbuche vom Berge Athos (§ 188) repräsentiert der geflügelte Löwe mit Nebukadnezar das babylonische Reich, der Bär mit Darius das persische, der geflügelte vierköpfige Panther mit Alexander d. Gr. das griechische, und der zehnfach gehörnte Löwe mit Augustus das römische Reich. Doch ist das nur eine der Deutungen, anderwärts hat man andere Vertreter herangezogen. Nach den erhalten gebliebenen Tituli schmückte einst ein bald nach 1160 entstandenes derartiges Bild die Decke von St. Emmeram in Regensburg (vergl. Zeitschrift XIII [1900] S. 364 f.); ferner sind zu nennen die Gemälde am Karner zu Hartberg in Steiermark, noch aus der ersten Hälfte des 13. Jh. (Abb. in Mitteilungen N. F. XXVIII [1902] Taf. 9) sowie die Skulpturen am Regensburger Dom aus dem Anfang des 15. Jh. (s. Zeitschrift XIII [1900] S. 117 f.).

1149. Das M e e r. Für den Übergang der antiken Personifikation des Meeres, sowohl des männlichen Okeanos wie der weiblichen Thalassa in die christliche Kunst bietet die Sarkophagplastik die ältesten Belege. So sieht man auf nachkonstantinischen Steinsärgen bei Darstellung des Durchgangs Israels durch das rote Meer den Ursprung des Wassers in Beziehung gesetzt sowohl zu einer neben der Erde liegenden jugendlichen weiblichen Gestalt (vergl. Garrucci: Storia dell'arte cristiana Tav. 309, 3) wie zu einem bärtigen Greis mit dem Ruder im Arm (s. Wulff S. 118, Abb. 105). Beide Typen, insbesondere aber der männliche, behaupten auch in der Folgezeit ihre Herrschaft, wogegen ein Zurückgreifen auf den Triton der Alten, der zur Hälfte als Mann zur Hälfte als Fisch gedacht, in ein Horn bläst, eine Ausnahme bleibt (Miniatur eines Psalterium der Stuttgarter Landesbibliothek aus dem 10. Jh.; vergl. Piper I, 2. S. 80). Zur näheren Kennzeichnung begnügt man sich im allgemeinen mit den von der Antike überkommenen Attributen, vornehmlich der Wasserurne, des Füllhorns, des Dreizacks, der Stierhörner oder Krebsscheren und des Seedrachens. In dieser Richtung bewegt sich beispielsweise die Charakterisierung der Personifikation auf einer mit der sog. Liuthardgruppe im Zusammenhang stehenden Elfenbeintafel aus der Mitte des 9. Jh. in der Pariser Nationalbibliothek, wo dem gehörnten Okeanos außer der Urne noch Fisch und Schlange sowie ein Ruder beigelegt sind (Abb. bei Goldschmidt I. Nr. 71a; vergl. außerdem unsere Taf. 7).

Daneben bringen die ma. Darstellungen aber doch auch manche eigene Züge. An Stelle der Hörner oder Krebsscheren setzt ein anderes dem obengenannten hinsichtlich der Zeit und des Ursprungs nahestehendes Elfenbein im Münchener Nationalmuseum dem Haupte des Herrschers der Fluten ein paar Flügel an, offenbar in der Absicht einer Anspielung auf die Winde des Meeres (Abb. ebenda I. Nr. 44). Mit einem Schiff in der Hand erscheint die Gestalt auf einem Seeungetüm reitend in einem Basrelief des 13. Jh. an der Nordfassade von Notre-Dame zu Paris (Abb. bei Cahier II. Pl. 7), und schließlich sei auch noch auf das eigenartige Bild im Mittelschiff des Limburger Doms (bald nach 1235) hingewiesen, wo eine als Aqua bezeichnete Person auf dem Thron sitzt und in jeder Hand einen Fisch vor sich hält (Abb. bei Clemen S. 510, Fig. 361. Über verwandte Darstellungen jedoch mit anderen Tierattributen wie Schlangen, Kröte und einem stierähnlichen Wesen, die alle an den Brüsten der Aqua saugen, s. Clemen S. 510, Anm. 12).

1150. Sonne und Mond. Ihre Personifikation ging ohne weiteres aus der Antike in die christliche Kunst über; und zwar erscheint bis auf wenige Ausnahmen entsprechend der lateinischen Benennung die Sonne (Sol) als männliche, der Mond (Luna) als weibliche Gestalt, erstere durch den phrygischen Pileus oder eine Strahlenkrone gekennzeichnet, letztere durch die Mondsichel (vergl. Kraus I. S. 207, Fig. 174). An dieser Vorstellung hält auch das Ma. fest. Nur selten nimmt jedoch die Versinnbildlichung den ganzen Menschen in Anspruch (Elfenbein der Adagruppe aus dem 9. Jh. im Kaiser-Friedrich-Museum zu Berlin; Abb. bei Goldschmidt I. Nr. 8), die Regel bildet vielmehr die Beschränkung auf die halbe Figur oder das Brustbild von Mann und Frau mit Sonnenscheibe bezw. Mondsichel auf dem Haupte sowie einer Fackel in der Hand, und mit Vorliebe dient als Folie für die Personifikation in dieser reduzierten Form ein Schild (Pax im Dome zu Cividale von 752, wo ungewöhnlicherweise die Sonne als Weib, der Mond als Mann erscheint; Abb. bei Kraus: Realenzyklopädie der christl. Altertümer II [1886] S. 603). Zuweilen halten die Gestirne auch Füllhörner in den Händen, die man als Huldigungszeichen aufzufassen haben wird, wenngleich die Entstehung dieses Attributes auf ein ikonographisches Mißverständnis der Fackel zurückzuführen sein dürfte (Miniatur in einem auf Veranlassung Ludwigs des Deutschen geschriebenen Psalter; Abb. im Jahrbuch der kunsthist. Sammlungen des Kaiserhauses XIII. Wien 1892. S. 21). Daneben kommen aber noch Darstellungen in Betracht in der antik-klassischen Auffassung des Sol auf dem Viergespann von Rossen, auch mit der Peitsche in der Hand sowie der auf einem von Rindern gezogenen Wagen fahrenden Luna (Elfenbein der Liuthardgruppe c. 870 in der Münchener Staatsbibliothek; Abb. bei Goldschmidt I. Nr. 41).

Etwa seit Beginn des 13. Jh. wird dann eine andere Wiedergabe der beiden Gestirne bevorzugt, die zur Charakterisierung die astronomische Körperform wählt, für die Sonne eine Strahlenscheibe, für den Mond die Sichel unter Einzeichnung eines männlichen bezw. weiblichen Kopfes. Für den Übergang zu dieser Gestaltung ist die Darstellung der beiden Himmelszeichen auf dem allegorischen Kreuzigungsbilde der Herrad von Landsberg (Taf. 38) beachtenswert. In einzigartiger Weise ist die Sonne als geflügeltes Wesen aufgefaßt auf einem Relief des Todes Christi aus dem 13. Jh. auf dem Kirchhof zu Tonndorf (vergl. Bau- und Kunstdenkmäler Thüringens H. 17 [1893] S. 176 f.).

Über die auf Bildern der Kreuzigung Christi beliebte Anbringung von Sonne und Mond s. Nr. 997.

1151. Der Himmel. Außer dem einfachen Zeichen des Halbkreises, aus dem auch die Hand Gottes ragt, findet sich in der altchristlichen Kunst als Symbol des Himmels auf Sarkophagen zu Füßen des thronenden Christus eine nackte Halbfigur mit einem bogenförmig über dem Haupte ausgespannten Schleier (s. Wulff S. 114, Abb. 96 und Taf. 7). Während jedoch das Ma. den Kreisausschnitt mit mehr oder minder reicher Ornamentik beibehält oder durch einen naturalistisch behandelten Wolkenstreifen ersetzt und dabei auch auf die Himmelskörper sowie die Zeichen des Tierkreises Bezug nimmt, scheint es die persönliche Versinnbildlichung des Firmaments nicht weiter gepflegt zu haben. Allerdings hat man als solche die weibliche Gestalt unterhalb des Kreuzes Christi zwischen den Personifikationen der Erde und des Meeres auf zwei Elfenbeintafeln aus dem Ende des 9. Jh. in der Münchener bezw. Pariser Bibliothek (Abb.

bei Goldschmidt I. Nr. 41 und 83, letzteres Stück auch auf unserer Taf. 7) deuten wollen, doch erblickt man heute mit mehr Recht in der Figur eine Repräsentation der Roma als Beherrscherin der Welt (vergl. Nr. 1007). Eher mag der greisenhafte Kopf über dem auf dem Lebensbaum stehenden Christus im Münchener Evangelienbuch Cod. lat. 4454 vom Anfang des 11. Jh. (Abb. bei Leidinger: Miniaturen aus Handschriften der Staatsbibliothek zu München VI. Taf. 13) für ein Symbol des Himmels gelten, obschon ein zwingender Beweis dafür nicht erbracht ist.

Aus der Apokalypse (6, 14) stammt die Vorstellung des Himmels als eines aufgerollten Buches, das sich auf Weltgerichtsbildern findet, deren Herkunft direkt oder indirekt auf Byzanz zurückgeht (Mosaik im Dom zu Torcello aus dem 12. Jh.; Abb. bei Jessen: Darstellung des Weltgerichts [1883] Taf. 1 — Miniatur im Hortus deliciarum der Herrad von Landsberg Taf. 68).

Dagegen hat die ma. Kunst der Darstellung der vier Himmelsrichtungen von Norden, Süden, Osten und Westen wieder die menschliche Gestalt zu Grunde gelegt, so auf einer Miniatur des Echternacher Evangeliars in Gotha vom Ende des 10. Jh. und unter Parallelisierung mit den vier Evangelisten auf dem Gewölbegemälde im Chor der St. Johanneskapelle zu Pürgg in Steiermark aus dem Ende des 12. Jh., wo nach Art der Atlanten vier Männer als Vertreter der vier Weltgegenden die Umfassung einer Kuppel halten, in deren Mitte das von den Evangelistensymbolen umgebene Lamm steht (Abb. in Mitteilungen N. F. XXVIII [1902] Taf. 7). Allegorische Beziehungen der vier Himmelsrichtungen zu den vier Armen des Kreuzes Christi finden sich bereits häufig bei den Vätern in der Auffassung des kreuzförmigen Gotteshauses als Abbild des am Kreuze hängenden Erlösers. Als figürlicher Ausdruck der gleichen Ideenverbindung verdient ein vlämisches Segenskreuz um 1400 besondere Beachtung (Abb. in Zeitschrift XXVI [1913] Taf. 5). Hier ist durch Anbringung der symbolischen Buchstaben M (Midi), O (Ouest), N (Nord) und E (Est) an den Enden der Kreuzarme ein Hinweis gegeben auf die vier Weltgegenden entsprechend der Auffassung, daß das Haupt des am Kreuze hängenden Christus nach Osten gelegt war als dem Ausgangspunkt des Lichtes, die Rechte nach Süden als dem Sitz der Gnade, die Linke nach Norden, dem Reiche der Sünde, der Blick aber nach Westen gerichtet, wohin das Heil gelangen, und wo dereinst der Abschluß alles Seins am Weltgerichtstage stattfinden soll (vergl. Sauer S. 292 und hinsichtlich der Orientierung S. 91 f.).

Auch die mystische Interpretion des Namens Adams als Zusammenstellung der Initialen der die vier Weltgegenden bezeichnenden griechischen Wörter: Anatole, Dysis, Arctos und Mesembria, wie man ihr beispielsweise bei Beda (Migne P. lat. XCII, 666 f.) begegnet, hat dazu geführt, daß auf einer Miniatur einer aus Frankreich stammenden Handschrift des 9. Jh. in der Vatikanischen Bibliothek der erste Mensch als Repräsentant der vier Himmelsrichtungen erscheint (Abb. in der Römischen Quartalschrift VIII [1894] Taf. 4).

1152. Die Flüsse. Die verwandten Beziehungen, in denen die antike Versinnbildlichung der Flüsse zu derjenigen des Meeres steht, finden auch in der christlichen Kunst ihren Widerhall. In der Regel erfolgt die Repräsentation durch einen sitzenden oder liegenden Flußgott mit Hörnern oder Krebsscheren am Kopfe, seltener durch eine Nymphe. Das gebräuchlichste Attribut ist die Urne, der gleichsam als Quelle das Wasser entströmt, daneben kommt noch die Beigabe von Schilfrohr und Ruder, vereinzelt auch die eines Füllhorns, Fisches oder einer Schlange in Betracht. Abgesehen von der allegorischen Darstellung der Paradiesströme und des Jordan bleibt die Personifikation von Flüssen im Bilderkreis der christlichen Kunst auf wenige Fälle beschränkt. Ein solcher liegt vor bei der Wiedergabe des Wassers, an dem Rebekka mit Elieser zusammentrifft, insofern dasselbe auf zwei Miniaturen der griechischen Genesishandschrift in der Wiener Nationalbibliothek aus dem 5. bis 6. Jh. einer Urne entspringt, neben der eine nur zur Hälfte bekleidete Nymphe sitzt (Abb. in der Ausgabe von

Hartel und Wickhoff [1895] Taf. 13 und 14). Ferner ist des Nils zu gedenken, den eine Illustration der Auffindung des kleinen Moses in der sog. Bibel Karls des Dicken in St. Paul bei Rom aus dem 9. Jh. als Mann mit nacktem Oberleib neben einer Urne mit dem Widerhaken in der Hand kennzeichnet (vergl. Leitschuh: Geschichte der karolingischen Malerei [1894] S. 285).

Hinsichtlich der Paradiesströme ist zu bemerken, daß sie in altchristlicher wie frühmittelalterlicher Zeit nur nach ihrer natürlichen Erscheinung dargestellt sind. Zu den frühesten Beispielen ihrer Personifikation gehören die in Goldblech getriebenen halbnackten männlichen Gestalten auf dem Einbanddeckel des Echternacher Evangelienbuchs zu Gotha aus dem Ende des 10. Jh., von denen jede neben einem den Garten Eden andeutenden Baum sitzt und Wasser aus einer Urne gießt (Abb. bei Clemen: Rheinische und westfäl. Kunst auf der kunsthist. Ausstellung zu Düsseldorf [1902] S. 21). Nicht viel jünger sind die Miniaturen im Evangeliar der Äbtissin Uta von Niedermünster in Regensburg (um 1002—1025) jetzt in der Münchener Staatsbibliothek, wo die Figuren z. t. Hörner oder einen goldenen Reif an der Stirn tragen (Abb. bei Swarzenski: Regensburger Buchmalerei [1901] Nr. 32—34 und 36). Als vier weibliche Personen mit nacktem Oberkörper, an den sich schwanzartige Bildungen ansetzen, werden die Paradiesströme in dem Münchener Evangelienbuche Cod. lat. 4454 vom Anfang des 11 Jh. vorgeführt (Abb. bei Leidinger: Miniaturen aus Handschriften der Staatsbibliothek zu München VI. Taf. 13). Bei allen diesen Repräsentationen sind die vier Flüsse des Gartens Eden mit den vier Evangelisten oder deren Symbolen in Verbindung gebracht, eine Beziehung, an der auch im späten Ma. und darüber hinaus mit ganz besonderer Vorliebe festgehalten wird (vergl. Nr. 982 und auch unsere Taf. 6). In einer auf die vier Kardinaltugenden trefflich abgestimmten Charakterisierung erscheinen die Personifikationen am Hildesheimer Taufbecken aus dem 13. Jh. als Träger des Kessels (Abb. in Zeitschrift XIII [1900] Taf. 6 und 7; vergl. auch Nr. 1059).

Im Gegensatz zu der erst spät in der Kunst nachweisbaren persönlichen Gestaltung der Paradiesströme begegnet man einer solchen des J o r d a n als bärtigen Flußgottes mit Ruder und Schilfrohr neben einer Urne schon in der altchristlichen Sarkophagplastik auf Darstellungen der Himmelfahrt des Elias (vergl. Garrucci: Storia dell'arte cristiana. Tav. 324, 2 und 327, 3). In gleichem Sinne ist der Jordan auch auf der Miniatur des Durchgangs des Volkes Israel durch den Fluß in der griechischen Josuarolle der Vatikana aufgefaßt, deren Bilder zwar erst dem 5. oder 6. Jh. angehören, jedoch die Benutzung älterer Typen bedingen (vergl. die Abb. in: Codices e Vaticanis selecti Vol. V [1905] Taf. 2). Vor allem aber sind es dann die Darstellungen der Taufe Christi, bei denen die Personifikation des Jordan ein wesentliches Bildelement abgibt. Näheres hierüber s. unter Nr. 142.

1153. Die W i n d e. Ihre Personifikation übernahm die altchristliche Kunst gleichfalls von der Antike. Sarkophagplastik und Mosaik greifen in allerdings nicht gerade zahlreichen Fällen zu einer männlichen Halbfigur mit oder ohne Flügel, die in ein Horn oder eine Muschel stößt (Jonassarkophag aus dem 4. Jh. im Lateranmuseum; Abb. bei Wulff Taf. 5,2). Das frühe Ma. reduziert die Personifikation meist auf geflügelte blasende K ö p f e (Miniaturen der Viviansbibel zwischen 845 und 851 in der Pariser Nationalbibliothek; Abb. bei Janitschek: Geschichte der deutschen Malerei [1890] S. 39); dabei tritt im 10. und 11. Jh. die Eigentümlichkeit zutage, daß der Kopf neben der menschlichen auch eine tierische Form annimmt und ihm selbst in ersterem Falle ein paar Hörner aufgesetzt werden, vermutlich eine Umbildung der antiken Flügel (Miniaturen des Codex Egberti in Trier vom Ende des 10. Jh.; Abb. in der Veröffentlichung von Kraus [1884] Taf. 24 und 28 — Wandgemälde zu Oberzell auf der Reichenau zwischen 985 und 990; Abb. in der Publikation des Bilderzyklus von Kraus [1884] Taf. 9). In den folgenden Jahrhunderten bleibt die Auffassung des Windes als eines geflügelten Kopfes, von dessen Mund ein Hauch ausgeht, die herrschende, mag man auch gelegentlich bei seiner Repräsentation den vollen Körper mehr zur Geltung bringen wie auf Giottos sog. Navicella von 1298 in der Vorhalle der Peterskirche zu Rom (Abb. bei Kraus II, 2. S. 104).

Mehr die Rolle eines Attributs übernimmt das blasende geflügelte Haupt, wenn auf zwei Emails aus dem 12. oder 13. Jh., die jetzt eine Reliquientafel im Domschatz zu St. Stephan in Wien zieren, die Brustbilder der nimbierten Gestalten des Aquilo und Auster zwei solche Köpfe vor sich halten (Abb. in Mitteilungen III [1858] S. 320 — Vergl. auch die Steinfiguren an der Reimser Kathedrale und am Dom zu Metz mit den blasenden menschlichen Masken der Winde in den Händen). Als Ausnahme ist zu verzeichnen, daß der Miniator einer Handschrift des 12. Jh. in der Wiener Nationalbibliothek zwecks Rangabstufung der Winde den zwölf geflügelten Köpfen bald drei, bald zwei oder auch nur ein Gesicht gab (s. Piper I, 2. S. 468 f.).

Zur L u f t sind die Winde im Hortus deliciarum der Herrad von Landsberg (Taf. 4) in der Weise in Beziehung gesetzt, daß vier blasende Köpfe die Personifikation der Luft (Aër) umgeben, die auf einem Greif galoppiert und aus einem Behälter Hagel, Schnee und Regen schüttet.

Gewöhnlich beschränkt sich die Wiedergabe der Winde auf vier, entsprechend der Vierzahl der Himmelsrichtungen, doch begegnet man auch seit dem 9. Jh. der von den Alten übernommenen zwölfteiligen W i n d r o s e. Neben der etwas naiven Darstellung eines solchen Ordo ventorum mit im Brustbild vorgeführten z. t. blasenden Personen wie z. B. auf zwei Salzburger Miniaturen des beginnenden 9. Jh. (s. Swarzenski: Salzburger Malerei [1913] Abb. 22—23 und S. 14 f.) sieht man eine wesentlich ansprechendere Ausführung der Windrose auf der bereits unter Nr. 1151 erwähnten Federzeichnung einer aus Frankreich stammenden Handschrift des 9. Jh. in der Vatikana, wo die Winde — was nur selten der Fall ist — in ganzer Figur erscheinen, alle in Hörner blasend, die Hauptvertreter aber noch durch mächtige Flügelpaare gekennzeichnet (Abb. in der Römischen Quartalschrift VIII [1894] Taf. 4).

REGISTER.

(Die Zahlen beziehen sich auf die Nummern am Rande; Hauptstellen sind durch fette Ziffern hervorgehoben.)

B.

C.

D.

F.

G.

H.

J.

K.

L.

M.

N.

O.

P.

Q.

R.

S.

T.

U.

V.

W.

GEGENÜBERSTELLUNG DER BENENNUNGEN DER BIBLISCHEN BÜCHER IN DER VULGATA UND BEI LUTHER, SOWEIT IHRE ABWEICHUNGEN FÜR DIE ZITATE IN BETRACHT KOMMEN.

Vulgata	*Luther*
Genesis	1. Mose
Exodus	2. Mose
Leviticus	3. Mose
Numeri	4 .Mose
Deuteronomium	5. Mose
Judices	Richter
Regum I. II.	1. u. 2. Samuel
Regum III. IV.	1. u. 2. Könige
Paralipomenon I. II.	1. u. 2. Chronika
Esdrae I.	Esra
Esdrae II.	Nehemia
Esdrae III.	fehlt
Job	Hiob
Psalmi	Die Zählung von Ps. 11—146 ist immer um eine Nummer höher als in der Vulgata infolge deren Zusammenfassung von Ps. 9 und 10 sowie Teilung von Ps. 147 des Urtextes.
Canticum canticorum	Hohelied
Ecclesiasticus	Jesus Sirach
Isaia	Jesaja
Threni	Klaglieder
Ezechiel	Hesekiel
Danielis c. XIII.—XIV.	Geschichte der Susanna und vom Bel zu Babel (in den Apokryphen)
Zacharias	Sacharja
Machabaeorum I. II.	1. u. 2. Makkabäer
Actus apostolorum	Apostelgeschichte
Apocalypsis	Offenbarung

Dreieinigkeit

mit dem geflügelten heiligen Geiste.

Vergleiche Nr. 6.

Vorbildern.

2.

Abendmahl

mit vier alttestamentlichen

Vergleiche Nr. 289—29

Symbolische Darstellungen
der Auferstehung und Himmelfahrt Christi

Vergleiche Nr. 519, 578.

Sinnbilder der unbefleckten Empfängnis Mariä.

Vergleiche Nr. 865–879.

TAFEL IV.

Geburt Christi
mit Beispielen der Marianischen Typologie.
Vergleiche Nr. 855—863, 881—893.

Die Evangelisten und ihre Sinnbilder.
In der Mitte die symbolischen Räder des A. und N. T., dazwischen Christus als Cherub.
(Mainzer Miniatur aus der ersten Hälfte des 13. Jahrhunderts.)

Vergleiche Nr. 979, 980.

Kirche und Synagoge
unter dem Kreuze Christi.
Vergleiche Nr. 979, 1007, 1149, 1151.

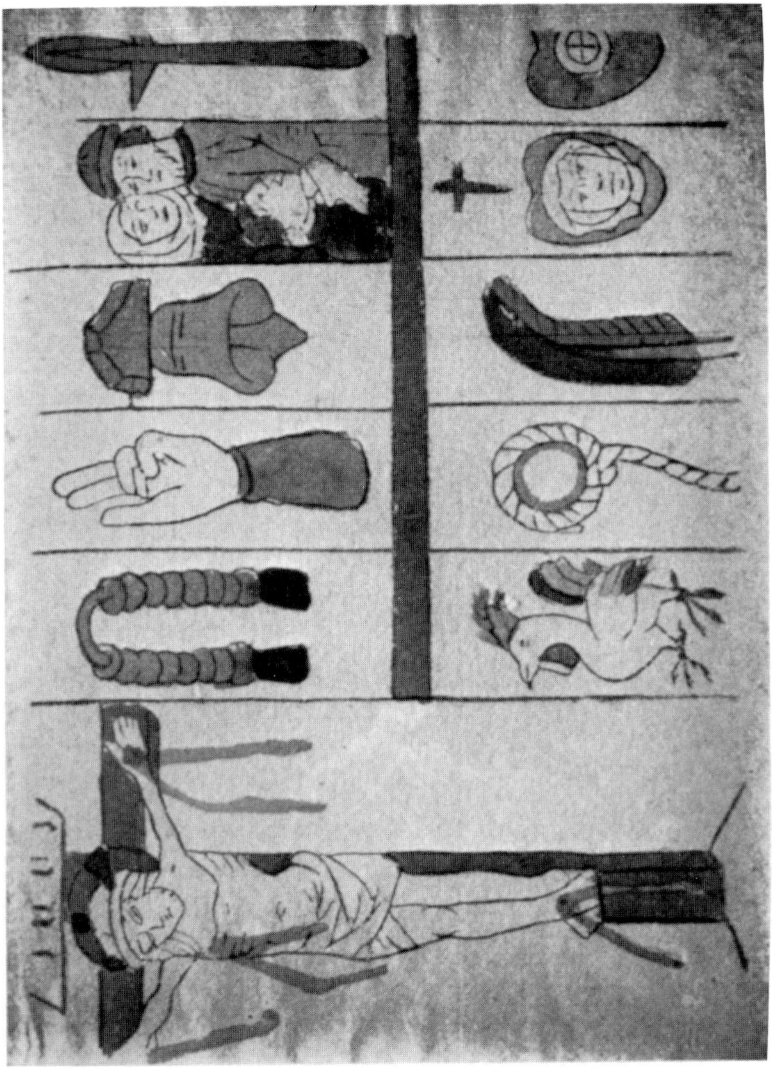

Sinnbildliche Darstellung der zehn Gebote.

Vergleiche Nr. 1019.

a) Lebensbaum.
Vergleiche Nr. 1028.

b) Der Monat Januar aus einem Holzkalender.
Vergleiche Nr. 1128.

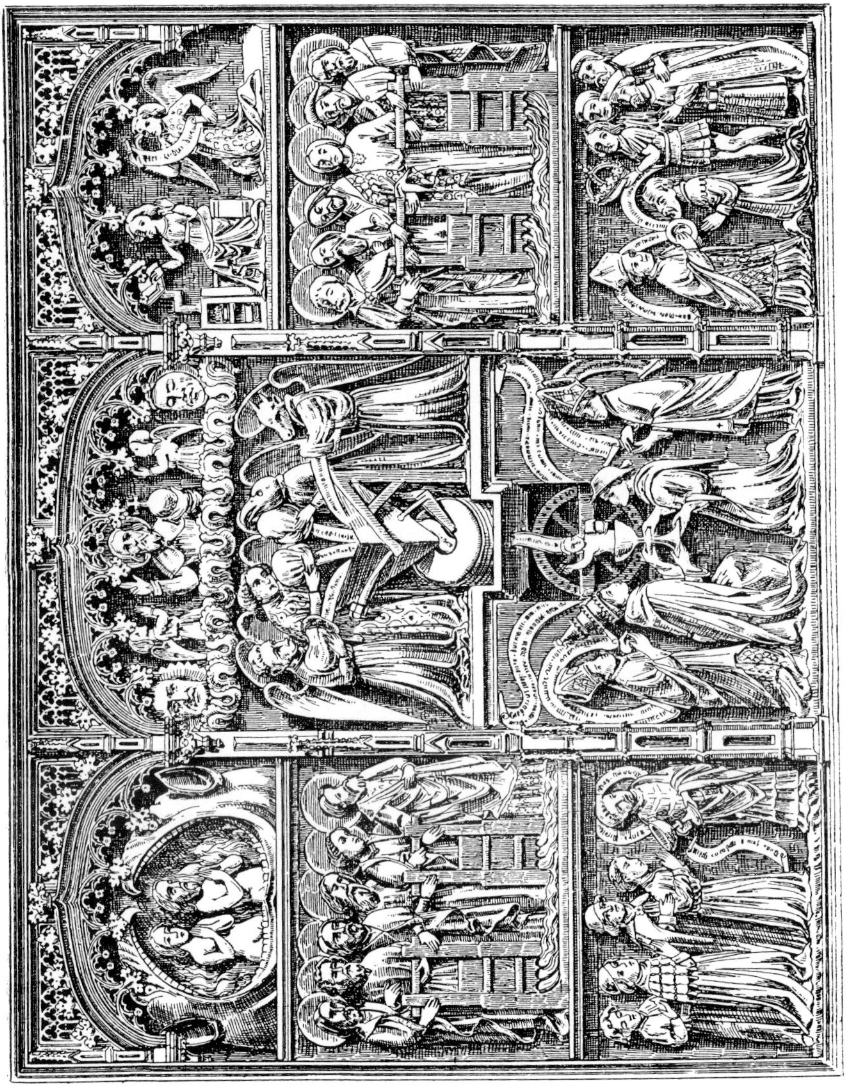

Hostienmühle.
Vergleiche Nr. 979, 1045.